中国制造创新能力提升问题研究

刘海兵　杨　磊　黄天蔚／著

科学出版社
北　京

内 容 简 介

实现高水平科技自立自强的关键是制造企业创新能力持续提升。本书确定产品生命周期、技术与知识的密集程度、产业链生态特征、国际化程度、资源的分布特征等五个因素为分析创新能力提升机制时的中国制造的结构维度，进而运用案例研究法深入讨论传统制造、中华老字号、高新技术和复杂产品四类典型特征中国制造企业创新能力提升规律和机制。纵观四类典型特征的中国制造企业，其创新能力之所以不断提高，是因为坚持了战略导向、需求牵引、创新驱动、人才支撑和开放创新的发展机制。但其中也存在着差异性，传统制造强调管理创新，中华老字号强调传承创新，高新技术强调知识创新，复杂产品强调集成创新。

本书适合从事创新管理研究的研究生、高校科研院所研究工作者阅读，也适合企业家参考学习。

图书在版编目（CIP）数据

中国制造创新能力提升问题研究 /刘海兵，杨磊，黄天蔚著. —北京：科学出版社，2022.10

ISBN 978-7-03-071567-8

Ⅰ. ①中… Ⅱ. ①刘… ②杨… ③黄… Ⅲ. ①制造工业–技术革新–研究–中国 Ⅳ. ①F426.4

中国版本图书馆 CIP 数据核字（2022）第 029932 号

责任编辑：郝 悦 / 责任校对：贾娜娜
责任印制：张 伟 / 封面设计：无极书装

科 学 出 版 社 出版
北京东黄城根北街 16 号
邮政编码：100717
http://www.sciencep.com
北京盛通商印快线网络科技有限公司 印刷
科学出版社发行 各地新华书店经销
*
2022 年 10 月第 一 版 开本：720×1000 1/16
2023 年 2 月第二次印刷 印张：11 1/4
字数：230 000

定价：126.00 元

（如有印装质量问题，我社负责调换）

序

“十四五”时期，世界百年未有之大变局深刻演化，新一轮科技革命带来的创新机遇和激烈竞争前所未有，我国进入迈向创新型国家前列的关键期。大国博弈和全球新型冠状病毒肺炎（以下简称新冠肺炎）疫情影响两大风险带来的严峻挑战前所未有，科技创新成为重塑国际格局的关键力量，掌握关键核心技术、新兴技术、底层技术成为大国博弈的关键砝码。为此，《中华人民共和国国民经济和社会发展第十四个五年规划和 2035 年远景目标纲要》中明确提出，“坚持创新在我国现代化建设全局中的核心地位，把科技自立自强作为国家发展的战略支撑”①。与此同时，新冠肺炎疫情全球大流行，带来更多不确定、不可控、非传统的外部风险因素，可能会影响产业链供应链安全稳定。面对两大主要风险，我国经济迫切需要依靠科技自立自强实现更高质量发展，因此，我们亟须更加聚焦重点领域关键核心技术突破，持续提升科技创新能力，以有效应对各类风险挑战，维护国家科技安全、经济安全和战略安全。

在关键核心技术突破的创新体系中，既要重视发挥国家战略科技力量在基础研究、大科学工程、复杂产品系统等方面的突出优势，更要认识到企业是创新的主体，要发挥完善技术创新市场导向机制，强化企业创新主体地位，促进各类创新要素向企业集聚，形成以企业为主体、市场为导向、产学研用深度融合的技术创新体系。2018 年习近平总书记在中国科学院第十九次院士大会、中国工程院第十四次院士大会的讲话中指出，“我国科技事业密集发力、加速跨越，实现了历史性、整体性、格局性重大变化，重大创新成果竞相涌现，一些前沿方向开始进入并行、领跑阶段，科技实力正处于从量的积累向质的飞跃、点的突破向系统能力提升的重要时期”②，但是，“我国基础科学研究短板依然突出，企业对基础研究重视不够，重大原创性成果缺乏，底层基础技术、基础工艺能力不足，工业母机、高端芯片、基础软硬件、开发平台、基本算法、基础元器件、基础材料等瓶颈仍

---

① 《中华人民共和国国民经济和社会发展第十四个五年规划和 2035 年远景目标纲要》，https://www.ndrc.gov.cn/xxgk/zcfb/ghwb/202103/P020210323538797779059.pdf[2022-05-31]。

②《习近平在中国科学院第十九次院士大会、中国工程院第十四次院士大会上的讲话》，http://jhsjk.people.cn/article/30019426[2022-05-31]。

然突出，关键核心技术受制于人的局面没有得到根本性改变”[①]。因此，研究我国企业创新能力如何持续提升、实现创新能力由弱到强、实现更多“从 0 到 1”的突破性创新，任务艰巨而意义重大。

制造业企业往往对产业链技术生态位的跃升发挥着关键的牵引作用，换言之，制造业企业创新能力决定产业及国家整体技术创新体系的综合实力。正因如此，抢占制造业的高地已成为 21 世纪世界制造强国竞争的焦点，如美国启动了“先进制造伙伴计划”，德国推出了“工业 4.0”战略，日本开始实施“再兴战略”等。中国也是如此，我们十分重视制造业企业创新能力的提升。在超越追赶的发展过程中，面临技术和市场双重劣势的中国后发制造企业，能够权变地运用机会窗口、适应性调整创新模式、不断完善科技创新体系，其中涌现了一批高铁、特高压输电、空天科技、5G 通信等领域产生标志性、原创性、引领性重大成果的科技领军企业，也涌现了一批能够抢占数字经济新范式、实现管理创新、实现商业模式创新、推动动态竞争力提升的典型企业。一方面，这些企业为我们深入洞悉中国制造企业创新能力提升的规律和机制提供了十分宝贵的资源；另一方面，也为我们在复杂多变的全球格局中思考如何构建以企业为主体的、具有绝对竞争力和控制力的产业创新生态系统，从而帮助企业和产业实现从追赶到创新引领（又称引领性创新）的目标打下了基础。

纵观创新能力持续获得提升的中国制造企业，不难发现，不同情境、不同类型、不同领域的制造企业在创新能力提升规律和机制上表现并不完全一致。由刘海兵博士、杨磊博士和黄天蔚博士共同完成的专著《中国制造创新能力提升问题研究》，则对该问题做了比较深入的回应和解答。

这部专著的研究视角新颖、理论积淀深厚、案例数据充实丰富、结构脉络清晰。在研究过程中，确定了将产品生命周期、技术与知识的密集程度、产业链生态特征、国际化程度、资源的分布特征等五个因素作为分析创新能力提升规律和机制时中国制造的结构维度，是对中国制造企业分类研究的一大贡献。据此，该专著深入研究了以海尔集团公司（以下简称海尔）为代表性案例企业的传统制造、以山西杏花村汾酒集团有限责任公司（以下简称汾酒集团）为代表性案例企业的中华老字号、以华为技术有限公司（以下简称华为）为代表性案例企业的高新技术和以中国中车集团有限公司（以下简称中车）为代表性案例企业的复杂产品四类典型特征中国制造企业的创新能力规律和机制问题。

当前，数字经济正蓬勃发展，云计算、高速互联网、物联网、大数据等数字技术业已成为助推企业获取全球竞争优势、驱动创新能力演化的第一生产力，在

① 《习近平在中国科学院第十九次院士大会、中国工程院第十四次院士大会上的讲话》，http://jhsjk.people.cn/article/30019426[2022-05-31]。

促进企业创新绩效提升和产业升级方面发挥着越来越重要的作用。数据正逐渐成为一种生产资料，参与价值创造和价值分配。当传统制造正在思考路向何方时，数字经济为它的转型升级插上了一双想象的翅膀，以底层技术驱动的创新逻辑融合嵌入数字化，不仅使传统制造具有更强的扩展性、更广泛的市场范围和更快速的战略行动，而且还有外延产品和服务绩效。这双翅膀可以让传统制造的梦想更远、舞台更大、空间更广阔。海尔在从人单合一到链群合约管理模式上的创新，目的就在于以数字技术全流程、全过程、全时空、全方位、全员推动战略和业务生态的形成。

相比之下，中华老字号尽管很少有亮眼的经营绩效，但却承载和闪耀着中华民族灿烂的传统文化，在悠久的历史传承中形成了独特的技艺、文化、产品和服务，深厚的历史底蕴和传统文化背景构成了它们独有的异质性资源。在这个意义上，中华老字号不仅仅是经济价值的创造者，更是中华民族优秀传统文化的传承者和传播者，因而具有重要的社会价值和文化价值，这也注定了中华老字号走的是一条传承式创新的发展道路。汾酒的案例便是例证，正如刘海兵博士所言，中华老字号需要通过"翻越历史的藩篱"寻找"沉睡的资源"，进而实现文化、市场、管理和产品创新。传承式创新是中华老字号浴火重生、凤凰涅槃的重要创新模式。

高新技术是前沿引领技术和未来颠覆性技术创新的主力军，是先导性前沿技术与市场需求紧密结合的创新基地，也是高精尖知识技术密集的重要载体，在技术创新进程中扮演着举足轻重的作用，对国家创新能力提升的战略性作用日益显著。华为是我国高新技术产业发展的典型范例，在公司创始人和经营团队强烈的创新认知的推动下，依靠《华为基本法》产生的创新定力和高强度研发投入的创新保障，改变往日依靠引进的创新惯例，持续突破通信领域技术痛点、参与制定全球行业标准抢占全球话语权，在原始性创新的道路上渐行渐远、渐行渐稳，为我们呈现了后发企业超越追赶的珍贵的经验。

高速铁路系统、航空航天系统、大型计算机系统、大型基建工程系统是国之重器，但研发成本高、规模大、技术含量高，分布技术领域广泛且技术处于同行业前沿，因而复杂产品系统创新能力对各相关产业竞争力和国家整体竞争力的提升起着决定性的引领作用。依靠复杂产品系统创新，英国、德国等欧洲发达工业国家在世界制造业格局中占有十分重要的地位。我国一直十分重视复杂产品系统创新能力的提升，如今高铁技术、特高压输电、航天科技等已步入世界前列，甚至引领行业技术发展，是补充完善复杂产品系统创新理论的鲜活素材和生动实践。

《中国制造创新能力提升问题研究》在对上述四类典型特征中国制造企业深入分析的基础上，提出了创新能力提升的一般性机制和差异性机制，观点鲜明。特别值得肯定的是，研究团队能够居安思危，立足中国制造相比全球一流创新企业的差距及如何占据全球价值链高位的长远目标，前瞻性地提出了中国制造创新能力未来提升的方向和策略，创新引领的创新范式、竞合有序的创新生态系统等观点为我们提供了富有启发的洞见。

区块链、人工智能正在深刻地影响着、改变着当前的世界，中国制造创新能力的提升依然任重而道远，尚有许多问题需要从理论上更深入思考，同时更需要越来越多的中国企业以负责任的胸怀在创新能力提升的实践中进行探索。期待中国制造在实现中华民族伟大复兴的中国梦的征程中，做出更加卓越的贡献。

中国工程院院士
中南大学商学院名誉院长
湖南工商大学党委书记
2022 年 1 月 20 日

前　言

2017年由许庆瑞院士领衔的中国工程院工程管理学部课题“中国制造：超越追赶的创新战略与治理结构研究”（2017-XY-39）正式启动。这个项目立足于世界主要工业化国家纷纷以国家战略推动工业再造、抢占21世纪先进制造业制高点的国际背景，探讨正处于“超越追赶”重大历史机遇期的中国制造应该选择怎样的创新道路。时至今日，高水平科技自立自强已成为学术界、政府、企业共同关注的焦点和热点。研究中国制造企业创新能力如何提升问题意义重大。

彼时，作为许庆瑞院士唯一在读的博士后弟子，我有幸全程参与整个项目。通过以产品生命周期、技术与知识的密集程度、产业链生态特征、国际化程度、资源的分布特征等五个因素作为分析创新能力提升机制时的中国制造的结构维度，分析了传统制造、中华老字号、高新技术和复杂产品四类典型特征企业的创新能力提升规律和机制，并由此形成了博士后出站报告。然而，我们的研究并没有止步于此，后期陆续增加了很多创新的思考，并最终形成了本书。本书不仅仅是我个人的研究成果，更重要的是，它凝结着许老师孜孜不倦的辛勤指引。也感谢黄天蔚博士在本书完善的过程中的参与，本书凝结着创新管理研究团队的辛勤付出。

在企业创新能力提升规律和机制的研究中，本书秉承创新管理研究团队代代相传的三个特点。

一是坚持顶天立地。习近平总书记在2016年全国科技创新大会上要求“广大科技工作者要把论文写在祖国的大地上，把科技成果应用在实现现代化的伟大事业中”①。恩师许庆瑞院士则是这一精神最忠实的践行者和坚守者。他一直在教导我们：“我们的研究是紧密结合国家的实际发展需要、社会发展需要以及经济发展需要去做的，而不是做各种分散的研究。只有立足于祖国大地及企业做研究，才能真正找出中国发展过程中需要解决的问题，从而发挥研究的作用。”我们始终遵循理论和实践相结合的研究方法。“顶天立地”是基本的研究要求。“立地”是要立足于实践，坚持去企业蹲点；“顶天”是要上升到新的理论，要紧跟国际理论前

①《20句话回顾习近平对科技工作者的殷切期望》，http://cpc.people.com.cn/n1/2020/0529/c164113-31729118.html[2021-12-25]。

沿。三十多年如一日，许老师每年都会组织弟子们去企业蹲点调研，获得一手资料。这种蹲点调研的研究方法，促使我们在企业现场沉下心去思考企业创新能力提升的根本问题，然后带着问题与理论对话。这不仅培养了问题意识，也提升了理论水平。这与我在兰州大学读博期间学习到的文化人类学田野调查方法一脉相承。2017 年至今，我谨遵导师教诲，先后去海尔、汾酒集团、方大炭素新材料科技股份有限公司（以下简称方大炭素）、中车、中国长江三峡集团有限公司、中国长安汽车集团有限公司等企业调研，积累了丰富的一手资料，延续导师的研究精神。

二是坚持负责任的创新管理研究。党的十八大以来，以习近平同志为核心的党中央对科技创新给予了前所未有的高度重视。2015 年 3 月 5 日下午，习近平总书记来到他所在的十二届全国人大三次会议上海代表团参加审议。他强调，创新是引领发展的第一动力[①]。在 2018 年召开的中国科学院中国工程院两院院士大会上，习近平总书记系统分析了我国科技创新领域存在的突出问题，“我国基础科学研究短板依然突出，企业对基础研究重视不够，重大原创性成果缺乏，底层基础技术、基础工艺能力不足，工业母机、高端芯片、基础软硬件、开发平台、基本算法、基础元器件、基础材料等瓶颈仍然突出，关键核心技术受制于人的局面没有得到根本性改变”[②]。创新如何引领发展从而促进中国制造由大变强在学术界尚存理论空白。对此，许庆瑞院士敏锐地注意到，创新管理已进入“创新引领”的新研究时代。他提出创新引领是区别于创新驱动的一种创新范式，创新引领将创新摆在比战略导向更重要的位置上。他认为“创新引领的研究时代已经到来”，并鼓励我们进行创新引领理论的深入研究。负责任的创新管理研究，就是回应国家、民族、社会和人民的现实关切，追寻有意义的问题、进行有意义的研究。这是本书在讨论海尔、华为、汾酒集团、中车创新引领机制的动力源泉，也是在讨论创新能力提升问题研究方面与已有文献相比的一大亮点。当然，创新引领作为一种新的理论构建的尝试，后续还有很长的路要走。

三是坚持和企业保持深厚的友谊。“学会和企业的同志交朋友”是许庆瑞院士常常教导我们的一句话。只有和企业的同志相互信任，才能了解真实的企业，才能看到真实的企业，才能把握真实的企业问题。所以说，本书同样融入了海尔、华为、汾酒集团、中车的朋友们的真诚帮助和付出。在 2018～2021 年的调研学习中，我们并没有完全充当一个索取者的角色，而是作为和企业的朋友一起思考企业未来之路的研究者。在每次调研结束后，我们会以内部报告的方式将经验、问

---

① 《习近平的两会时间（四）：“创新是引领发展的第一动力”》，http://www.xinhuanet.com//politics/ 2015-03/06/c_1114549235.htm[2021-12-26]。

②《跨越基础研究成果转化的鸿沟》，https://m.gmw.cn/baijia/2021-12/24/35403476.html[2021-12-26]。

题与今后的思路建议反馈给他们。在我看来，这是对企业付出的尊重，也是对我们自己研究的尊重，也是我们和企业保持深厚友谊的基石。过去如此，现在如此，今后也如此。

当然，中国制造企业的类型也不仅限于这四类，每一类中的代表性企业、典型性企业也不仅限于这四家。因此，我们的研究尚不完备，望读者不吝指正。

感谢我的恩师许庆瑞院士。回想在浙江大学学习的三年光阴，每当在科研路上彷徨和踌躇时，总能看到路途中的光亮，鼓励着我一路前行。这正是恩师所给予学生的希望、信心和指引！恩师今已逾 90 高寿，精神矍铄、思维活跃，且仍笔耕不辍、潜心学术前沿，实为晚辈毕生奋斗之楷模。

感谢陈晓红院士的支持。从在浙江大学聆听陈晓红院士的报告到后来邀请陈晓红院士为本书写序，无不感受到陈晓红院士对后辈的鼓励和支持。陈晓红院士对我每一次的“有求必应”，都让我心头跃起一股奋斗的力量。

感谢陈劲老师的倾心帮助。很荣幸得到陈劲老师的肯定和认可，让我有幸加入清华大学技术创新研究中心这个温馨的研究团队。和团队一起工作的经历着实让我受益匪浅，不论是在理论上还是在商业实战上都有不小的提升。感谢吴晓波老师、魏江老师、郭斌老师、赵晓庆老师和郑刚老师给予我的悉心指导。从他们身上，我时刻能够感受到学者的儒雅、博学和君子风度，与他们的交流让我受益匪浅。

感谢我们团队的王莉华老师。她不仅要协助处理许庆瑞院士的行政和学术事务，还帮助我处理了很多琐事。她细致用心的工作态度着实让我感动。感谢陈政融和吴画斌的支持。本书编写过程中，我的研究生杨磊、阚玉月分别承担了华为和中车的部分研究任务，余婧、夏雅琴同学完成了部分文稿校对工作。

感谢科学出版社编辑从选题申报到后期编辑加工过程中的悉心帮助和专业指导。

书中若有不足之处，敬请读者批评指正。

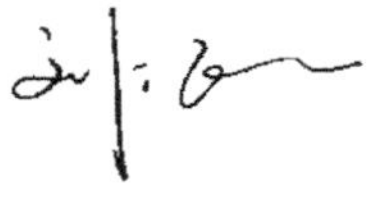

2021 年 12 月 1 日

目录

第1章　导　论

1.1　研究背景

习近平同志于2018年5月28日在中国科学院第十九次院士大会、中国工程院第十四次院士大会上的讲话中，对中国各产业的创新做出了科学判断，并寄予更高期望。习近平同志指出，“这些年来，在党中央坚强领导下，在全国科技界和社会各界共同努力下，我国科技事业密集发力、加速跨越，实现了历史性、整体性、格局性重大变化，重大创新成果竞相涌现，一些前沿方向开始进入并行、领跑阶段，科技实力正处于从量的积累向质的飞跃、点的突破向系统能力提升的重要时期”[①]。然而，我国科技在视野格局、创新能力、资源配置、体制政策等方面存在诸多不适应的地方。我国基础科学研究短板依然突出，企业对基础研究重视不够，重大原创性成果缺乏，底层基础技术、基础工艺能力不足，工业母机、高端芯片、基础软硬件、开发平台、基本算法、基础元器件、基础材料等瓶颈仍然突出，关键核心技术受制于人的局面没有得到根本性改变。我国技术研发聚焦产业发展瓶颈和需求不够，以全球视野谋划科技开放合作还不够深入，科技成果转化能力不强。人才发展体制机制还不完善，激发人才创新创造活力的激励机制还不健全，顶尖人才和团队比较缺乏。

如今，国际制造业竞争加剧，曾经公认的世界一流制造强国为了抢占21世纪制造业的制高点，纷纷启动了工业再造战略，如美国启动了“先进制造伙伴计划”，英国实施了“工业2050战略”，德国推出了“工业4.0”战略，日本开始实施“再兴战略”，韩国推出了“制造业创新3.0”战略，法国也提出了“新工业法国”方案。可以看出，抢占制造业的高地已成为21世纪世界制造强国竞争的焦点。

相比之下，中国目前500种主要工业品中有220多种产量位居全球第一，但中国制造的企业创新能力仍存在以下明显不足：①产业链安全性不高。据数据显示，在中国工程院2019年展开的26类代表性制造业产业的产业链安全性评估结果中，仅有6类产业的安全性显示自主可控，占比达23%；依赖度极高、依赖

---

①《勇做新时代科技创新的排头兵——习近平总书记在两院院士大会上的重要讲话引起热烈反响》，http://cpc.people.com.cn/n1/2018/0529/c419242-30020434.html[2021-12-15]。

度高的产业分别占比 30.8%、0.77%。总体上看，虽 60%的产业安全性可控，但仍有 40%的产业依赖国外，相比美国等发达国家，中国产业链安全性不高。②中国产业处于全球价值链中低端，且与世界领先产业差距显著。2019 年中国工程院对代表性制造业进行的国际对比性分析结果显示，中国的飞机、机器人、节能汽车、新材料等产业与世界差距大，而在集成电路、操作系统与工业软件、智能制造、航空发动机等产业，中国与世界的差距已经达到巨大的程度。③产业链存在严重的“卡脖子”短板。周济指出①，中国在如高端芯片、核心软件、关键材料等领域产业基础能力弱，“卡脖子”的关键技术环节仍严重依赖进口，核心关键技术受制于人，存在“被卡脖子”的隐患。④高水平科技奖项、国际量级大科学家的缺失。数据显示，截至 2021 年，中国只有一项诺贝尔自然科学奖项，国际量级大科学家数量与发达国家差距悬殊。

2018 年中美贸易摩擦以来，华为、杭州海康威视数字技术股份有限公司（以下简称海康威视）等一批中国领先企业被列入美国及其盟友的“实体清单”，对企业发展造成很大冲击，给中国产业安全带来了严峻挑战。在新一轮的世界强国竞争中，贸易摩擦是必然中的偶然，也是偶然中的必然。中国制造只有通过战略、技术、组织、人力、研发、文化等要素的协同创新提升企业创新能力，才能抢占制造业的制高点、推动价值链向中高端攀升。

1.2　国内外研究述评

国内外企业创新能力相关研究主要集中在三个方面：一是创新能力的内涵和结构，分“创新—创新能力”和“能力—创新能力”两条研究脉络；二是创新能力提升路径，包括高管及高管团队的角度、企业战略的角度、组织学习的角度、创新范式的角度；三是关于创新能力的提升机制。

1.2.1　创新能力的内涵和结构

创新能力是根植于“创新”和“能力”的研究，是企业在日益 VUCA［volatile（易变性）、uncertain（不确定性）、complex（复杂性）、ambiguous（模糊性）］市场环境下构建可持续竞争优势的根本层次的能力要求，是中国制造价值链迈向中高端的能力基础。学术界已有创新能力内涵和结构方面的研究，沿着由“能力—

① 《工程院：中国 8 类产业对外依赖度极高　部分关键技术受制于人》，https://tech.ifeng.com/c/7qp0oL5yeXI [2019-10-16]。

创新能力”和“创新—创新能力”的两条脉络进行，两者之间看似相对独立而又相互交织，已经形成了比较丰富的研究成果。

1.“创新—创新能力”研究脉络

“创新”是由美籍奥地利经济学家熊彼特首次于1912年在《经济发展理论》一书中提出，创新是把一种从未有过的关于生产要素和生产条件的新组合引入生产体系，从而内在地驱动经济系统的发展（郭斌和蔡宁，1998）。后经Myers和Marquis（1969）、Hobday（2005）等的研究，企业创新的概念更为清晰，他们认为企业创新强调其对于企业而言是新的，是企业在特定经济社会环境下，生产或接受、消化、吸收和应用有价值的新颖性知识，从而更新和扩展产品线、服务、工艺和制度的过程（Crossan and Apaydin，2010），具有三个特征：是一个高风险、低成功率的试错过程；是一种综合性的、复杂的尝试；是一个需要内外部组织资源支持的、社会的、政治的过程。

对创新的理解是定义创新能力的基础。熊彼特的创新理论在动态性的变化和技术在驱动发展中的关键作用两个方面对后续创新研究产生了深刻影响，逐步形成了从过程角度和要素角度、范式角度理解创新的研究传统，与此相对应形成了三个角度下的创新能力。

首先，从过程角度分析，创新是一个包括创意、设计、研发、生产制造、商业化、服务等流程的价值创造过程（Lawson and Samson，2001），因此，创新能力被定义为能持续不断地把知识和创意转化到新产品、新流程和新体系中，并能够为公司及股东创造收益的能力（Lawson and Samson，2001）。又或以知识流的角度，将创新能力定义为开发新产品满足市场需求的能力、将恰当的工艺技术应用于生产新产品的能力、开发或采用新产品与处理技术以满足未来需求的能力、响应竞争者产生的随机性技术活动与非预期机会的能力。企业创新在本质上是指在外部环境动态变革产生的机会或内部能力模块间发展不均衡产生的价值潜力驱动下的一种系统性求变或应变以获利、最终获得竞争优势的系列组织活动。有学者将创新能力归纳为变异信息感知与获取能力（变异感知能力）、信息意义与价值诠释能力（信息诠释能力）、创新决策与实施实现能力等四个能力模块。这种从过程角度对创新能力的定义，能够较全面地反映创新的过程，但缺乏从整体上理解和把握企业在创新能力上的独特性。

其次，从要素角度分析，创新是一种以技术创新为核心、以战略创新为方向、以市场创新为途径、以管理创新为基础、以组织创新为保障、以制度创新为动力的增加企业价值、提高企业核心竞争力的工具和手段（刘海兵和许庆瑞，2019，2020），即创新能力需借助企业的战略、组织、人力、制度等职能呈现。随着熊彼特创新理论提出后学者对创新研究的深入，学界逐步形成技术创新（technology innovation)(Dosi, 1982)、市场创新(market innovation)、组织创新(organizational innovation)、文化创新(culture innovation)、合作创新(collaboration innovation)等职能创新研究成果，因而形成了组织创新能力、文化创新能力、技术创新能力和市场创新能力等。综合以不同职能为基础的创新能力，尽管其聚焦企业创新的方面不同，但其本质上是一种能够产生新产品、带来新流程、提供新服务从而提升企业市场表现的能力。很显然，从创新内容研究的创新能力容易从某个特定角度深入挖掘企业竞争力增强的微观机制，但不利于从整体上把握企业创新的方向和进程，容易陷入为创新而创新的“创新陷阱”。

最后，当关于创新的研究由过程和要素进入到职能间如何组合以发挥更好的协同创新优势时，意味着创新理论研究进入了“创新范式”研究阶段。而对创新能力的定位也不可避免地受到创新范式的影响。范式最早可追溯到库恩(Kuhn)1962年的著作《科学革命的结构》(*The Structure of Scientific Revolutions*)，他引入“范式”一词以阐述科学研究需要遵循的基本范例，有但不限于模式、模型、规范等意义，描绘了“基于范式及其变革的科学发展的动态图景”。“范式”在创新经济学领域的发展主要存在三个主流，即技术范式(technological paradigm)(Dosi, 1982)、技术–经济范式(techno-economic paradigm)(Freeman and Boeker, 1984)和创新范式(innovation paradigm)(Kodama, 2017)。由“范式”的概念可知，创新范式是用以描述创新组织方式的模式、模型、规范等，是一套相对固定、可以被人们认知为规律或者某种格式化组织的创新范例。根据刘海兵和许庆瑞(2020)对创新观理论发展阶段的厘定，这与20世纪80年代开始兴盛的战略管理理论密不可分，这个阶段不仅将创新作为一个单独的职能要素，而且以战略导向构建了职能要素间关系，真正意义上的“创新范式”从这个阶段开始涌现，创新起到驱动战略实现的作用，出现了根本性创新(radical innovation)、模仿性创新(imitative innovation)、渐进性创新(incremental innovation)、突破式创新(breakthrough innovation)、颠覆性创新(disruptive innovation)(Christensen, 1997)、原始性创新(original innovation)、开放式创新(open innovation)(Chesbrough, 2003)，还有扎根中国创新实践提出的自主创新(indigenous innovation)、全面创新(total innovation)(许庆瑞, 2007)等。不同的范式针对不同的创新问题有不同的比较模式化的创新解决方案，不同的创新范式也会产生与之对应的创新能力，将其作为衡量创新范式实施效果的检验尺，由此涌现了颠覆性创新能力、根本性创新能力、原始性创新能力等，如原始性创新能力强调能够带来破坏性洞见或颠覆性科学发现的基础性新颖知识的能力(O'Connor, 2008)或在基础研究领域取得重大突破、在高技术领域内取得重大创新的能力。随着创新范式的演进，创新引领的发展阶段开启了创新重要性的新阶段，这个阶段开始将创新置放于比企业战略更重要的位置，在社会与企业的共生关系中寻求价值的平衡，代表性的创新范式有责任式创新（responsible innovation）、有意义的创新（meaningful innovation）（陈劲等，2019）及创新引领（leading innovation）（刘海兵和许庆瑞，2020）。

部分创新范式及测量见表1.1，基于创新范式理解的创新能力，能够从创新引致的结果衡量创新能力的性质、范围和强度，有利于从总体上把握创新使企业自身与竞争者处于何种创新位势（position），越来越受到学界关注。但其需要置放在企业情境、发展阶段的动态环境中才更有价值，目前这方面研究还比较薄弱。

表1.1 部分创新范式及测量

序号	创新范式	变量的定义
1	渐进性创新	对现有技术的连续性改良
2	突破式创新	技术原理和观念上的重大突破
3	模仿性创新	在吸收基础上开发完善新产品
4	原始性创新	技术的基础性、成果的超前性、价值被承认的滞后性
5	自主创新	独立依靠内部的技术突破
6	开放式创新	突破组织边界，整合内外部资源
7	持续性创新	维持并提升现有性能指标
8	颠覆性创新	破坏性技术，先占领低端市场或新市场
9	全面创新	全方位创新、全要素创新、全员创新
10	有意义的创新	依靠意义而非仅仅依靠信息寻找有价值的创新目标和创新的主动性
11	责任式创新	创新主体应该承担更广泛的社会责任，将创新与社会价值实现相统一
12	创新引领	致力于企业自身利益和促进社会利益的双元平衡

2.“能力—创新能力”研究脉络

有关企业能力的研究文献已十分丰富，最早由Selznick（1957）提出，认为能够使一个组织比其他组织做得更好的特殊物质就是组织的能力。到20世纪80年代以后，能力见诸资源（resource）（Wernerfelt，1984；Barney，1991；Peteraf，1993）、才能（capability）（Stalk et al.，1992；Teece et al.，1997）、技术能力（technological competence）（Prencipe，1997；Patel and Pavitt，1997）、技能（skill）、无形资源（intangible resource）、无形资产（intangible assets）（Itami and Roehl，1987）、核心竞争力（core competence）（Prahalad and Hamel，1990）、战略能力（strategic capability）（Stalk et al.，1992）、战略资产（strategic assets）、核心才能（core capability）（Leonard-Barton，1992）等术语中，成为管理学、经济学持续关注的问题。

尽管能力是一个分类十分丰富的概念，涵盖市场能力、营销能力、组织能力、学习能力等，但Prahalad和Hamel（1990）明确指出，核心能力才是企业可持续的竞争优势，也可以说，企业能力只有置放在企业核心能力的范畴中讨论才具实际意义。由此，应战略管理分析的需要，能力进一步发展为企业核心能力理论。然而，企业的核心能力又是什么能力呢？Prahalad 和 Hamel（1990）对此做了开创性工作，提出了三个关键标准，即①显著地提高顾客效用；②独特且难以模仿的；③为进入广阔的、多样的市场提供潜在的通道。之后对企业核心能力的理解先后出现过整合观、网络观、协调观、知识载体观（Leonard-Barton，1992）、元件–构架观（Henderson and Cockburn，1994）、平台观、技术能力观（Patel and Pavitt，1997）等，但学术界仍对核心能力的内涵和测量缺乏基于微观机制和细节知识（detailed knowledge）的深入研究且尚未达成共识。王毅等（2000）对此已做过系统梳理。事实上，企业核心能力是一个动态的概念，随着企业战略调整、产品创新、环境变化而变化。也就是说，当企业的低阶核心能力逐步丧失时，企业要及时通过创新和战略来构建高阶核心能力。核心能力是一个动态的概念，这种内涵的动态性，使其在学术界的各类表述中概念模糊、难以界定。也正因为如此，在“能力—创新能力”研究脉络中大多数研究很大程度上将核心能力默认为创新能力。

在对企业核心能力分析的基础上，受 Cohen 和 Levinthal（1990）提出的吸收能力观的影响，企业吸收能力成为创新能力的实质。相比核心能力理论，吸收能力阐明了“能比其他组织做得更好的特殊物质”的来源，即有效引进、吸收、掌控、提高现有技术从而创造新技术的技能和知识。吸收能力可以使企业在短时间内通过获得外部知识弥补自身知识和技术的劣势，并以消化后的知识为支撑进行跟随和模仿创新，缩短了自主研发周期、提高了研发效率，同时，吸收能力培养和提升的过程也是储备自主创新能力的过程。因此，吸收能力对企业创新能力的提升发挥了基础性作用。当然，由于吸收能力侧重于技术领域的能力，其对于企业创新能力的构建缺陷比较明显：第一，当技术领域能力提升后，影响企业创新能力的更多是非技术因素，如战略、组织、观念文化、制度、市场等，这些因素滞后于技术领域的创新，必然会导致管理要素间的有效协同无法实现，进而抑制企业整体创新能力的提升。换言之，这种以吸收能力主导创新能力构建的模式，必然会随着企业技术创新能力的提升而使企业创新能力提升逐步走向低效。第二，从技术角度界定创新能力，即“更适用于企业创新过程中产品研发子过程所需的能力”（许庆瑞和张军，2017）。就技术创新领域而言，在企业模仿创新阶段，吸收能力可以诠释创新能力的大部分过程，但随着后发企业不断缩小与先进企业的技术距离，引进外部创新资源变得越来越困难，创新能力的内核就需要调整主导能力，以使后发企业能够超越原有技术轨道创造新的租金来源，否则，会使后发企业陷入“引进—吸收—再引进—再吸收”，始终作为“跟随者”的创新窘境。

针对以吸收能力构建创新能力的不足，面对日益快速变化的市场环境，Teece 等（1997）提出动态能力观。动态能力观主张要能及时回应市场需求，提供快速的和有弹性的产品创新，以及整合内部和外部竞争力的管理能力。很多企业尽管积累了大量的有价值的技术资产，但仍然缺乏有用的能力，这说明创新能力需要随着企业发展阶段不同而动态调整其主导能力，从企业战略角度强调了动态能力的重要性。动态能力的“能力”强调为满足变化的市场需求，要适应（adapting）、整合（integrating）、重构（reconfiguring）内部和外部的组织技能、资源及竞争力，不仅要具备针对不同用户群生产制造产品的研发能力，更要有将研发能力变为企业市场收益的商业化能力。动态能力观从战略高度解释了企业创新能力的来源。相较于吸收能力，动态能力不仅能够实现对技术知识的积累，而且促进了战略、组织、人力、市场、制度等企业全要素创新。

进入 21 世纪，互联网、数字经济正改变着企业创新的底层逻辑，孕育着新的技术范式和创新范式。当前工业互联网、制造业服务化转型等正成为一批制造业创新的方向。企业创新能力的衡量不再是仅仅看自身能不能够高质量满足用户需求，而且要看是否具备数字经济时代的价值网络能力，构建生态体系正成为越来越多企业的创新路径。尽管学术界尚未对生态能力做出严谨的界定，但价值网络、生态能力等关键词已形成共识，生态能力正成为创新能力的主导能力。如海尔集团从 2012 年开始实施的“网络化战略”和 2019 年开始实施的“生态品牌战略”即努力形成和提升生态能力的战略阶段。海尔首席执行官张瑞敏用大树来解释新阶段的战略，“一棵大树很容易被大风折断，但一片树林就可以抵御”。海尔在网络化战略期间，提出“企业无边界，管理无领导，供应链无尺度”，将员工创客化、企业平台化、用户个性化，其目的也在于将海尔的产业多领域化、跨边界化、生态化，以“产业群集”形成海尔的生态能力，这不仅有利于海尔搜索新的机会，而且有利于其对可能出现的“颠覆性破坏”形成一定的防御。“员工都是 CEO”，企业平台化以后都成为三类小微（创业小微、用户小微、转型小微），企业内部运转遵循市场化机制，而借助海尔开放式合作生态系统（Haier open partnership ecosystem，HOPE）和 COSMO 平台[①]则将大规模制造转型为体现用户参与、用户交互的大规模定制，这些变革与兴起于 20 世纪 90 年代公共行政领域的“治理”（governance）在本质上比较相符，将供应商、用户、科研院所、制造工厂、销售商等卷入“共创•共享•共赢”价值网络的生态体系。

在已有关于创新能力的定量研究中，绝大多数研究认为企业创新能力是企业产品制造能力、营销能力、研发能力的复合反映，但在实际量表中又侧重于从研发能力考量企业创新能力，有三种方式：一是研发投入占主营业务收入比（《中国制造 2025》中对创新型公司的界定也采取了该方法），二是企业申请专利数，

① COSMO 平台即 cloud of smart manufacture operation plat，指海尔推出的具有中国自主知识产权、全球首家引入用户全流程参与体验的工业互联网平台，中文名为卡奥斯。

三是研发人员占总员工人数的比例。研发能力体现了技术领域的创新能力，而创新能力除了技术能力还有非技术能力，因此，以研发能力反映创新能力不仅在指标体系上不全面，无法真实体现企业创新行为和创新过程，而且无法反映企业创新能力的主导能力的阶段性变化。

综上所述，本书认为企业创新能力是一个动态的概念，会随着企业战略调整、环境变化、能力积累而演进，后发企业创新能力的主导能力大致沿着“能力—吸收能力—动态能力—生态能力”的轨迹变迁，高阶创新能力以低阶创新能力为基础，创新能力的主导能力与战略相适应才能构建并维持企业的可持续竞争优势。

1.2.2 创新能力提升的路径

伴随着对创新能力类型的不断丰富，学者开始从不同角度讨论创新能力提升的路径。代表性的有：从组织行为角度强调个体创造性、动机及能力对创新能力的影响，强调高管团队（top management team）的影响；从战略角度分析创新战略（陈劲等，2019；吴晓波等，2019）、资源管理（郭会斌，2016）、组织结构（许庆瑞，2007）对创新能力的影响；从跨组织协同、企业性质、制度情境等视角分析创新能力提升路径；以及从创新范式的角度出发，探索随着创新情境变化而变化的创新范式与创新能力的共演路径。

1. 高管个体及团队的角度

高管个人及团队之所以影响创新能力，是因为其是企业战略选择的决策者，而战略又是决定创新能力的先导因素。例如，在海尔和华为这样的中国“现象级”制造业企业中，战略对企业创新发挥了显著的引领作用，如海尔在名牌化战略、多元化战略、国际化战略、全球化战略、网络化战略和生态品牌战略等六个发展阶段有着不同的创新模式和技术创新路径，刘海兵和许庆瑞（2018）以海尔集团1984～2017年纵向案例沿“战略—创新—能力”的逻辑提出了LSIC①模型，可以看出，企业战略对创新能力的提升至关重要。那么，高管个人及团队如何影响创新导向的企业战略形成呢？Hambrick 和 Mason（1984）提出的高层梯度理论（upper echelons theory）提供了一个较好的解释窗口，高管团队特征对团队认知整合过程产生影响，而团队认知整合结构必然影响企业战略形成。Miles 等（1978）提出战略是除环境因素外企业创始团队结构对企业绩效的另一个影响因素。高层梯度理论主张高管个性特征影响企业绩效。从已有文献看，关于高管团队个性特征，以及高管团队异质性对企业创新能力提升的结论并不一致，如针对海外高管背景是

① LSIC 即 latecomer firms' strategy-innovation-capability，后发企业的战略-创新-能力。

否对企业创新能力提升有促进作用就有两种截然不同的观点：一种观点认为海外高管背景使高管具有前沿的知识、广阔的国际视野、丰富的海外工作和学习经验，有利于提高管理层多元化、减轻管理层短视，在一定意义上能够促进企业创新能力提升；另一种观点则认为海外高管背景可能会出现“水土不服”现象，抑制企业创新能力提升。同样的情形也出现在其他高管个性特征与创新能力的关系研究中。

在已有研究从宏观上架起“高管团队—创新能力”之间桥梁的基础上，受Lau和Murnighan（1998）提出的团队断层理论（team faultline theory）的启发，后续研究将高管团队个性特征的“线性研究”推向高管团队异质性的“非线性研究”，如高管团队异质性对技术创新绩效的影响、高管团队异质性对企业绩效的影响，进而发展到高管团队断层对企业绩效的影响。这说明，高管团队内部结构差异会影响团队的认知整合过程，而不同的整合结果则可能产生不同的战略，基于SAIC①模型必然也会有不同的技术创新。然而，目前研究还存在着高管团队异质性的表征属性泛化、线性模型单一、调节变量比较匮乏等不足，使高管团队异质性对技术创新的解释力不强。

2. 企业战略的角度

后发国家、新兴经济体、后发企业是讨论中国制造创新能力提升的战略时经常存在的情境。因为后发国家与发达国家在经济、科技、社会、文化等方面的差异对技术创新过程有深刻影响，后发国家和发达国家企业的创新过程存在明显差异。随着中国制造实力的提升，近年来从战略角度研究企业创新能力日益受学术界关注。

中国工程院院士许庆瑞长期关注促进创新能力的路径和机制问题，他根据跟踪研究海尔30多年的成果，认为企业战略在企业创新能力提升中起着先导作用，战略要根据企业内外部环境变化及时转型调整，战略确定以后，企业的技术、制度、文化、市场等要素要以战略为导向实施创新协同，从而提高创新能力。Lee和Lim（2001）研究了韩国主导产业的技术追赶，提出后发企业可以通过技术引进开始技术追赶进程。吴晓波基于中国制造业企业的创新实践，最初于20世纪90年代提出了二次创新动态过程模型，并持续运用华为、海康威视等企业创新完善该模型，二次创新动态过程模型的核心思想是通过两类技术引进（针对成熟技术的引进与针对新兴技术的引进），利用后发优势，后发者从二次创新扎实地迈向后二次创新（直至一次创新），缩小与领先者的差距，实现技术上的有效追赶与超越（吴晓波，1995；吴晓波等，2019）。李晓莉和于渤（2018）分析了在后发企业的技术跨越过程中，技术创新战略与技术创新能力的不同交互形式对后发

① SAIC即strategy，action，innovation，capability，战略，行动，创新，能力。

企业的技术跨越绩效的差异性影响，认为在技术积累阶段，技术引进战略与吸收能力对技术跨越绩效产生增强型交互作用，自主研发战略与吸收能力对技术跨越绩效产生干扰型交互作用；在技术整合阶段，技术引进战略与整合能力、自主研发战略与整合能力均对技术跨越绩效产生增强型交互作用；在技术跨越实现阶段，自主研发战略与自主创新能力对技术跨越绩效产生增强型交互作用。吴晓波等（2019）探讨了机会窗口与创新战略的匹配对追赶绩效的影响，结论指出：在追赶和超越追赶两个阶段，技术机会窗口与技术探索性创新战略匹配性较好，制度机会窗口与技术利用性创新战略匹配性较好；在追赶阶段，需求机会窗口与市场探索性创新战略匹配性较好；在超越追赶阶段，需求机会窗口与市场利用性创新战略匹配性较好。上述研究主要将企业情境定义为后发企业（Hobday，1995；Kim，1980）的追赶过程。

然而，后发企业在技术门槛、市场竞争强度、市场规模、替代品威胁等方面存在显著差异，因此，以后发企业作为整体研究创新能力提升的创新战略还不够深入。2017～2018 年，由许庆瑞院士领衔，吴晓波、魏江、陈劲主要承担，饶芳权院士、汪檩生院士参与的中国工程院项目“中国制造：超越追赶的创新战略与治理结构研究”（2017-XY-39）对这一问题进行了更为深入的讨论，在从产业发展生命周期、产业链的生态特征、技术与知识的密集程度、国际化程度四个维度对制造业结构进行分析的基础上，结合中国制造业发展的现状与特点，选取成本领先［海尔、万向集团公司（以下简称万向）］、隐形冠军［义乌市双童日用品有限公司（以下简称双童）、浙江双环传动机械股份有限公司（以下简称双环）］、高新技术（华为、海康威视、中车）和复杂产品［徐州工程机械集团有限公司（以下简称徐工）、浙江吉利控股集团有限公司（以下简称吉利）］为特征的四类典型制造业企业分析超越追赶过程中创新能力提升的创新战略，基于案例研究，认为成本领先企业采取了精益创新战略、隐形冠军企业采取了利基创新战略、高新技术企业采取了突破创新战略、复杂产品企业采取了集成创新战略。该研究通过分类研究归纳总结创新战略的研究方法，为分析中国制造业创新能力提升的机制问题提供了有益的洞见，但其中的成本领先、隐形冠军、高新技术、复杂产品四类企业并不能完全解释中国制造业的创新实践。

3. 组织学习的角度

组织学习能够帮助企业从外部获得创新所需的知识和技能，是组织为了实现战略不断适应环境的过程。邓小翔和丘缅（2016）基于华为案例研究，发现培育企业自主技术创新能力需要将企业转化为以顾客为导向的学习型组织，并建立吻合学习型组织的组织学习机制。许庆瑞等在《海尔管理创新发展历程（1984～2019）》一书中系统梳理了海尔 35 年的创新发展历程，发现组织学习机制是海尔创新能力不断提升的重要机制，典型事件是海尔利用周一、周三、周五的例会进行创新战略和创新项目讨论，海尔的创新产品都是利用例会确定的。

概括起来，组织学习促进企业创新能力提升的途径主要有：一是知识学习，通过加速知识获取、知识转化、知识扩散、知识整合、知识积累和知识创新，提升企业创新能力，知识学习的学习源不同，提升创新能力的效果不同，即内部学习源和外部学习源对突破式创新和渐进性创新有不同的影响；二是改善学习环境，有效的组织学习需要根据组织内外部环境调整，因此，应建立利于组织学习的企业基础设施和激励机制，营造学习氛围，改善学习环境，促进学习，进而提升企业的技术创新能力；三是选择与创新情境相适宜的学习方式，如单环学习方式与双环学习方式对渐进性创新和突破性创新有不同影响，开拓性学习方式对渐进性技术创新产生有益影响，开发性学习方式对突破性创新产生有益影响（刘兰剑和司春林，2010），此外，李金生和来顺玲（2014）分析了在高新技术企业生命周期的不同阶段应采取的主导组织学习模式，认为高新技术企业在初生期应采取模仿性组织学习与创造性组织学习，在成长期应采取经验性组织学习与创造性组织学习相结合的组织学习模式，在成熟期应采取模仿性和经验性组织学习模式，在衰退–更新期应实行模仿性组织学习与创造性组织学习模式相结合的学习模式来提升技术创新能力。

4. 创新范式的角度

如前文所述，范式描绘了“基于范式及其变革的科学发展的动态图景”，即创新范式是一种随着创新情境变化而变化的创新惯例、模型、规范、模式等。创新范式与创新能力之间是一种共演关系，创新范式促进创新能力提升，创新能力提升之后又会反过来推动创新范式迭代。除了已有的根本性创新、颠覆性创新（Christensen，1997）、原始性创新、开放式创新（Chesbrough，2003）、全面创新（许庆瑞，2007）外，近年来随着外部环境动态性的越来越难预测，以及在企业发展中需要承担的社会责任越来越多，正在涌现不同于传统意义上将创新作为驱动因素的新的创新范式，尽管这些创新范式还没有完全成型，但对立足于未来环境下的企业创新能力提升有重要的启发。其中代表性的创新范式有责任式创新、整合式创新、朴素式创新、有意义的创新和创新引领。

第一，责任式创新。21 世纪以来，在创新驱动经济发展的同时，其负面效应逐渐显现，诸如基因伦理危机、核科学应用风险等科技伦理日益成为行业及社会关注的焦点。为了回应创新该如何走的问题，欧盟于 2011 年发布“地平线 2020”发展报告，首次提出责任式创新，认为创新主体应该承担更广泛的社会责任，将创新与实现社会价值相统一，其与四种非责任式创新形成对比，即单独依靠技术推动的创新、忽视伦理规范的创新、单纯依靠政策拉动的创新、忽视技术预见与危机防范的创新。道德、社会福利与可持续发展是责任式创新的核心理念。责任式创新的提出，说明学术界开始重视创新对于企业之外的价值，是传统意义上将创新仅仅作为企业战略实现手段的一次升级，其带来的是创新管理范式的转变，具有重要的时代意义。责任式创新的理论框架提出后，后续已经开发出一些应用方法，涉及扎根研究（grounded research）、伦理分析法（ethical analysis）、实时技术评估（real-time technology assessment）、“谦逊”技术与参与式治理法（technologies of humility and participation governance）、上游公众参与技术治理（upstream public engagement）、中游模块化技术治理（midstream modulation of technology governance），以及技术社会评估（social appraisal of technology）等。然而，责任式创新的范式尚存在一些理论上的困惑：一是不仅要依靠技术的创新还要依靠伦理规范的创新，在企业内部缺乏有效的激励机制；二是依靠政策推动责任式创新，并不必然导致企业实施积极的创新行为；三是责任式创新作为一种企业整体意义上的创新管理范式，缺乏对内部机制的讨论。

第二，整合式创新。由陈劲等（2017）提出，提出的背景是现有的主流创新理论大多无法摆脱线性思维模式，虽然能够提升企业某方面的能力，但是缺少对创新作为一种社会性创造过程的“整合性思考”。整合式创新是战略视野驱动下的全面、开放、协同创新，其核心要素是战略、全面、开放和协同，四个要素相互支撑，以战略创新引领技术创新和管理创新，实现全价值链的动态整合，真正落实“人人都是创新者”理念。

第三，朴素式创新。朴素式创新由 Radjou 等（2012）提出，是一种“以少博多”的能力，这是一种在投入更少的能源、资金和时间等资源的情况下，产出更多商业和社会价值的能力。在当下这个“稀缺时代”，拥有成本意识和环保意识的顾客、雇员和政府需要买得起的、可持续的且高质量的产品，这一需求让西方公司面临着日益增加的压力。不仅如此，朴素式创新还为企业提供了一种新的视野，帮助它们把资源限制当作一个机会，而非不利条件。

第四，有意义的创新。有意义的创新由陈劲等（2019）提出。其提出的背景是高度不确定的环境使企业创新战略的选择越发困难，对创新带来的风险越来越难以驾驭。因而，企业决策者开始将注意力转向“更加长期与深层次的社会意义和人类发展大趋势”上。在区别于社会创新、公共创新和责任式创新后，有意义的创新提出的理论核心可谓独树一帜，即依靠意义而非仅仅依靠信息寻找有价值的创新目标和创新的主动性。这两点核心思想与创新引领的内核基本一致。有意义的创新的价值通过四个维度反映，包括关注短期的经济意义（市场可识别的价值）、中期的社会意义（社会可识别的价值）、中长期的战略意义（国家可识别的价值）和长期的未来意义（创新者可识别的价值）。有意义的创新的理论贡献在于其阐明了将创新由战略管理范式中的“驱动”范式演进为新技术范式背景下的“引领”，从驱动到引领，不仅仅表明了创新在价值创造中地位的不同，更重要的是创新范式的迭代。然而，从市场逻辑的角度，有意义的创新的理论尚缺乏通过案例深入刻画有意义的创新的过程，缺乏对有意义的创新管理机制的探讨。

第五，创新引领。自习近平总书记在参加他所在的十二届全国人大三次会议上海代表团审议时强调“创新是引领发展的第一动力”①后，学术界高度关注从“引领”的视角探讨面向未来的创新理论体系。刘海兵和许庆瑞（2020）尝试性、探索性地提出了“创新引领”的概念，基于海尔集团的案例研究提出了创新引领概念界定的VAED②模型。认为创新引领的价值导向超脱于企业自身利益和价值的满足，致力于促进企业自身利益和社会利益的双元平衡，更加重视在促进社会进步的过程中实现企业自身利益；突破企业自身价值考量而思考创新，创新是履行社会责任的必要不充分手段；创新引领的价值贡献于企业、行业、社会和国家；创新引领依靠创新型文化自觉这种内生动力推动创新。从概念界定上，创新引领与有意义的创新有很大相似之处。但同样地，作为一种新范式提出的探索，在市场运作的逻辑中企业如何主动进行创新引领、如何能够在实现自身利益和促进社会利益之间取得平衡尚有待进一步研究。在此基础上，学术界对创新引领不同特征技术能力突破的机制进行了探讨。

1.2.3 创新能力提升机制

机制是指一个系统中，各元素之间的相互作用的过程和功能。总结相关文献看出，分析机制主要包含要素（成分）、关系、活动和功能四个方面。基于此，创新能力提升机制则是要将能够提升创新能力相关因素的成分、关系、活动和功能清晰阐述。但目前学术界关于企业创新能力提升机制的研究绝大多数还属于对单一因素的研究，如创新战略、企业文化、组织结构、治理结构、创新范式等，且属于对单一因素中某一方面内容的研究，如何种类型的创新战略促进渐进性创新能力，因而缺乏系统地从整体意义上建构创新能力提升机制的内容。

具有代表性的是中国工程院院士许庆瑞及其团队在长期关注海尔创新发展基础上提出的全面创新管理理论，其中将创新能力提升机制归纳为领导机制、学习机制、协同机制。领导机制的核心是海尔通过三十多年持续的创新，实现了从小到大、从大到强的发展，这与以张瑞敏为首的海尔领导层的创新精神和创新能力分不开；学习机制的核心是领导层之间的互相交流学习、员工之间的相互讨论、

---

①《习近平的两会时间（四）：“创新是引领发展的第一动力”》，http://www.xinhuanet.com/politics/2015-03/06/c_1114549235.htm[2021-12-26]。

② 即value，价值；attitude，态度；effect，效应；driving，驱动。

领导层与基层员工的定期交流互动；协同机制的核心是创新要素的协同、组织不同层级的协同、组织与外部环境的协同。

1.2.4 小结

已有研究分别从内涵和结构，提升的路径与提升机制三个方面对创新能力进行了比较深入的研究，为企业创新能力理论积累了丰富的研究基础。然而，在中国制造正在实现从“追赶”到“超越追赶”的当下，现有研究对如何使中国制造创新能力不断提升，从而推动价值链向中高端攀升，引领产业和国家竞争力不断增强仍未能给出满意的答案。现有研究仍有以下缺口。

（1）创新能力的概念泛化。创新能力的结构仍不十分明确，以创新能力为基础的原始性创新能力概念更不一致，概念间存在较大差异。

（2）研究对象比较宽泛。企业创新能力提升的路径和机制因企业类型、情境的不同而不同，但现有研究的对象仍比较宽泛，大多数研究以制造业和后发企业为主要研究对象，而制造业因为产业生命周期、技术门槛、规模效应等不同还可以继续细分，但缺乏这方面研究。

（3）动态性欠缺。动态性是指没有将企业创新能力的内涵和结构、提升的路径、提升机制置放在企业动态发展的情境中，然而，现有多数研究是一种静态视角下的分析，并不能完整呈现动态环境下创新能力提升机制的不同。

（4）系统性不足。创新能力提升机制是指将能够提升创新能力的相关因素的成分、关系、活动和功能进行清晰阐述。但目前学术界关于企业创新能力提升机制的研究绝大多数还属于对单一因素的研究，如创新战略、企业文化、组织结构、治理结构、创新范式等，且属于对单一因素中某一方面内容的研究，因而缺乏系统地从整体意义上建构创新能力提升机制的内容。

（5）以类型的划分来讨论中国制造企业创新能力提升机制是一个较好的研究窗口，尽管成本领先、隐形冠军、高新技术、复杂产品的分类提供了有益的洞见，但究竟沿用什么样的标准才能准确刻画中国制造的主要类型仍值得继续探讨。

1.3 研究进路与方法

1.3.1 中国制造的结构划分

目前，学术界并没有对制造业的行业细分依据给出清晰界定。事实上如何划分制造业的细分行业，要根据研究主题来确定。本书确定制造业分类依据的核心是确定不同细分行业制造业在创新能力提升方面有差异的结构维度。参照许庆瑞（2007）对制造业划分的结构维度，结合创新能力相关研究文献，最终确定产品生命周期、技术与知识的密集程度、产业链生态特征、国际化程度、资源的分布特征等五个因素为分析创新能力提升机制时的中国制造的结构维度。据此，本书讨论中国制造中的传统制造企业、中华老字号企业、高新技术企业和复杂产品企业四类，这四类企业创新能力的提升将是助力实现制造强国的必由之路，见表1.2。

表1.2　中国制造的结构维度

企业类型	制造业结构维度				
	产品生命周期	技术和知识的密集程度	产业链生态特征	国际化程度	资源的分布特征
传统制造企业	中长周期	中低	核心	中高	内外部
中华老字号企业	超长周期	低	细分	低	历史传承
高新技术企业	短周期	高	核心	高	内外部
复杂产品企业	中周期	高	跨链	低	内部

传统制造企业的典型特征是产品具有中长产品生命周期，核心产品是维持其可持续竞争优势的关键，能够整合内外部资源进行创新并努力进入国际市场，以海尔为典型代表企业；中华老字号企业的典型特征是跨越时间维度，传承产品的历史文化属性，历史文化传统是产品竞争力的核心，产品具有长甚至超长生命周期，聚焦细分市场，以汾酒为典型代表企业；高新技术企业的典型特征是技术迭代速度快，产品更新迅速、生命周期短，属技术密集型和知识密集型产业，以华为为典型代表企业；复杂产品企业的典型特征是跨越产业链、技术系统特征明显，且具有自然垄断特性，以中车为典型代表企业。

1.3.2　研究进路

研究进路沿“基础层—核心层—目标层”的逻辑进行，见图1.1。

（1）基础层，界定核心概念、准备理论基础。梳理国内外关于创新能力的研究脉络，界定创新能力的概念和结构。

（2）核心层，案例研究。选择海尔、汾酒、华为、中车分别为传统制造企业、中华老字号企业、高新技术企业、复杂产品企业的典型代表企业，运用案例研究方法提炼中国制造企业创新能力提升的基本经验和机制。

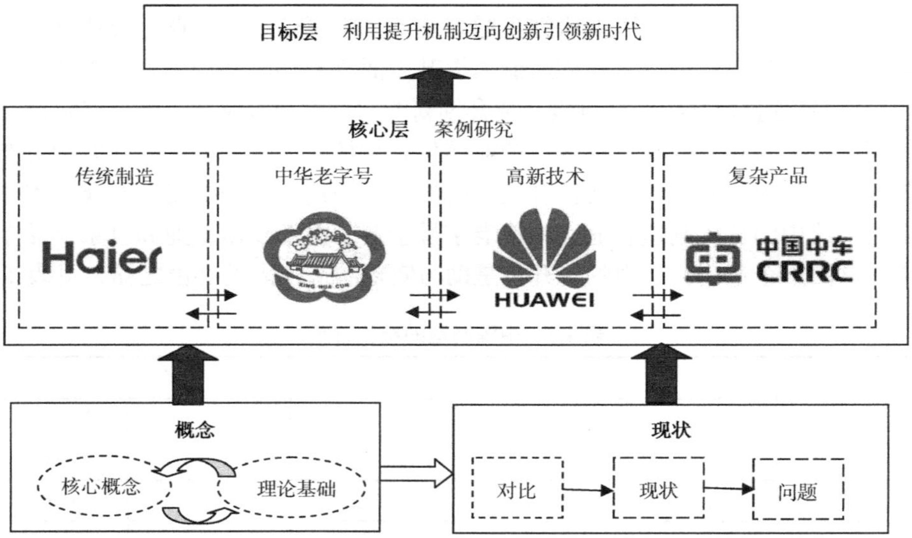

图 1.1 本书研究进路

（3）目标层，利用提升机制迈向创新引领新时代。将 4 家案例企业创新能力提升机制的基本经验，嵌入贸易摩擦对中国制造企业创新链影响的情境，以全面创新管理、有意义的创新和创新引领的创新范式为基本遵循，前瞻性地建构中国制造企业创新能力提升的机制。

1.3.3 研究方法

（1）田野调查法。实地对海尔、汾酒、华为、中车等 4 家代表性企业做深入访谈交流、参观体验、工作体验，形成丰富的一手资料；同时，查阅公司报表、宣传画册、内部报刊、国内外论文期刊库，形成一手资料的验证性或辅助资料。

（2）案例研究法。案例研究适用于解答过程和机理问题。基于 4 家代表性案例企业的调研资料，遵循案例研究的规范，通过“编码—讨论—总结”过程，在与已有理论的对话中提炼创新能力提升的机制，并反思尚不足的问题。本书采用的是多案例研究法，有助于总结可扩展的一般性规律，使研究结论更具稳健性和普适性。

（3）文献研究法。查阅国内外相关研究文献，梳理创新能力理论发展脉络，总结提炼全面创新、有意义的创新、根本性创新、创新引领等理论的核心观点，为本书打造理论基础。

第 2 章　传统制造企业创新能力提升机制[①]

随着以信息技术、智能制造为核心的第四次工业革命的深入推进，工业再造成为核心议题，世界传统工业强国纷纷走上再工业化之路，如美国发布“先进制造伙伴计划”、德国发布“工业 4.0”战略、英国发布“工业 2050 战略”等，目的在于助推本国产业结构转型升级，在新的技术范式中抢占制造业价值链的中高端，赢得未来竞争优势。新的技术范式也为后发国家提供了“超越追赶”的机会窗口，后发国家和传统工业强国在制造业价值链位势上的竞争将日趋激烈。当前传统制造占中国制造的比重仍较高，转型升级压力巨大，在这样的世界格局中，传统制造企业创新能力的提升对中国建设制造强国意义重大。

2.1　理论基础

2.1.1　创新能力

应该从什么样的视角剖析创新能力的维度，理论界尚未有定论，现有研究关于创新能力维度的划分，大多基于研究目的及研究背景，从某一特定的视角对创新能力进行剖析（表 2.1）。例如，从投入和产出两个维度将创新能力分为创新研发能力、创新投入能力、创新实施能力、创新产出能力；从企业生产经营全过程的角度将创新能力划分为选择能力、研发能力、集成能力和学习能力；或是分为战略能力、组织能力、文化能力、技术能力、市场能力；基于创新管理的视角，从创新战略、知识（创意）管理、探索性流程、技术开发、系统与决策机制、实施、项目管理与商业化、组织结构、组织文化与学习等维度对创新能力进行了测度；还有部分学者基于动态能力、知识整合等理论对创新能力进行了刻画。总体来看，无论是集中于生产经营过程视角，抑或是创新管理过程视角，理论界对创新能力刻画维度的设置都越来越倾向于全面性视角，更加完善和精确。

---

① 本章部分内容发表于 2018 年《科学学研究》第 36 卷第 8 期《后发企业战略演进、创新范式与能力演化》（刘海兵，许庆瑞）和 2019 年《广西财经学院学报》第 32 卷第 4 期《传统制造业创新型人才培养的路径及机制——基于海尔集团 1984—2019 年纵向案例研究》（吴画斌，刘海兵）。

表 2.1　创新能力的刻画维度

作者及年份	创新能力的刻画维度
Lawson 和 Samson（2001）	以动态能力的观点探讨创新能力的维度
王一鸣和王君（2005）	认为企业自主创新能力包括选择、研发、集成和学习四种能力
Adams 等（2006）	依据创新管理的过程，将企业创新能力分为输入管理、知识管理、创新战略、组织文化与结构、组合管理、项目管理与商业化
林向义等（2007）	依据企业经营涉及的创新活动将创新能力分为产品创新能力、工艺创新能力
O'Connor（2008）	创新能力是指可识别的组织结构、界面机制、探索性流程、必要的技能、治理与决策机制、适当的效能尺度，以及一个适当的文化与领导背景这些要素之间的互动
梅亮（2009）	以创新能力的要素和推动力作为两个维度建立创新能力矩阵，其中创新能力的因素（维度）包括战略、技术、组织、市场、文化等九项因素
陈力田和程凯林（2009）	创新能力包含战略、组织、文化、技术、市场能力
张军（2009）	创新能力的结构拓展为突出文化（culture）特点的人力资源或创新者、知识基础（knowledge-base）、以领导力为核心的组织体系及生产过程（process）中的技术的 CKLP 结构模型
王鹏等（2011）	创新资源的投入能力、产出能力、环境支撑、可持续发展能力
Björkdahl 和 Börjesson（2011）	创新能力的主要维度是创新战略、文化、创意管理、外部环境与联系、组织背景与学习
王茂详和李东（2014）	包括创新资源、创新研发能力、创新成果产出与应用等方面
盛伟忠和陈劲（2015）	企业创新能力主要表现为机会识别能力、创新实现能力、商业化能力
李玥等（2018）	基于供应链、产业联盟、创新平台的知识整合视角分析了创新能力的维度
舒丽慧等（2020）	以模仿制造和组织学习为主，以模仿创新和完整知识积累体系构建为主，以知识管理和低阶自主创新为主，以高阶自主创新和储备低阶原始性创新为主，以原始性创新能力为主

创新能力的影响因素与刻画维度共同构成了创新能力提升的机制。首先，通过挖掘和探索创新能力的影响因素，并对其加以控制和调节，以实现创新能力的提升；其次，通过对创新能力全视角、多维度的刻画，清晰地揭示创新能力各个阶段的异同；最后，将创新能力的影响因素与刻画维度进行连接，探索影响因素在不同维度的内在作用逻辑，即创新能力提升的内在机制。

2.1.2　吸收能力

吸收能力最早由 Cohen 和 Levinthal（1990）提出，并将其定义为企业对外部知识的搜寻、吸收、进行商业化的能力，具有积累性和路径依赖性，是组织研究和发展（research and development，R&D）的副产品。在此基础上，Todorava 和 Durisin（2007）将吸收能力继续细分为价值识别、获取、吸收、转化、利用五个过程。以上定义全面精炼地归纳出了吸收能力的主要内容，但也将吸收能力默认为一种静态能力。因此，Zahra 和 George（2002）将这一定义拓展为企业获取、消化、转化、利用外部知识的动态能力，并将获取和吸收界定为“潜在吸收能力”，将转化和利用称为“实际吸收能力”。在对吸收能力五个过程划分的基础上，Todorova 和 Durisin 强调了吸收能力的动态反馈性，并从认知价值（受知识源和先前知识影响）、知识获取、消化转化、价值创造四个维度考察了吸收能力。这一定义较为全面地概述了吸收能力的主要内涵，且突出了组织的惯例和流程对于吸收能力的重要影响。

随着吸收能力定义的明确，更多学者开始关注吸收能力的作用，主要以自变量、调节变量、中介变量等形式研究其在企业的创新绩效、财务绩效、新产品开发绩效等领域中的影响。例如，Luo（2013）在对 116 家企业的实证研究中发现，吸收能力能够对企业的市场绩效及财务绩效产生直接的正效应。除了直接作用外，吸收能力的调节作用也受到较多关注，如 Zahra 和 Hayton（2008）就在其研究中，强调了吸收能力在国际经营对财务绩效产生影响时发挥的调节作用。吸收能力的中介作用也是研究的热点之一，极具代表性的研究是 Tasi（2001）在探讨社会资本的结构嵌入和关系嵌入对创新绩效的作用时，将吸收能力作为中介变量，从而得出社会资本影响创新绩效的内在机制。

吸收能力被引入企业层面后，主要应用在企业创新领域，学者以不同视角研究了吸收能力对企业创新的作用。例如，以 Cohen 和 Levinthal（1990）为代表的学者建立了经典的吸收能力与 R&D 激励模型，肯定了吸收能力与创新动机之间的联系。Tsai（2001）、吴先华等（2010）都通过其研究证实了吸收能力较强的企业，可以拥有较多接触外部知识的机会，从而拥有较高的价值识别能力和知识转移能力，对于企业集群来说，核心知识的流动和信息共享往往集中在吸收能力较强的企业之间，这就决定了吸收能力对创新所需资源来源的重要作用。同时，Lorenzoni 和 Lipparini（1999）通过研究证实，吸收能力越强的企业，其整合内外部技术、更新内部知识结构的能力越强，也就是说，吸收能力可以通过影响知识的消化、转化从而影响企业的创新。另外，Cohen 和 Levinthal（1990）指出，吸收能力越强的企业对外界创新知识越敏感，越能够抓住创新机会；同时，吸收能力的作用还体现在创新搜索过程中，吸收能力较强有利于企业辨别创新的方向，减少其陷入创新陷阱的概率，从而提高其创新速度，在此基础上，创新成功的经验又会激励企业继续创新。因此，吸收能力可以影响企业创新的频率、方向和速度。综上，吸收能力已成为企业创新领域研究中不可分离的要素之一。

2.1.3 动态能力

动态能力观的提出出现在新旧工业革命交替的历史背景下，20 世纪 90 年代开始，人工智能、石墨烯、量子信息技术显露头角，以 Teece 等（1997）为代表的学者开始以动态视角考察企业的竞争优势，并提出企业的竞争优势和经营绩效取决于企业根据外部环境变化而不断更新、调整和重构（reconfigure）自身资源和能力的能力，即所谓“动态能力”（dynamic capability）。之后，不同的学者从不同的视角丰富了动态能力观的理论脉络，如 Zott（2003）通过模拟分析发现，动态能力虽然在不同企业间实施的时间节点与成本不同，但同样能够显著影响企业的绩效。Drnevich 和 Kriauciunas（2011）以智利企业为研究样本，引入企业间异质性、环境动态性来研究动态能力对企业经营绩效的贡献。虽然动态能力对企业经营绩效的正向作用已被众多学者证实，但是动态能力的识别与界定、动态能力构建的微观机制、动态能力的运作机制等问题仍没有得到清晰的解答。战略管理学派认为，动态能力观实质上是对环境决定论的深入和回归。

动态能力（Teece et al.，1997）的提出较好地弥补了资源基础观中资源的静态性缺陷，是一个动态地整合企业内外部资源、重构竞争力的理论。由此，动态能力成为企业通过整合内外部资源、开发现有资产从而提高能力的资源管理过程。此后，Eisenhard 和 Martin（2000）对动态能力和企业竞争力的关系做了清晰界定，动态能力是一个包括整合（integrate）、重置（reallocate）、获得（acquire）、消除（eliminate）的过程。

可以看出，动态能力相对资源基础观的改进在于主张将企业外部资源整合入企业的发展过程，因为顾客卷入（von Hippel，2010）和供应商卷入会加强企业的渐进性创新和根本性创新。其中蕴含的“整合”思维对创业企业的资源劣势和高度的不确定性（high uncertainty）提供了路径，但并没有清晰地回答创业企业从外部和内部分别获取什么资源并如何均衡的问题。

2.2 案例选择与案例简介

案例研究有助于考察复杂现象背后的机理、规律和机制。Eisenhardt（1989）、Pettigrew（1990）、Yin（2009）等建构了案例研究的基本原则，这些原则、过程和方法得到了越来越多研究者的接受。相比定量研究，案例研究能够使研究者以“主动”的身份进入研究对象的场域，在研究者与被研究者的互动中体验容易被忽视的态度、情感、价值观等细节因素，而这些因素往往构成了揭示现象本质的关键证据链。

2.2.1 案例选择依据

本章主要探究传统制造企业在动态的环境中创新能力提升的机制，所需案例要具有极端性和典型性（Eisenhardt，1989；Pettigrew，1990；Yin，2009），因此，选择的案例应具有如下特征：①企业在长期发展中创新能力不断提升；②案例企业是传统制造企业的典型代表，在自身创新能力提升的同时，能够引领行业发展，起到了引领和导向作用；③对企业有长期深入跟踪，以使研究能够顺利展开。基于上述标准，本章认为海尔是理想的样本企业。

第一，海尔是一家成立于 1984 年的大型企业，历经 37 年发展，经历了六次显著的战略转型，即名牌化战略（1984～1991 年）、多元化战略（1991～1998 年）、国际化战略（1998～2005 年）、全球化战略（2005～2012 年）、网络化战略（2012～2019 年）、生态品牌战略（2019 年至今）。每一次战略转型的背后不仅是海尔所处的市场环境发生了变化，同时其自身创新能力也有了新的跃迁。

第二，海尔已在白色家电等领域处于同行业领先地位，2016 年海尔集团利润达到 203 亿元，全球营业额达到 2016 亿元，线上商品交易总额达到 2727 亿元，同比增长 73%。2016 年，海尔品牌价值达到 2218.65 亿元，连续 15 年蝉联中国品牌价值榜首，两次入选英国《金融时报》（*Financial Times*）评选的“中国十大世界级品牌”，2017 年 1 月，世界权威市场调查机构欧睿国际发布调查数据显示，海尔大型家用电器 2016 年品牌零售量占全球市场的 10.3%，居全球第一，这也是其第八次蝉联全球第一。2018 年 8 月 30 日，“青岛海尔 2018 中报业绩一览”发布。根据该报告，海尔第一季度和第二季度营业收入分别为 427 亿元和 459 亿元。冰箱、洗衣机、空调、厨电和热水器等核心产业保持高增长，增速分别达到 17%、20%、25%、30%、21%。海尔 2020 年营业收入为 2097.26 亿元，同比增长 4.46%，其中第四季度营业收入为 553.14 亿元，同比增长 9.5%。海尔 2021 年上半年报显示，其营业收入为 1116 亿元，较 2020 年同期增长 16.6%，归母净利润 68.52 亿元，较 2020 年同期增长 146.4%。

第三，网络化战略和生态品牌战略阶段的海尔，已经不仅仅是一家家电企业，而是融合了通信、IT 数码产品、家居、物流、金融、房地产、生物制药等领域的物联网企业和平台化企业。早在 2000 年，时任海尔首席执行官的张瑞敏就提出了“不触网，就死亡”的观点，海尔是国内最早提出向互联网、物联网转型的制造企业之一。“2020（第 26 届）中国品牌价值 100 强研究报告”显示，海尔品牌价值 3106.9 亿元，连续 19 年居于首位，海尔已从家电品牌巨头转型为物联网生态品牌。也可以说，海尔正在构建一个以生活方式为核心的生态品牌。

第四，从 20 世纪 90 年代开始，浙江大学创新管理研究团队（以下也简称团队）持续跟踪海尔发展已有近 30 年时间，积累了大量的一手资料。每年团队成员在海尔蹲点 2～3 个月，同时浙江大学与海尔集团还成立了“浙江大学–海尔集团创新管理与持续竞争力联合研究中心”，从而能够使研究持续且深入。

2.2.2 案例资料的来源、收集方法与研究程序

案例研究的数据来源应该是多样的，以保证研究的信度和效度（Yin，2009）。这是因为，对于同一件事物或同一个现象，通过对研究数据的“三角测量”（毛基业和张霞，2008），可以获得更加可靠的信息。本案例研究的数据来源主要有以下五个方面。

1. 半结构化访谈

从 20 世纪 90 年代开始至 2021 年，浙江大学创新管理研究团队每年都会赴海尔蹲点 2～3 个月。在蹲点期间，会针对海尔不同部门的负责人进行半结构化访谈。这种访谈不仅能够保证研究问题的总体统一性，也有利于研究者挖掘细微的内在机理。团队进行半结构化访谈的方式是先让这些负责人介绍各自领域和部门的业务总体情况（目标、思路、挑战），然后和团队成员进行互动式问答，截至目前已整理了数十万字的访谈记录。以 2017 年为例，团队从 7 月 16 日至 8 月 12 日进行了为期 28 天的实地调研，期间访谈对象包括海尔家用电器副总裁、HOPE 的负责人及多名工作人员（多场次）、海尔专利平台负责人及工作人员（多场次）、海尔文化中心负责人及工作人员（多场次）、海尔大学负责人、海尔研发科学家、少海汇渠道总监、品牌总监、运营总监、有住网总裁等。多层次、多部门、多角度的访谈使战略、创新和能力问题得到了交叉验证。2018～2019 年，团队每年赴海尔蹲点调研 60 多天。根据 Eisenhardt（1989）提出的访谈原则，团队对访谈全程录音，并在当天转录为文字，形成记录，然后根据问题梳理汇总。

2. 问卷调查

由中国工程院院士许庆瑞设计了“运用全面创新管理提高中国中小企业的创新能力”调查问卷，旨在调研企业创新总体水平，同时评价全面创新管理策略提升企业创新能力的效果。问卷共有 13 个部分，分别是企业基本情况、战略能力、文化能力、技术及其创新能力、组织能力、市场能力、创新绩效能力、竞争优势、

环境、创新倾向、创新来源、政策、企业家精神。问卷的 13 个部分独立成篇，在调研期间用信封将问卷发给特定调查对象。符合如下特征的才会成为团队的调查对象：在海尔工作 15 年以上、对问题的理解深入、信息掌握全面准确、在海尔集团的职级较高或工作资历较深（许庆瑞等，2013）。这些特征最大限度地保证了我们所收集信息的准确性，从而提高了研究效度。

3. 田野调查

田野调查是现代人类学的基本方法，由著名英国人类学家马林诺夫斯基、布朗提出，田野调查由于有着长期性、参与性和深入性的特征，以及在调查中要坚持客观性、科学性、系统性和尊重性原则（何星亮和杜娟，2014），引起越来越多学科的重视。田野调查有利于从具体现象中归纳理论或法则。为了获得更多有情感、有价值的资料，团队在海尔进行田野调查，具体有：①参观海尔创新生活馆，了解梳理海尔创新史；②参观海尔的少海汇创业平台，以及平台上的有住网、克鲁德机器人等，并用一周时间深入观察海尔创业小微技术人员和管理人员工作流程；③在海尔访谈期间，尽可能利用闲暇时间、用餐时间和海尔人交流，以了解海尔在战略转型、创新及能力背后的故事，为研究积累大量的原始素材。

4. 二手资料

本章二手资料主要包括文献资料和档案记录。文献资料包括三个环节。第一，在中国知网查询与海尔有关的期刊、硕博士学位论文、报纸等资料，从中筛选与研究问题相关的信息。第二，利用中外专利数据库平台检索海尔专利申请情况。第三，从已出版的与海尔有关的著作中搜集信息，如《海尔创新史话》《海尔转型：人人都是 CEO》《海尔是海》等。

5. 研究积累

本书研究团队长期跟踪研究海尔，先后发表或出版了一系列有重要影响的论文和专著，如《引领性创新：一种创新管理新范式——基于海尔集团洗衣机产业线的案例研究（2013—2020 年）》等。刘海兵和许庆瑞（2020）以海尔的创新实践为案例，探索性地建构“创新引领”的概念及理论体系，已初步取得了一些研究成果。对海尔的观察和研究，是团队多年研究的一大特色，也是做好以海尔为代表的企业案例研究的基本要求。长期的研究积累，有助于在企业发展的宏大脉络中追寻那些不易轻松发现的“细枝末节”，而这也许正是促进创新能力提升至关重要的决定性因素。

2.2.3 案例企业简介

海尔从 1984 年成立至 2021 年，从最开始的一家资不抵债、濒临倒闭的集体小厂经过 37 年的创新创业已然成为全球白色家电第一制造商、中国最具价值品牌。随着其迅猛的发展势头，海尔已经跃升为大型跨国企业集团，在全球建立了 24 个工业园、十大研发中心、108 个制造中心、66 个营销中心，全球员工已经超过 6 万人。海尔集团的业务也不断拓展，从最开始的家电领域到现在的通信、IT 数码产品、家居、物流、金融、房地产、生物制药等领域。2017 年 1 月 10 日世界权威市场调查机构欧睿国际正式签署发布的 2016 年全球大型家用电器调查数据显示：海尔大型家用电器品牌零售量占全球的 10.3%，连续 8 年蝉联全球第一。全球营业额和利润也不断攀升，2016 年同比 2015 年营业额增长了 68%，达到 2016 亿元，2019 年营业额达 2776 亿元，见图 2.1；2017 年利润增长 12.8%，达到了 203 亿元，2018 年达 331 亿元。2015 年至 2016 年，海尔连续入围世界品牌百强名单。2017 年，海尔凭借积极的国际消费者口碑，一举夺魁“最具品牌力家电出海品牌”，并以 572 分的品牌力总分荣登品牌榜第七位，与联想、阿里巴巴、中国国际航空等各行业领军品牌共同入选海外市场最成功的中国品牌。世界权威市场调查机构欧睿国际发布了 2020 年全球家用电器统计数据，数据显示，海尔位列全球大型家用电器品牌零售量第一，继续领跑全球家电市场。这是海尔第 12 次蝉联全球大型家用电器品牌零售量第一，彰显了其代表的中国品牌在全球经济市场的重要地位。此外，海尔冰箱、洗衣机、冷柜、酒柜的品牌零售量均为全球第一，分别创造了连续 13 年、12 年、10 年和 11 年的纪录。

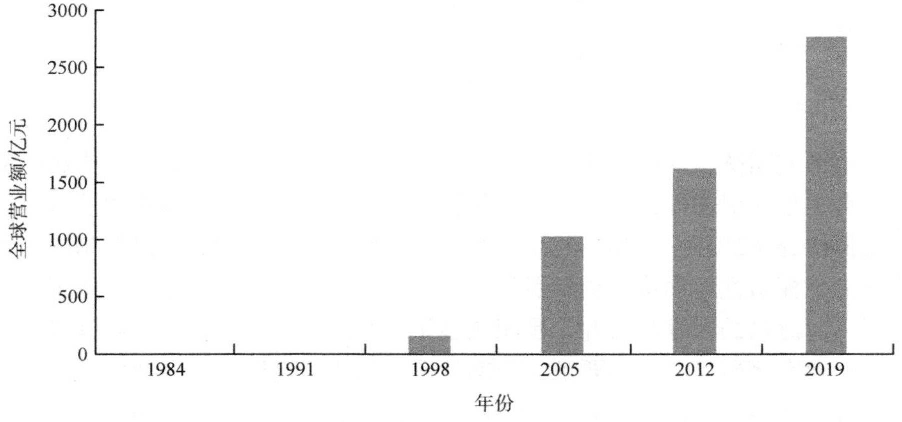

图 2.1　海尔 1984～2019 年全球营业额

世界品牌实验室（World Brand Lab）于 2020 年 8 月 5 日在第十七届“世界品牌大会”上发布《中国 500 最具价值品牌》分析报告，海尔以 4286.52 亿元的品牌价值列家电品牌价值第一，见图 2.2。海尔已先后拥有海尔、美国通用家电、Fisher&Paykel、三洋，2019 年 1 月 8 日则开始拥有意大利 Candy 公司的 Candy、Hoover 及 Rosières 品牌。可以认为，无论从家电品牌价值还是从引领家电行业发展来看，海尔已处于该行业中的领先地位。2019 年 12 月，海尔宣布进入第六个发展战略阶段——生态品牌战略阶段，开始致力于构建智慧客厅、智慧厨房、智慧浴室、智慧卧室、智慧阳台五位一体的智慧家庭，截至 2019 年底，已孵化独角兽企业 8 家、瞪羚企业 15 家、上市企业 18 家，投资 A 轮以上创业公司 66 家，投资天使轮、种子轮创业公司 200 多家，孵化小微平台 4000 多个。

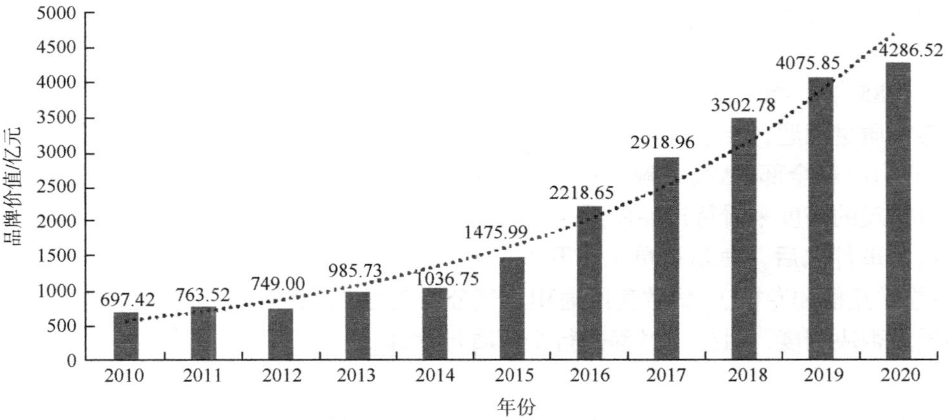

图 2.2　海尔 2010～2020 年品牌价值

2.3　海尔发展阶段

海尔自 1984 年发展至 2021 年，先后经历了名牌化战略（1984～1991 年）、多元化战略（1991～1998 年）、国际化战略（1998～2005 年）、全球化战略（2005～2012 年）、网络化战略（2012～2019 年）阶段，目前已进入生态品牌战略（2019 年至今）发展阶段。海尔的战略阶段划分清晰，每一个战略阶段对应着比较清晰的环境、创新行为和创新能力，因此，本节在分析海尔创新能力提升机制时继续沿用海尔的战略阶段划分结果。

2.3.1　名牌化战略阶段：1984～1991 年

1984 年，青岛电冰箱总厂（海尔前身）厂长张瑞敏接手企业初期，中国社会对冰箱需求旺盛，即便是质量有瑕疵的冰箱也能售罄。当时的中国市场是卖方市场。而青岛电冰箱总厂在此时并没有像其他企业大量上马冰箱项目，而是聚焦于提升品牌质量以获得长期市场竞争优势。

提高产品质量的关键在于：第一，拥有先进制造技术；第二，进行全面质量管理。在制造技术方面，海尔通过引进手段实现提升。1984 年 12 月 26 日青岛电冰箱总厂与德国利勃海尔公司（以下简称利勃海尔）签订了技术引进合同，张瑞敏在此时制定了“起步晚、起点高”的引进技术原则，在引进亚洲市场上还不曾出现的四星级双门冰箱的同时引进了德国 DIN 标准①及 ISO 标准②。在此后 6 年的时间，海尔通过委派技术人员学习、自我摸索等方式，消化并吸收了 2000 余项国外先进的冰箱生产的技术知识，为海尔产品过硬的质量提供了技术支持。

1985 年，当时的青岛电冰箱总厂生产的“瑞雪”牌电冰箱被用户投诉，说冰箱存在质量问题，经过检查，发现库房竟有 76 台不合格冰箱。张瑞敏当即决定将这 76 台冰箱全部砸毁。“砸冰箱”这一事件把质量第一的观念融入员工的血液，从道德观的高度来看待产品质量，从而形成了海尔独特而卓越的质量文化。继“砸冰箱”事件之后，海尔在员工中开展了群众性的质量小组活动，建立“三检制”（自检、互检和专检），仿效美国通用电气公司实行“六西格玛”③管理，实行严格的质量否决制度，对生产过程进行全面质量管理。

2.3.2　多元化战略阶段：1991～1998 年

20 世纪 90 年代开始，中国市场结构发生了变化，此时的矛盾已经由先前的供不应求转变为人民群众物质文化需求与日俱增，单一产品已不能满足消费者需求。针对这一市场痛点（market pain），海尔开启多元化战略阶段。海尔于 1991 年合并青岛空调器厂和青岛电冰柜总厂，1992 年在青岛东部高科园征地 800 亩④，建立海尔工业园区，开始推动多元化发展战略。

由于在第一阶段实施的名牌战略，海尔凭借自身核心资源开始采取兼并重组的扩张战略，但海尔对兼并收购的企业并不是完全控制，而是借助海尔文化让这

---

① 德国 DIN 标准是指由德国标准化协会（Deutsches Institut für Normung）制定的德国工业标准。

② ISO 标准是指由国际标准化组织（International Standards Organization）制定的标准。

③ “六西格玛”管理，指企业用一种比较系统的工具，去优化流程，提高产品质量，减少重复，提升生产力。

④ 1 亩≈666.7 平方米。

些企业重新振作，海尔称其为“激活休克鱼”，第一个“激活休克鱼”的案例是 1995 年 7 月海尔收购红星电器有限公司（以下简称红星）。海尔以低成本扩张的方式先后兼并了广东顺德洗衣机厂、莱阳电熨斗厂、贵州风华电冰箱厂、合肥黄山电视机厂等 18 家企业，这使得海尔在多元化经营和规模扩张方面，进入了一个更广阔的发展空间。

在技术方面，海尔通过合作设厂、技术合作等方式完善其研发体系，如 1993 年与 1994 年，海尔分别与三菱重工、意大利海梅建立了合资工厂，在合作中学习对方的技术和管理理念，进而提升其自身技术能力。还与相关领域的技术领先企业开展技术合作，如与日本合作开发视频编码和解码技术，与美国飞思卡尔合作开发无线传输技术等。

这一阶段还实施了人力资源管理的创新。1992 年，海尔将所有员工分为优秀员工、合同员工和试用员工三个等级，三个比例按照 4∶5∶1，实行差别待遇。同时根据绩效考核制度，对业绩突出者进行三工“上”转，对不符合条件的进行三工“下”转，推出劳务市场，“三工”之间进行动态转换，并与个人报酬相挂钩。同年，海尔打破年龄、资历、学历、干部、身份等界限，正式实行合同聘任制，给员工提供充分的选岗自由。

2.3.3 国际化战略阶段：1998～2005 年

中国加入 WTO 后，国内家电市场面临更为激烈的竞争，国际一线品牌入驻中国，给海尔等中国企业带来不小挑战。此时的海尔以市场为导向，以快速响应用户的需求为目标，以组织结构的扁平化为手段，主要聚焦于速度和创新。海尔在这一阶段启动了国际化战略。

海尔国际化战略的独到之处就是“先难后易”，就是打开发达国家的市场，再进入发展中国家的市场。同时，用“三个 1/3”划定经营格局，即国内生产、国内销售 1/3，国内生产、国外销售 1/3，国外生产、国外销售 1/3。这里的 1/3 不是指销售量，而是三种不同的经营形式。中国企业和外国大型公司相比，在资金、技术、管理、人才等方面都有很大的差距，为了弥补这一差距，海尔制定了“三步走”的国际化战略。所谓“三步走”就是“走出去”“走进去”“走上去”。其中“走出去”是进入国际市场，“走进去”是进入国际市场的主流渠道、成为主流产品，“走上去”则是成为当地的知名品牌。

为实施国际化战略，海尔进行了流程再造，目的是实现“三个零”的目标：信息流的零距离、物流的零库存、资金流的零运营成本。紧接着，海尔提出了“人的再造”，2003 年明确提出把海尔 3 万名员工改造成 3 万名自主管理的战略经营单位（strategic business unit，SBU），SBU 的目标对员工、企业、用户来说，各有不同的意义。对员工来说，其要成为创新的主体，在为用户创造价值中体现自己的价值，实际上就是经营自我；对企业来说，如果每个员工都成为 SBU，就形成了企业的核心竞争力，这是竞争对手不能模仿和复制的；对用户来说，这意味着帮助他们形成在网络时代对企业和品牌的忠诚度。如果每个员工都在创新，用户的需求无论发生怎样的变化，海尔都能抓住。

1998 年至 2005 年，海尔通过国际化战略，建立了海外工厂 18 个、营销公司 17 家、研发中心 9 家，研发和海外制造、海外营销配合起来，实现“三位一体”，海尔已经成功进入欧、美、日三大市场，并且一跃成为国际名牌。

2.3.4　全球化战略阶段：2005～2012 年

2005 年以后，家电市场产品供大于求的矛盾日益突出，家电行业的竞争日趋白热化，在上游成本增加和下游流通企业的双重压力下，整个行业利润率快速下降，“如刀片一般薄”的利润空间，是家电生产企业生存发展面临的严峻挑战。另外，随着海尔规模经营的不断扩大，“大企业病”表现越来越明显，企业规模的扩大导致其“神经末梢”感应不灵，降低了管理决策的准确性和有效程度，而且职能机构增多，滋生了官僚主义、部门主义的不良现象。对于消费端来说，随着信息时代的发展，信息主动权由企业转向用户，用户拥有足够的信息来掌握产品的特点和价格，可以不断进行对比和议价直至找到满足自己个性化需求的产品和服务。为此，从 2007 年 4 月 26 日开始，海尔发起了一场为期 1000 天的信息化再造，史称“1000 天流程再造”，这场改革包括组织再造、流程再造和人的再造。

这种流程是一个完全贯通的流程，是一个“即时响应”的流程，也是一个共同执行的流程，它将海尔原来的职能型结构变成了流程型网络，垂直业务变成了水平业务，提高海尔响应市场速度的同时加快了全球供应链的响应速度。与此同时，海尔原来的职能管理部门也就变为支持流程中的一部分。为了贯彻和巩固海尔之前实施的一系列组织改革，2005 年 9 月，在海尔全球经理人年会上，张瑞敏提出了“人单合一”的全球化竞争海尔模式。“人单合一”的竞争力之一体现在企业运营的全过程上。流程中每个员工都有自己的市场，都要对自己的订单负责，都要创造出自己市场上的第一。与此同时，“人单合一”的竞争力还体现在“自主创新的 SBU”的经营能力上。

2010 年为了迅速推动组织变革，海尔在世界上首创的“自主经营体”宣告诞生。“自主经营体”可以理解为海尔内部的最小经营单位，这个经营体可以是一个人，也可以是一群人。其实质就是把大公司变成几千个小公司，海尔将原来的大事业部制经营组织形式转变为以自主经营体为基本单元的组织架构，将原来所有的部门按照一定的规则划分为 2000 多个自主经营体，每个自主经营体直接面对市场，为所负责的用户群创造价值。同时这 2000 多个经营体就像是一张大网直接面对市场，每个经营体就是这个网上的一个节点，这个节点可以变成一个基本的创新单元。

在这一阶段，海尔搭建了全球研发资源整合平台，这个平台整合了全球 10 万名知名高校、科研机构的专家学者，涉及电子、生物、动力、信息等诸多领域。此时的海尔在全球拥有五大研发中心，这些中心都是平台型的研发中心，依次形成“世界就是我的研发部”的开放体系，而五大研发中心的独立运营和相互协同使海尔拥有了开放式的全球研发体系，这个体系使其具备了行业领先的创新速度，进而创造着全球用户资源。

2.3.5 网络化战略阶段：2012～2019 年

为了解决企业惰性这个矛盾问题，张瑞敏在 2012 年 12 月 26 日宣布海尔进入第五个发展阶段——网络化战略阶段，本阶段海尔的主要任务就是从传统制造家电产品的企业转型为面向全社会孵化创客的平台，致力于成为互联网企业，颠覆传统企业自成体系的封闭系统，变成网络互联中的节点，互联互通各种资源，打造共创共赢新平台，实现攸关各方的共赢增值。而此阶段的主要焦点就是创新和创业。为此，从 2013 年开始，海尔把“人单合一”双赢管理模式的变革推向纵深，继续进行颠覆式的探索，打造出动态循环，加快推进互联网转型。为把海尔由传统企业变为互联网企业，其最典型的变革就是三大颠覆，即员工创客化、企业平台化、用户个性化。

员工创客化颠覆了传统的雇佣制，就是员工从被雇佣者、执行者转化为创业者、动态合伙人。海尔采用动态合伙人制。“竞单上岗，按单聚散”是其显著特征。企业平台化颠覆了传统的企业科层制，将以前的科层制变为一个共创共赢的生态圈。在这个平台上没有科层，只剩下三类人：平台化、小微、创客。用户个性化就是用户从被动的购买者颠覆为主动的参与体验者。用户从过去的消费者转变为产品设计的参与者，消费者需求个性化和差异化的趋势越来越显著，在此种趋势下，消费者的身份从最开始的只是购买、使用商品的顾客转向主动参与产品设计和研发的用户。海尔依托新的小微化的组织形式和全新的 HOPE 平台让用户直接参与研发和生产阶段，依靠“互联网+工厂”的生产形势实现精细的商品定制化。消费者从顾客转为用户，已经不再是提供需求供企业进行生产，而是参与整个产品的生产流程，并不断地跟生产进行互动交流和反馈，以期得到最符合用户需求的产品。

网络化阶段提出“网器”[①]的概念，要求所有产品都联网成为“网器”，而不能仅仅是有某种使用属性的产品。例如，他们推出的馨厨冰箱就是这样一种“网器”。围绕用户需求做互联互通的产品、构建物联网时代的生态品牌是海尔近年来创新的主要方向。经过2012～2019年的努力，海尔的物联生态取得了初步进展，且成绩喜人。目前海尔的物联生态致力于构建智慧客厅、智慧厨房、智慧浴室、智慧卧室、智慧阳台五位一体的智慧家庭，智慧家庭由食联网、衣联网、好空气、水联网、全屋安防等物联载体运行，*N*代表个性化定制需求。在该平台支撑下，用户可根据需求定制*N*类个性化场景，见图2.3。据海尔介绍，海尔智家是物联网时代一家全球领先的美好生活方式解决方案提供商，提供物联网时代下的衣/食/住/娱等全场景的生活方案，一站式服务，并为用户提供可定制、可迭代的解决方案。

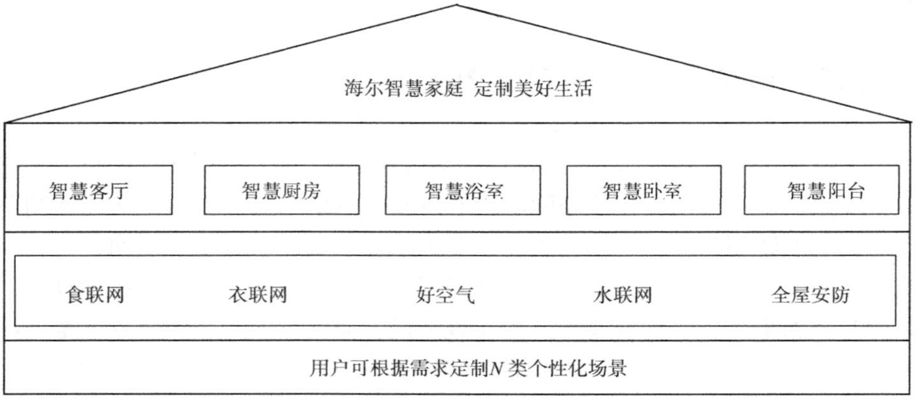

图2.3　海尔的物联生态

2.3.6　生态品牌战略阶段：2019年至今

2019年12月26日，以“人是目的，有生于无”为主题的海尔集团第六个发展阶段战略主题和企业文化发布仪式举行，正式标志着海尔已进入新的发展战略阶段。

海尔生态品牌首先体现出引领性，这种引领性建立在模式引领和标准引领的基础上。2019年11月26日，全球权威市场研究与咨询机构Forrester正式发布研究报告，对中国工业互联网软件平台中表现最好的7家厂商进行研究、分析及评分，结果显示海尔COSMO平台位于领导者行列。在物联网生态领域，海尔分别主导大规模定制模式标准、智慧家庭标准和物联网生态标准，成为国际标准的引领者。

① 海尔将能够联网的家电单品称为“网器”。

海尔将这一阶段的精神确定为“诚信生态、共赢进化”，作风确定为“人单合一，链群合约”。据海尔首席执行官、董事局主席张瑞敏介绍，共赢进化就是和用户一起进化，这体现了区块链背景下去中心化的用户自信任，某种意义上用户也是一个创造者；链群合约是去中介化的价值自传递，在链群合约里，所有的价值、所有的节点都是融合在一起的。链群合约的优越性体现在链群合约生态图上。相关的小微自主组合成创单链群和体验链群，两类链群以用户场景应用体验迭代为中心融合在一起，链群里没有中心、没有领导，完全是自组织。创单链群和体验链群融合在一起自组织、自驱动、持续优化。

2.4 传统制造企业创新能力演化规律

创新能力是企业可持续的竞争优势，是一个随企业战略、创新范式变化而变化的动态概念。海尔的创新能力正是在战略引领和创新推动下完成积累和提升的，形成了“学习能力—整合能力—吸收能力—动态能力—生态能力”的演化轨迹。

2.4.1 学习能力

知识的解码、获取、积累和应用的能力是组织学习能力的重要体现，这些要素不仅影响组织创新能力，也会进一步影响产品和工艺的创新，从而作用于组织的核心竞争力。企业实践中，组织往往通过“干中学”“互动中学”等学习模式来完成知识学习过程，扩大自身知识基础，积累初步的技术能力（韵江和刘立，2006）。

例如，在名牌化战略阶段，海尔集团开始认识到掌握技术才是把控产品质量的关键。1984 年，作为海尔集团的前身，青岛电冰箱总厂和利勃海尔签约，引进当时亚洲第一条四星级电冰箱生产线。同时，海尔集团用了 6 年时间，通过委派技术人员学习、在实践中摸索等方式，消化并吸收了 2000 余项国外先进的冰箱生产的技术知识。在此过程中，海尔技术人员通过不断模仿，有意识地利用、改进外部技术，积累了技术经验，增强了组织学习能力。海尔通过制定技术引进与消化、吸收、再创新并举的方针，从消化吸收利勃海尔四星级豪华电冰箱制造技术，到探索海尔人自己的创新之路，逐渐取得了阶段性的成果，组织学习能力也显著提升。1990 年 6 月，海尔在业界首家推出发泡冰箱，荣获轻工业部和化学工业部科学技术进步奖，标志着我国冰箱制造技术取得从含氟向无氟发展的阶段性胜利。这一阶段，海尔实现技术创新的主要手段是引进并消化吸收外部先进技术知识。这种“用中学”的学习方式积累了海尔的学习能力。

2.4.2 整合能力

资源整合是指组织通过对分布在组织内外部资源的识别、配置，满足在特定战略目标下的组织创新需求。在多元化战略阶段，海尔创造性地提出技术创新课题市场化的研发指导方针，并通过合作设厂、技术合作等方式完善其研发体系，扩充外部资源网络，整合内外部创新资源。这一阶段，海尔的资源整合能力表现在组织能够建立一定范围的内外部资源网络，并具有对集群网络内的资源进行识别、获取、配置、消化、转化的能力，并且通过资源整合，组织往往能够达到“1+1>2”的协同效应，实现二次创新。

例如，由于多数被兼并的企业恰恰是由于企业经营理念落后、缺乏凝聚力而面临危机，海尔将其企业文化优势与战略目标协同起来，创造出不同于“大鱼吃小鱼”“快鱼吃慢鱼”的兼并方式，这是其在该阶段最令人瞩目的创新举措。在多元化战略阶段，海尔集团用文化整合并购企业，“激活休克鱼”，与国外领先企业合作研发领先技术，这都反映了海尔的整合能力。通过资源整合，海尔经营业务与规模不断扩张，资源配置效率不断提高。1994 年 4 月 22 日，海尔超级无氟电冰箱参加世界地球日的展览，成为唯一来自发展中国家的环保产品。1997 年 9 月，以进入彩电业为标志，海尔进入黑色家电、信息家电生产领域。企业在多元化经营与规模扩张方面，拥有了更广阔的发展空间。

2.4.3 吸收能力

吸收能力能够使不同的组织在复制外界新知识的能力方面有所差异（Cohen and Levinthal, 1990），是企业感知、消化和应用外部知识的能力（Lane and Lubatkin, 1998），具体包括对知识的获取、消化、整合和利用（Zahra and George，2002），吸收能力的强弱会影响到企业的竞争优势。

在国际化战略阶段，海尔制定了海外研发和海外制造、海外营销配合的“三位一体”的组织模式，成功进入欧、美、日三大市场，一跃成为国际名牌。在产品研发本土化方面，海尔在全球建立了五大研发中心，根据本土化的用户需求，开发满足当地需求的主流产品。以开放创新整合全球研发资源，形成研发合力，并将研发与市场对接，推动满足用户需求的产品设计与开发。在这一战略及创新范式推动下，海尔积累了吸收能力，对技术的分析、理解、掌控的能力更加深入。在此基础上，海尔能够快速洞察用户需求，识别并高效利用技术资源匹配用户需求，获得了更快的发展。2005 年 9 月，山东省政府召开的“全省科技自主创新大会”上，海尔集团自主创新研发的集健康、环保、节能于一身的不用洗衣粉的环保双动力系列洗衣机获得了山东省科技进步奖一等奖。2005 年 12 月，2005 年度中国最有价值品牌评估结果揭晓，海尔以 702 亿元的品牌价值连续四年位居榜首。

2.4.4　动态能力

动态能力是改变企业能力的能力，并在创新上具有开拓性动力，是组织持续地建立、调适、重组其内外部的各项资源与职能来达到竞争优势的一种弹性能力。创新的动力可能是再生性的或开拓性的，因为倾向于以具有强烈路径依赖的经验性为基础的再生性动力并不能改变能力中的惯性，企业动态能力不仅关注企业特有的组织惯例，其焦点更是放在克服能力惯性的创新和开拓性能力上。

在全球化战略阶段，海尔颠覆以往组织模式，通过自主经营体和流程再造促进了以用户、市场为导向的产品设计、开发、制造和销售。同时打破研发惯例，开始搭建全球研发资源整合平台，这个平台整合了全球 10 万个知名高校、科研机构的专家学者，涉及电子、生物、动力、信息等诸多领域。此时的海尔在全球拥有五大研发中心，这些中心都是平台型的研发中心，形成“世界就是我的研发部”的开放体系，而五大研发中心的独立运营和相互协同使海尔拥有了开放式的全球研发体系，这个体系使其具备了行业领先的创新速度，进而创造着全球用户资源。以用户为核心的创新和速度带来的企业竞争优势正是“动态能力”（Teece et al.，1997）的内核。这一阶段，海尔通过动态能力整合内部和外部资源（技术、资源和竞争力），及时响应市场，并用快速的、灵活的产品创新满足用户需求。2008 年，海尔成为全球白色家电第一品牌。2012 年 12 月 21 日，欧睿国际发布最新数据：海尔第四次蝉联全球大型家电第一品牌。

2.4.5　生态能力

“生态”一词在生物学中指一种生存状态，企业作为一种特殊的生命体，也有其独特的生态能力。本书定义的生态能力包含两层含义，一方面是通过产业链打造以产品为核心的生态化场景的能力，另一方面是对内外部资源的高级治理能力。

在网络化战略阶段，海尔的核心能力则是构建场景化生态、治理周边资源的生态能力，即通过成套、定制、迭代搭建海尔智家生态业务，增强海尔在长期市场的可持续发展能力。事实上，过硬的产品和技术基础是生态场景的构建基础。这一阶段，无论是以冰箱为核心的食联网还是以洗衣机为核心器件的衣联网，海尔总能率先预判行业和产品的未来技术方向，且产品质量也最为领先。有了核心器件后，海尔以“网器”为接口连接资源双方，使得“网器”向平台转型，海尔的家电产品场景化生态得以布局，如大厨经验、生态农场、冷链运输、微信和微博等使海尔通过冰箱这一“网器”搭建进来了丰富的外部的可持续资源，从而实现了冰箱单品从电器到“网器”再到平台的转型。在海尔转型过程中，平台中汇聚的第三方资源也能实现增值。海尔这一阶段的生态能力突出体现在海尔吸收、治理第三方平台资源，合理筛选物联生态合作伙伴，科学设计合作规则、流程、环节，有效控制合作风险，构建完整生态体系的能力上。海尔所有阶段的创新能力提升轨迹见图 2.4。

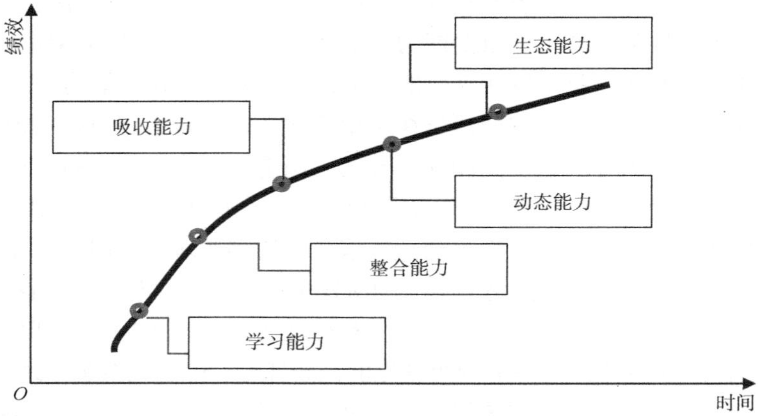

图 2.4　海尔创新能力提升轨迹

2.5　传统制造企业创新能力如何提升

由案例情境到案例讨论的过程，是一个遵循客观性、逻辑性的逐步编码的复杂过程。本节将海尔 6 个战略发展阶段的案例素材反复地编码和提炼，概念化为“一阶概念”和“二阶范畴”，并逐步形成创新能力提升机制。

2.5.1　战略管理机制

作为传统制造企业转型的典型代表，海尔在过去 30 多年的发展中，经历了多次战略转型，战略在企业创新能力提升中起到了引领作用。张瑞敏对不同时期企业面临的内外情况和面临的主要矛盾进行了充分的分析，及时调整和改变了企业的发展战略，指导海尔不断走向成功，使得战略在创新引领和创新驱动中的导向作用愈加明显。当然，从中我们也能够清晰地看到这样一家企业战略演进的逻辑，而背后的战略管理机制则为海尔的战略转型提供了必要的基础和保障。根据编码提炼，海尔战略及各要素的创新见表 2.2（因第六个战略阶段刚刚开始，管理变革仍在进行中，因此本节对素材的编码不包含第六个战略发展阶段）。

表 2.2　海尔集团发展历程及各创新要素的协同

阶段	名牌化战略阶段	多元化战略阶段	国际化战略阶段	全球化战略阶段	网络化战略阶段
范围	内部	市场开拓	全球开拓，二次创业	整合全球资源	共创共享共赢平台
时间	1984～1991 年	1991～1998 年	1998～2005 年	2005～2012 年	2012～2019 年
焦点	秩序–质量	多品种、规模与成本	速度与创新	资源、品牌、创新	创新、创业
战略创新（思想创新）	名牌化战略	多元化战略；先谋势，后谋利；东方亮了再亮西方	“走出去”、国际化战略；从制造业向服务业转移；“三个 1/3”	以效率打造全球第一竞争力，创造世界级全球化海尔品牌	转型为面向全社会孵化创客的平台；致力于成为互联网企业，打造共创共赢新平台
制度创新	班前会制度★；周六高级经理人培训（协同机制）	三工并存，动态转换；赛马不相马的激励制度；合理化建议制度▲	研发投资制度——负债开发制度；人人都是 SBU★	激励机制加强	动态合伙人制★；竞单上岗，按单聚散
文化与观念创新	要干就要争第一（质量文化）★；精细化、零缺陷；“三只眼”理论	真诚到永远；敬业报国，追求卓越；“激活休克鱼”；永远战战兢兢、永远如履薄冰	出口创牌；先难后易；“与狼共舞”；竞合	创造资源、美誉全球；速决速胜；设计市场而不是设计产品；木桶新论	员工创客化★；企业平台化★；用户个性化★
管理创新	全面质量管理（total quality management，TQM）；日清日高管理（1989 年）★；“6S 大脚印”方法；ISO9001 认证	全方位优化（overall every control and clear，OEC）管理–海尔基因★；责任链；自主管理班组；强制性管理到自主管理	内部模拟市场化；市场链 SST[①]★；端对端，与客户零距离；自主管理	人单合一★；T 模式	“人单合一”共创共赢
组织创新	直线职能制	成立技术中心，张瑞敏任主任★；事业本部制★；联合舰队	业务流程重组（business process reengineering，BPR）★；网络化流程结构▲；一站到位的服务	网络化流程结构	企业平台化：平台+小微+创客★

① 即索酬，索赔，跳闸。

续表

阶段	名牌化战略阶段	多元化战略阶段	国际化战略阶段	全球化战略阶段	网络化战略阶段
市场创新	靠卓越的质量赢得市场	迅速反应，马上行动★；只有淡季的思想，没有淡季的市场；星级服务；卖信誉而不是卖产品	创造有价值订单；打价值战；三位一体的本土化经营	“走出去”“走进去”“走上去”；以差异化开创蓝海	顾客转向主动参与产品的设计和研发的用户；基于COSMO工厂实现大规模定制
技术创新	引进德国冰箱技术并消化、吸收、模仿、创新	二次创新、自主（合作）创新★；创新的途径就是创造性地模仿和借鉴，即借力	整合全球创新资源；国际化、超前性、整体性；基于全面创新管理的全方位创新▲	整合全球资源自主创新；基于全面创新管理的全方位创新★	基于HOPE平台的全价值过程创新；基于全面创新管理的全方位创新★

资料来源：在许庆瑞《全面创新管理》基础上稍做补充

注：“★”表示该阶段中主要的要素创新；“▲”表示协同的重要创新

1. 演进的特征：战略先导创新驱动

1984年以来，海尔集团历经六个战略发展阶段。尽管各个战略阶段的战略意图和举措存在或大或小的差异，但全面创新中的各要素的创新引领贯穿于海尔发展的始终。在海尔的发展历程中，一直坚持技术创新和制度创新的双轮驱动，具体表现为以技术创新为核心，以市场创新为导向，以组织创新为保障，以文化创新为激励，以人才培养创新为动力，发挥技术与组织、市场和文化协同效应的战略核心，有力地支撑了海尔由小变大的发展。这也是海尔战略演进规律（图2.5）。

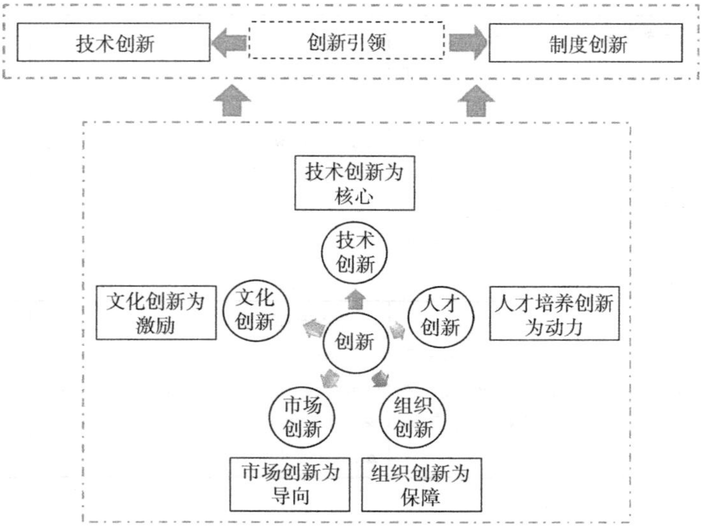

图2.5　海尔的战略演进规律

第一，战略先导：以主要矛盾的变化推进战略演进。矛盾论有助于解释海尔战略演进的微观机制。主要矛盾的变化贯穿海尔发展的整个过程。纵观海尔战略的演进路径，以矛盾论的视角分析，特定阶段的矛盾从积累到转化对海尔战略演进起到了关键作用，具体体现在其推动海尔战略由量变引起质变的过程。在名牌化战略阶段，主要矛盾是较低的国内家电产品质量和旺盛的国内需求之间的矛盾，海尔以产品质量控制体系建设应对这种矛盾。但在 1992 年左右，随着人民群众的物质文化的需求与日俱增，单一产品已不能满足消费者需要，这说明此时的主要矛盾已经发生了由量到质的转变，由原来的单一产品需求转向多样化多品种需求，且消费者议价能力有了提升，而这一阶段海尔实施的聚焦于多品种、大规模、低成本的多元化战略正是为了应对这一矛盾。海尔的国际化战略、全球化战略和网络化战略也是如此。可以说，海尔的每一个战略阶段都是针对当时市场和生产之间最主要矛盾规划的，战略的演进意味着主要矛盾发生了实时变化，进而引起战略由量变到质变的过程。

第二，创新驱动：以创新促进能力提升。战略既定后，海尔会根据市场形势选择不同的创新模式，目的在于建构手头不足的资源，进而增强技术柔性和组织柔性。这种以创新引领的资源建构过程，也是海尔不断提升能力的过程。①以技术创新为核心。以技术创新为核心是海尔战略演进的显著特征。在面对不同时期的市场痛点时，海尔集团能够及时识别市场机会，并利用技术创新作为突破工具将市场痛点和市场机会转换为战略机遇，推动海尔战略面向市场和用户不断迭代。以技术创新为核心，表现为利用技术的渐进性创新或突破性创新，通过解决市场痛点满足用户需求、增强用户黏性，同时注重市场创新、组织创新、文化创新以及相互之间的协同，从而扩大技术创新的溢出效应。②以市场创新为导向。纵观海尔集团战略发展，尽管每个战略发展阶段的重心不同，但技术创新、产品制造和服务营销始终坚持市场导向和用户第一理念，进而组织和文化跟进市场创新进行变革，实现与市场创新的匹配。海尔集团市场创新的路径，是以市场为导向，与顾客关系“由外到内、由表及里、由浅入深”的创新过程，即将外部的顾客转变为各类合伙人，将原有的一次交易转变为深度的持续交互，将原有的买卖市场转变为“共创共赢”的生态圈。③以组织创新为保障。海尔战略推进的保障是组织创新。只有保持与市场创新导向、技术创新引领相匹配的组织创新过程，才能使战略转化为海尔集团的核心竞争力。这与海尔集团的认识是一致的，他们认为，企业的组织形式至关重要，要打破旧的，建立新的，不断调整，不断适应，使企业始终处于一种有序的非平衡状态。纵观海尔集团组织创新发展的 4 个阶段，即直线职能制（1984～1991 年）、事业本部制（1992～1998 年）、基于流程的扁平化组织结构（1999～2012 年）、平台化结构（2013～2021 年）等，组织创新的基本脉络是：以战略为引领，基于对市场和用户的迅速反应，以及对内部资源的整合，组织结构中的边界从有到无、等级链由多层级向“人人都是 CEO”的无等级链转变。④以文化创新为激励。从文化创新的轨迹可以清晰地看到，“以人为本”是海尔文化不变的核心，意即要通过与战略相适应的文化创新尽最大可能开发员工积极性，实现海尔人由“内部员工”到“企业合伙人”的身份置换。由此可见，文化创新，不仅仅解决了大企业中员工惰性、部门主义的“大企业病”，更重要的是通过机制设计最大限度地激发了员工潜能，为海尔集团未来生态型发展奠定了基础。

2. 战略演进的规律：从“控制”到“治理”

Teece（2007）对战略制定的理论工具做过系统的整理，认为存在四种主要的观点，分别是五力模型、战略冲突理论、资源基础观、动态能力观。不同的理论工具蕴含着不同的战略主张。尽管自五力模型之后，动态能力观颇受学术界和企业青睐，但以海尔为例的新的企业实践却是动态能力观无法解释的。且已有研究文献缺乏对四种理论之间关联的探讨。海尔的战略演进则首先比较清晰地说明了后发企业在追赶—超越阶段可能会采取不同的理论工具做战略规划，战略制定的理论工具随情境改变而改变，因而形成战略演进。

资源基础观主张企业构建长期竞争优势的关键在于“稀缺的、难以模仿的、特有的资源”，企业的成功和未来的发展应以发现或创造独特竞争力的能力为基础，因而可以产生“租金”。这与海尔在名牌化战略阶段的认知一致，认为集技术、质量、文化于一体的品牌是长期市场的竞争优势。因此，海尔着力通过产品技术引进和生产过程的全面质量管理打造海尔品牌，表现出高度的控制力特征（包括 OEC 管理模式、6S 管理等），以使其成为“稀缺的、难以模仿的、特有的资源”。

波特的五力模型是通过分析企业同行业竞争者、潜在进入者、供应商、顾客、替代品等对经营造成的威胁来确定自身位势和发展策略。在海尔多元化战略阶段，海尔在前一阶段积累的良好的市场品牌给同行业其他厂商及潜在进入者无形中设置了壁垒，这给海尔提供了“创造可持续竞争优势的更好的机会”，即海尔用“激活休克鱼”方式兼并收购家电相关领域企业，从而实现多元化。在对兼并收购的企业管理中，海尔以海尔文化的影响力使这些企业自造血、自管理，呈现主导而非控制的特征。

尽管战略冲突理论自提出后就饱受学术界质疑，但其又是企业管理领域在特定情境下必经的路径。海尔的国际化战略是在国内竞争日趋激烈而又有中国加入 WTO 后国际知名家电企业进驻中国的双重压力下进行博弈的战略选择。海尔试图通过“走出去”战略提高其在国际上的地位，以这一措施来影响中国家电行业内的竞争行为。也就是说，品牌可以作为战略信号进行博弈。在用“三个1/3”划定经营格局时，海尔组织结构更趋于扁平化，甚至将员工打造成“人人都是SBU”，目的在于及时识别市场机会、快速响应市场需求，分权由此成为海尔战略的必然逻辑。

动态能力观认为动态能力是企业长期竞争优势的核心，而动态能力的关键在于两点，一是“动态”，即企业能够根据变化的环境重新定义竞争力，二是“能力”，即根据变化的环境的需求，企业能适应、整合、重置内部和外部的组织技能、资源和有效竞争力。后续研究者对企业如何适应快速变化的环境给予了讨论。动态能力观符合海尔的全球化战略设计。海尔实施的“人单合一”管理模式，就是以动态能力观为基础，通过“自主经营体”和“即时响应”的流程，使员工直接面向市场、对用户负责，以在用户需求能得到快速响应的同时使海尔适应快速变化的环境。“自主经营体”“人单合一”等组织形式的出现，标志着海尔已由分权型战略向支持型战略转变。

“生态”一词原本用以解释自然领域的“平衡”。当企业规模进入超大规模后，为了防御“颠覆性创新”对行业内现有企业的颠覆性破坏，企业内部和外部的平衡、中心与周边的平衡是必须引起企业层面重视的问题。海尔前首席执行官张瑞敏用大树来解释新阶段的战略，“一棵大树很容易被大风折断，但一片树林就可以抵御”。海尔在网络化战略期间，提出“企业无边界，管理无领导，供应链无尺度”，将员工创客化、企业平台化、用户个性化，其目的也在于将海尔的产业多领域、跨边界、生态化，以“产业群集”（industrial cluster）形成海尔的生态能力，这不仅有利于海尔“搜索”新的机会，而且有利于对可能出现的“颠覆性破坏”形成一定的防御。“员工都是CEO”，企业平台化以后海尔各个业务单元都成为三类小微（创业小微、用户小微、转型小微），企业内部运转遵循市场化机制，而借助HOPE和COSMO平台则将大规模制造转型为体现用户参与、用户交互的大规模定制，这些变革与兴起于20世纪90年代公共行政领域的“治理”（governance）在本质上比较相符。相比动态能力观，生态观能更好地解释海尔的网络化战略（治理型战略）。

由海尔战略演进可以看出，后发企业在追赶和超越过程中，战略规划的理论工具，随着企业面临的主要矛盾由量变到质变的变化，在沿着“资源基础观—竞争力理论—战略冲突理论—动态能力观—生态观”的轨迹演进，战略呈现出“控制—主导—分权—支持—治理”的演进规律，同时，战略在推动企业发展中起到了引领作用，市场、组织、文化、创新都要随着战略调整而变化，见图2.6。

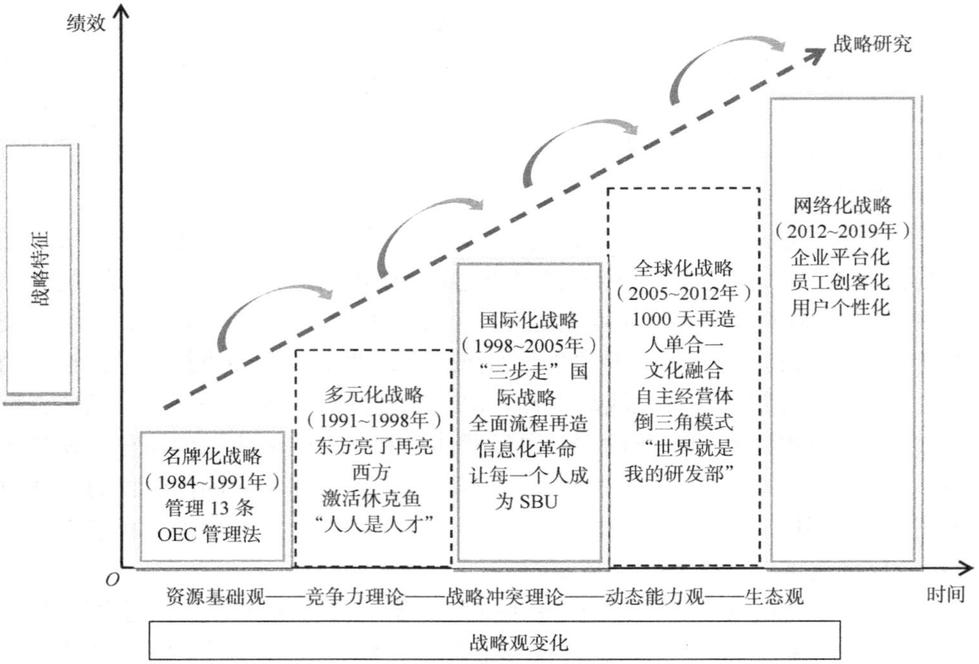

图 2.6　海尔战略演进轨迹

2.5.2　创新模式演进机制

纵观海尔创新发展历程，其创新模式随着战略阶段的不同而进行了不断的迭代，这是其推进战略实现和提升创新能力的重要机制。从名牌化阶段到生态品牌战略阶段，海尔创新模式经历了由“二次创新—自主创新—开放式创新—全面创新—创新引领”的迭代。

本节尝试性地变换了传统的以企业发展阶段划分为层次的纵向案例研究梳理方法，采取以一个类别的产品创新发展为层次的梳理方法。海尔自 1984 年发展以来，已由过去的家电品牌巨头发展成为引领家电产业发展的物联网生态品牌，产品涵盖家电、通信、IT 数码产品、家居、物流、金融、房地产、生物制药等领域，但家电产业仍是公司产品集群中的核心子群。在海尔陆续并购了美国通用家电、日本三洋、新西兰斐雪派克、意大利 Candy 后，其冰箱、洗衣机、空调、热水器产品创新进一步整合了全球领先资源，获得了较强的行业竞争优势。据 2018 年 8 月发布的“青岛海尔 2018 中报业绩一览”，冰箱、洗衣机、空调、厨电、热水器等核心产业收入分别增长 17%、20%、25%、30%、21%。从市场份额看，冰箱达 34.88%，是第二名的 3.1 倍，洗衣机达 32.94%，是第二名的 1.9 倍；而从高价值品类的市场份额看，冰箱市场份额为 39%，而洗衣机市场份额则高达 74%，空调为 45%。世界权威市场调查机构欧睿国际发布了 2020 年全球家用电器统计数据，数据显示，海尔位列全球大型家用电器品牌零售量第一，继续领跑全球家电市场。在对比上述几个核心产品后，根据 Eisenhardt（1989）对典型案例和极端案例的案例选择要求，本节选择洗衣机产品作为典型样本。

海尔洗衣机的前身是 1995 年并购的红星。在海尔洗衣机发展历程中，海尔始终跟消费者保持零距离，不断挖掘用户需求，以用户需求推动产品创新，研发生产了小神童洗衣机、双动力洗衣机、滚筒洗衣机、免清洗洗衣机和空气洗洗衣机。根据欧睿国际调查数据，自 2009 年海尔洗衣机首次获得全球第一后，截至 2018 年，其已经连续 10 年牢牢占据全球洗衣机市场品牌零售量第一位置。

在通过半结构化访谈、田野调查和二手资料来获取海尔洗衣机产品资料的基础上，遵循 Dodgson 纵向单案例研究方法（Dodgson et al.，2006），本节将海尔洗衣机产品数据整理为历史事件库（van de Ven and Poole，1990），寻找其中的关键事件，并尽可能找到一个“逻辑口”把纵向历史事件串联，以对案例进行历史阶段划分。本节以许庆瑞（2007）提出的全面创新管理理论为创新模式的衡量指标，设计了一个以创新模式为核心的分析框架，具体阶段划分和案例证据见表 2.3。

表 2.3　海尔洗衣机产品发展阶段和案例证据

划分依据	创新模式（许庆瑞，2007）				
所属场域	二次创新	自主创新	开放式创新	全面创新	创新引领
核心特征	技术引进、消化吸收	消化吸收后的自主创新	整合外部合作伙伴	全员、全时空、全要素创新	自身价值和社会价值的平衡
窗口划分	1995～2000 年	2001～2003 年	2004～2008 年	2009～2017 年	2018 年至今
案例证据	海尔兼并红星之前，红星的洗衣机与日本夏普有合作。兼并以后，与夏普的合作逐渐不紧密，以消化吸收前期的技术为主	针对美国人发明的搅拌式洗衣机、欧洲人发明的滚筒式洗衣机和三洋发明的波轮式全自动洗衣机，发明了双动力洗衣机	与日本的一家水处理企业合作，运用电解水技术研发设计了“不用洗衣粉的洗衣机”	2009 年 10 月，HOPE 成立，最初是海尔基于“世界就是我的研发部”理念成立的开放式创新团队，并协同全球研发中心创新资源，为海尔的各个产业提供创新服务	由海尔主导的物联网标准于 2018 年通过电气电子工程师协会（Institute of Electrical and Electronics Engineers，IEEE）国际认证，海尔开始致力于行业未来优势的构建

1. 二次创新阶段（1995～2000 年）

海尔洗衣机技术的由来是当时红星的技术班底，红星当时跟夏普合作引进了双桶洗衣机的技术，红星生产线是轻工业部批准的生产线，但都是引进的，没有自己的研发能力。海尔于1995年并购红星之后，将夏普引进的双筒洗衣机技术消化吸收变为海尔的技术。也是得益于洗衣机的技术带头人吕佩师部长，在整个海尔里面，洗衣机的技术沉淀和技术积累是相对来讲比较完善的一个。自从海尔兼并红星之后，与夏普的合作就不太紧密了。

这一阶段的主要核心产品是小神童洗衣机。这一产品的研发背景是当时一到夏天洗衣机厂就关门，后来通过用户调研，发现用户在夏天没有洗衣机用。1996年，上海机械学院的两位教授发来一封信，说洗衣机笨重、不方便移动且价格昂贵，提出了能不能生产一台老年人的洗衣机。为此，海尔专门研发了这台既能满足夏天洗衣服需求又能满足教授需求的洗衣机。

小神童洗衣机的诞生，使市场上原有的40多公斤[①]的洗衣机变为17公斤的新洗衣机。并就此开始创造了海尔文化，即“只有淡季的思想，没有淡季的市场”的文化。

2. 自主创新阶段（2001～2003年）

2001年海尔在消化吸收红星技术的基础上，开始进行自主创新，其标志性的产品是双动力洗衣机。

1922年美国人发明搅拌式洗衣机，缘起是当时美国西部淘金人绝大多数穿着牛仔裤，而这些牛仔裤很难洗。搅拌式洗衣机的优点是洗衣服洗得干净，缺点是浪费水，摔打力度大容易损坏衣服。1932年美国人发明了滚筒式洗衣机，这种洗衣机洗得比较柔和，但为了洗得干净，不得不加长时间、加热水的温度。它的优点是对衣服损坏小、用水量小，但缺点就是浪费电。1953年，三洋发明了波轮式全自动洗衣机，实现了在洗得快的基础上洗得干净，但它的缺点是衣服容易纠缠在一起，摆放不是很均匀。

结合三代洗衣机各自的优点和缺点，海尔开始思考能否整合三种洗衣机的优点而最大可能避免缺点，带给用户更好的体验。于是，海尔尝试“将搅拌棒放置到筒壁上，转速减小到50转，一个动力驱动桶，一个动力驱动波轮”，利用这样的设计思想，海尔发明了双动力洗衣机，并把它纳入国家洗衣机的标准，获得山东省科技进步大奖，双动力洗衣机被誉为“世界上第四种洗衣机”。

3. 开放式创新阶段（2004～2008年）

2004年以前，大约80%的用户使用洗衣粉，洗衣粉的残留问题十分严重，不仅洗衣服的体验比较差，同时对环境的污染也很大，尤其是洗衣粉里的含磷酸排

① 1公斤=1千克。

放，使水体的生态环境保护压力较大。注意到这样的市场痛点后，海尔洗衣机产品线就开始思考如何少用或不用洗衣粉也能洗干净衣服。当时，海尔在日本的一家合作伙伴在水处理领域有较好的技术积累，在 2000 年左右，这家企业就可以通过对水的电解直接造出可饮用的水。于是，海尔与这家企业合作，开始寻求将水的电解技术运用在洗衣机上的技术方案。

经过合作研发，海尔生产制造了“不用洗衣粉的洗衣机”，其技术的基本原理就是将水分为酸碱，污垢一般都是弱酸性的，因为正常人的皮肤是弱酸性的，只有弱碱性水才能有效分解衣服上的油渍和污垢，在洗涤的时候将碱性的水加入桶中，漂洗的时候将酸性的水加入到桶中，而洗涤结束后的水则是中性水。根据国家家用电器质量监督检验中心提供的检测数据，按国家标准要求加洗衣粉的洗衣机洗净比为 0.7，海尔这款洗衣机的洗净比达到 0.875，洗净比比使用洗衣粉的普通洗衣机提高了 1/4。

4. 全面创新阶段（2009～2017 年）

HOPE 成立于 2009 年 10 月，最初是海尔基于“世界就是我的研发部”理念成立的开放式创新团队，经过 9 年的发展，已经成为海尔旗下独立的开放式创新服务平台。借助 HOPE，海尔洗衣机产品线可以更直接、更快捷地把握用户需求，并将需求转化为创意设计，HOPE 平台全球有超过 10 000 个创新资源，这些资源为海尔洗衣机产品的研发、设计、生产、制造、商业化过程提供了强有力的“外脑”。全员，全时空，加之以“人单合一”管理模式为推动力的全要素创新，不仅实现了准确把握用户需求的目标，也实现了洗衣机产品的快速迭代，使海尔洗衣机在高价值品类中的市场份额和竞争力一路攀升。

从 2009 年开始，海尔洗衣机每年推出一款解决用户痛点、满足市场需求的产品，创新速度更快、识别市场需求和用户痛点更准，引领行业发展的力量更强。表 2.4 为海尔洗衣机 2010～2018 年产品创新简况。海尔洗衣机在产品不断迭代创新的同时，还注意将产品创新嵌入在整体的行业趋势中，2018 年 7 月，由海尔主导的《智慧家庭体系框架和总体要求》《衣联网通用要求和互操作规范》两项国际标准正式通过 IEEE 评审并成功立项。作为海尔与 IEEE 签署战略合作协议后首批成功立项的标准项目，这标志着海尔在智慧家庭领域的创新实践获得国际权威标准组织的认可。这说明，作为智慧家庭的重要构成部分，海尔洗衣机已经由过去的单品向物联网生态转型。

表 2.4　海尔洗衣机 2010～2018 年产品创新

年份	要解决的市场痛点	洗衣机产品
2010	滚筒弯腰取放衣物	卡萨帝复式大滚筒洗衣机

续表

年份	要解决的市场痛点	洗衣机产品
2011	专属洗护缺乏	海尔迷你全自动洗衣机
2012	噪声问题	海尔直驱洗衣机
2013	衣物烘干问题	海尔热泵干衣机
2014	脏桶难题	海尔免清洗洗衣机
2015	大人孩子衣物同时无法洗护	卡萨帝双子云裳洗衣机
2016	桶间污垢污染问题	海尔子母免清洗洗衣机
2017	洗涤方式的问题	卡萨帝空气洗纤见洗衣机
2018	费时费电问题	海尔双直驱洗衣机

注：根据海尔集团提供的资料整理

在海尔洗衣机发展的四个阶段中，面对不同阶段的用户需求，其创新模式不断迭代。在二次创新阶段，采取的是技术引进和消化吸收的技术创新模式，为了使多元化的技术有序并入海尔总体发展，互补资产创新特别强调“激活休克鱼”的海尔文化。

5. 创新引领阶段（2018 年至今）

2019 年 12 月 26 日，海尔正式开启第六个战略阶段——生态品牌战略，向物联网生态方向全面迈进。事实上，在 2018 年，海尔的创新就进入了创新引领阶段。创新引领的核心内涵是 VAED 模型。“创新引领”的价值导向超脱于企业自身利益和价值的满足，致力于企业自身利益和促进社会利益的双元平衡，更加重视在促进社会进步的过程中实现自身利益；突破企业自身价值考量去考虑创新，创新是履行社会责任的必要不充分手段，为企业、行业、社会和国家作贡献；依靠创新型文化自觉这种内生动力推动创新。

这一阶段，海尔创新引领的实践主要体现在以下方面。

首先，主要依靠开放式创新体系和“人单合一”的管理模式积极尝试传统家电行业的转型，使“利润如刀片一样薄”的家电行业逐步成为由各个“网器”联结在一起的生态品牌企业。海尔以洗衣机为载体的“衣联网”便是一个例证，“衣联网”的成长源自传统洗衣机行业仅仅把洗衣机作为一个固定硬件，与互联网信息化没有融合，整个行业没有很好地满足互联网时代“人们对美好幸福生活的向往和追求”。海尔洗衣机产业线以该矛盾为突破口，以开放式创新模式大力整合组织内外部资源形成了跨越组织边界的洗衣机产业生态——衣联网，目前衣联网联合衣服生产商、洗涤液生产商、晾衣架生产商、衣柜生产商等企业集成在洗衣机的智能模块中，用户可根据个人需求实现“洗、护、存、搭、购”智能化、一体化的衣服解决方案。衣联网只是海尔“5+7+N”智慧生活中的一个构成部分。这种以行业主要矛盾为导向的技术或产品创新，促进海尔创新能力不断提升，如 2020 年 1 月 8 日，海尔“滚筒洗衣机分区洗护关键技术及产业化”荣获国家科学技术进步奖，是该年度家电行业唯一获奖项目。

其次，海尔积极参与标准制定，承担起引导行业发展的责任，这是超脱于企业自身发展利益，关注国家、行业发展趋势的大智慧。例如，由海尔主导的物联网标准于 2018 年通过 IEEE 国际认证，海尔开始致力于行业未来优势的构建。

最后，海尔打造了全球领先的 COSMO 平台，这是海尔创新型文化自觉这种内生动力推动创新的典型证据。该平台以生产制造环节为中心，是一个能够使用户全流程参与的定制化、智能化平台，以先进的底层信息技术手段，如软件、硬件、操作系统开发服务组件等数据与知识组件扩大了企业的注意力，强化了组织服务化转型后的制造能力。海尔 COSMO 平台业务涵盖工业互联网平台建设和运营、工业智能技术研究和应用、智能工厂建设及软硬件集成服务（精密模具、智能装备和智能控制）、能源管理等业务板块，助力企业实现大规模制造向大规模定制升级、快速转型，为用户、企业创造和分享价值，近几年连续获得多项国家级奖励，产生了积极的行业示范效应，COSMO 平台为推动国家级工业互联网建设积累了可推广的经验。

在二次创新阶段，海尔的创新能力主要表现为在消化吸收国外先进技术的基础上，基于用户需求做出非核心器件、非核心功能的渐进性创新。这一阶段海尔通过引进吸收夏普双筒洗衣机技术，根据用户需求研发小神童洗衣机等积累了大量技术知识。海尔通过这些互补资产的创新战略，奠定了渐进性创新所需的技术基础。

在自主创新阶段，前一阶段的技术积累和消化吸收，使海尔具备了一定的研发能力，这一阶段主要采取技术的渐进性创新，设立了中央研究院，提出了与技术战略相匹配的内部索酬制，实施网络化的流程结构，人人都是 SBU 等，这些互补资产的创新战略是为了保障技术的渐进性创新。

在开放式创新阶段，采取的是自主创新和开放式创新相结合的渐进性创新，目的在于在信息技术快速发展（Chesbrough，2003）、知识型员工快速流动（Vanhaverbeke et al.，2008）、产业生命周期缩短（Gassmann，2006）、技术创新加速的背景下，企业通过开放边界能够“获得更多外部资源”（Chesbrough and Crowther，2006；Chesbrough and Schwartz，2007），而为了保证产品创新能够坚持以用户需求为导向且能快速而准确地满足用户需求，互补资产的创新战略随之进行了调整，开始实施人单合一的管理模式，树立了“世界就是我的研发部”理念。

在全面创新阶段，根据行业发展的痛点，为了进一步引领整个行业趋势，海尔逐步在家电芯片、传感器等领域做长期技术布局，同时成立 HOPE，以更快、更准确地响应用户需求，这说明海尔正采取根本性创新和渐进性创新的组合式技术创新模式。与此同时，海尔还采取了更为彻底的“人单合一”管理模式等互补资产的创新模式。

在创新引领阶段，海尔率先转型为由各个“网器”联结在一起的生态品牌企业，如衣联网等。在此基础上，海尔致力于企业自身利益和促进社会利益的双元平衡，积极推动行业标准制定，利用底层关键信息技术打造全球领先的 COSMO 平台，这是一种超脱于自身发展利益的创新模式。因此，创新模式随战略演进而迭代，总体上呈现出“二次创新—自主创新—开放式创新—全面创新—创新引领”的迭代。也正是因为这样的迭代，企业创新能力不断提升。

2.5.3　人才培养机制

人才始终是海尔管理的第一要素，是企业最重要、最宝贵的资源，员工的创新是企业最有价值的资产。人是目的，不是工具，人与组织是共同成长的利益共同体，每个人价值实现最大化，组织价值就能最大化，这些在海尔都得到了充分的证明。海尔对创新人才的培养是根据组织内外部环境变化而变化的。早期的员工基本是以被动执行、听从命令为主，严格按照组织的制度工作，在制度范围内进行创新。随着外部市场环境的变化，组织的结构及一些制度对组织和员工的发展都产生了阻碍，为了提高效率，获取更高的效益，激发员工的创新潜能，海尔从战略上对组织结构进行了调整，同时改变了培养员工的方式。员工从毫无自主权变成了拥有一定程度的自主权，需要自己去开拓市场；拥有一定的自主决策权，可以根据自己的创新方法去完成工作。进入互联网时代以后，海尔进一步对员工进行了放权，特别是提出“人单合一”模式以后，海尔赋予了员工完全的独立自主权，员工变成了完全自主决策的独立个体，变成了自驱动的创客。他们需要不断进行创新去实现自己的价值，甚至要创造自己的价值并努力使其增值。通过这种从集权到放权，最后到赋权的方式，海尔员工的创新思想不断进化，创新能力不断得到提高。

创新人才的培养离不开机制的保障作用，各种机制的制定可以为创新人才的培养提供良好的发展空间，营造人人想参与创新的氛围，有利于加快创新人才的成长和对创新人才的发掘，每种机制都可以贯穿在创新人才培养的整个过程中。

1. 领导与治理机制

领导者的认知和治理能力促进了员工创新能力的提升，海尔的领导层在张瑞敏的带领下始终在获取新的知识。他们认为企业应该是一个有序但非平衡的结构，在保持企业稳定发展的基础上要不断地打破原有的平衡，全体都要不断否定以往的成就，在新建立的平衡中继续创造价值。在这个动态否定的过程中，员工可以重塑自己的战略思维。当发现组织的结构阻碍了员工的成长时，领导层会果断决定对组织结构不断进行变革重组，使员工获得发展自己的空间。

海尔在考核评价员工的时候遵循“三不”原则，即不讲关系、不看学历、不讲过去。在这种机制下，员工都认为自己有机会上升，积极性会倍增。海尔的领导层会给员工树立“说了不等于做了，做了不等于就做好了”的理念。如果员工犯了错误，领导者要承担 80%的责任，他们会比员工受到更严厉的批评，甚至是惩罚，这就是海尔提出的 80/20 法则。通过这种竞争机制，员工会变压力为动力，主动去学习、获取知识、进行创新。

2. 组织学习与积累机制

海尔通过引进先进的管理和教学经验，不断地吸收新知识、新技能，建立资源库，这样不仅积累了很多知识，还达到了资源共享的目的。如早期海尔跟利勃海尔合作，派出一些人员到国外学习，然后通过这些人员带回国外先进的技术，通过技术方面的不断积累，几年以后，海尔的电冰箱产业成为国内的领军者。知识的积累还表现在另外一个方面，新进海尔的员工都会在老员工的带领下工作。“铁打的营盘流水的兵”，刚招入的人员通常是知识丰富但没有什么技术和项目经验的年轻人，于是海尔就会聘请两个老专家，加速团队的成长。他们一边做项目一边写报告，收集实验数据，通过培训进行分享，实验数据在团队内部留存。比如，100 万元用于研发，另外的 100 万元用来进行工具开发、手册编写之类的，这样就可以积累下很多项目经验和知识。专家在带团队的同时也存在着个人任务指标，如培训多长时间、带多少人员、讲多少次课等都是考核专家的指标。通过这样的积累机制，员工的创新潜能可以得到不断激发。

在“双创”时代，海尔大学对创新人才的培养发挥了重大的作用。这个快速变化的时代在给我们带来挑战的同时也催生出很多新的机会，特别是海尔推出“人单合一”模式以后，对于员工来说最重要的就是怎么通过创新把搜集好的想法和创意，以及自己的一些想法转变为商业成果，这需要企业对员工做很多商业形式的辅导。此时的海尔大学提供了很好的学习机会，它会指引员工怎么去商业实践、怎么把创意转变成商业成果。海尔大学利用微课大赛链接了大量优秀的外部资源，学员可以在这上面自己寻找课程，这样学员自主学习的意愿高，一段时间后也会看到成果。目前海尔大学也对外部人员进行培训，培训重点在两个方面：一是对“人单合一”模式的深层次理解，沉淀拥有的案例，同时也结合一些海尔内部的实践案例；二是关于触点网络的建设，这个工作是机器无法完成的，因为触点网络感知是一种有深度、广度及温度的体验。因此，海尔大学在对外赋能上起了很重要的作用，对培养创新创业人才做出了突出的贡献。

2.5.4 组织变革机制

海尔在不同的时期提出了不同的战略，战略的有效实施离不开组织机制的作用。为了适应快速变化的市场，企业需要不断地打破旧的组织机制、建立新的组织机制，使自身能够一直处于一种有序的非平衡状态，尽可能使新的组织机制符合当前创新行为的要求，为创新人才的培养提供软环境。

在名牌化战略阶段，海尔通过建立直线职能制来实施全面质量管理。进入多元化战略阶段以后，海尔的规模和产品业务领域逐渐变大，原来的直线职能制制约了企业的进一步发展，此时海尔采用了事业本部制，提出了 OEC 管理模式。1999 年以后，海尔进入了流程再造阶段，对原来的组织进行再次革命，在业务流程再造的 5 年内，其组织结构按形势需要打破了 40 多次，重建了 40 多次。海尔的业务流程再造，不仅是海尔组织机制的再造，更是观念再造、知识再造；通过业务流程再造，海尔的组织结构变得更加扁平化和信息化，海尔构建了矩阵式组织结构，成立了四个推进部来整合全球的资源，建立了新的组织运行机制，提出了 SBU 模式，要让每个人都成为创新的主体。组织机制上的创新，极大地提高了海尔在国际上的竞争力。为了构建无边界的组织，海尔从 2006 年开始，在组织结构上进行了两次重大的变革，第一次是从传统的正三角组织结构变革为倒三角组织结构；从 2013 年开始，倒三角组织结构变革为平台型组织，如图 2.7 所示。

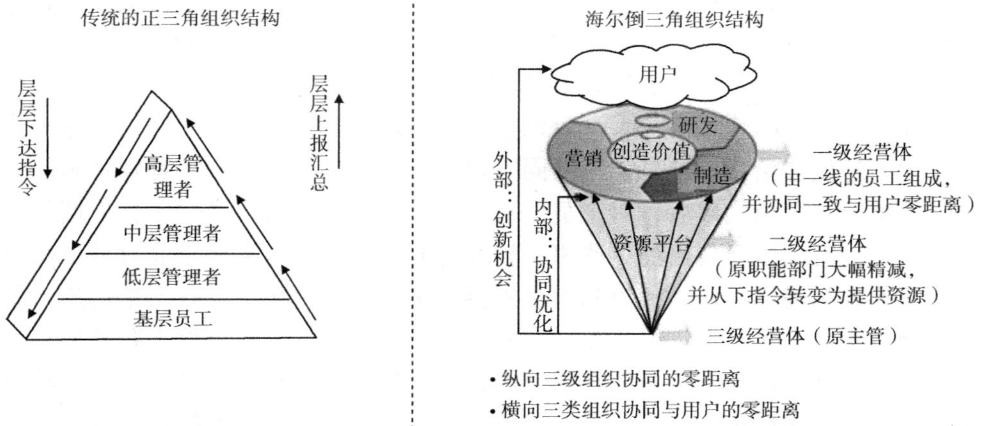

图 2.7 海尔组织结构的颠覆——从正三角到倒三角

在金字塔形的正三角组织结构中，金字塔顶部是海尔的高层管理者，接下来是一些中层管理者和低层管理者，最底端是基层员工，他们按照上层领导的指示做事。为了实现零库存下的即需即供商业模式，海尔的组织结构必须改变，让直接接触用户和市场的基层员工处于顶端、进行自主决策。原来的高层管理者处于组织的最底端，低层领导得到大幅度精简，他们主要的职责是确定新的战略方向，发现新的市场机会，从原来的发布指令变为提供资源和服务，同时要协同内部组织关系。这种改变让海尔不再是以领导为中心，而是以用户为中心。

海尔在建立倒三角组织时，集团内部的 8 万人变成了 2000 多个自主经营体，在倒三角组织中从上到下依次是一级经营体（一线经营体）、二级经营体（平台经营体）、三级经营体（战略经营体），每个经营体都有独立的用人权、分配权、决策权。为了能够给那些面对市场的人提供最快的资源和最协调的内部关系从而保证市场，海尔决定进一步把倒三角组织变为节点闭环的网状组织，让倒三角彻底变成一张网，整个海尔就变成了一个平台组织。在这个平台组织中，只存在三种类型的人，即小微、平台主、领域主，每个人或者经营体都要成为这个网状组织中的一个节点，如果在网状组织中找不到自己的节点，就成了冗员，要想进入其中就必须抢单竞聘。中间层消失，串联流程变并联平台，资源无障碍进入，各级经营体之间通过目标承接、资源互换、包销定制等契约关系连接在一起，他们的共同目标是创造并满足用户的需求，为用户带来增值，网中的每个节点都能够感触到用户。用户的网是动态的，因为用户的需求处在不断的变化中，所以海尔组成的这张网也是动态的，实行的是动态合伙制，优胜劣汰，极大地调动了全体员工的积极性和创新能力。

进入物联网时代，为了更好更快地满足市场需求，在全面创新驱动下，海尔进一步把节点闭环的网状组织转化为链群共创的组织形态。据海尔前首席执行官、董事局主席张瑞敏介绍，共赢进化就是和用户一起进化，体现了区块链背景下去中心化的用户自信任，某种意义上用户也是创造者；链群合约是去中介化的价值自传递，在链群合约里，所有的价值、所有的节点都是融合在一起的。海尔将这一阶段的精神确定为“诚信生态、共赢进化”，作风确定为“人单合一，链群合约”。小微自主组合成创单链群和体验链群，两类链群以用户场景应用体验迭代为中心融合在一起，链群里没有中心、没有领导，完全是自组织。创单链群和体验链群融合在一起自组织、自驱动、持续优化。链群致力于改变以往小微间的各自为政，通过创建与社群对应的生态圈，形成支持用户体验迭代升级，实现利益攸关方间的利益增值共享，另外链群还可以更好地满足用户的个性化需求，创造用户终身价值。链群合约是信息化的多方对赌契约，对赌契约签订、预案落实和预案完成后的增值分享都将会通过线上系统完成。也可以把它看成是一个多方的临时协议，旨在达成新成果。链群基于事前协议，链接了协议各方（可能是小微），以确保达成协议所需的结果。链群还规定了特定“优势”，如利润再分配。用海尔的话说，新结果是一种新的“用户场景”，本质上是可以为市场上的客户提供新的体验，可以带来新的利润。

海尔的组织结构在不断地迭代升级，组织形式变得越来越灵活，效率也在不断提升。一方面，组织结构的改变可以为人才培养机制提供更好的服务；另一方面，这也是组织内外环境协同的一种表现。海尔每周六的高级经理人培训，其实就是一种非常有效的集领导机制、学习机制和协同机制于一体的组织形式。总之，海尔组织机制的变化为创新能力的提升提供了保证。

2.5.5 创新协同机制

海尔创新能力的提升依靠的是一个有机协同的整体，通过协同不仅可以优化组织的结构，还可以提升企业的学习能力。协同是海尔创新能力提升的重要手段，只有通过创新要素的组合协同、不同层级的协同、组织内外协同构建有效的协同机制才能最大限度地提高企业创新能力，如图 2.8 所示。

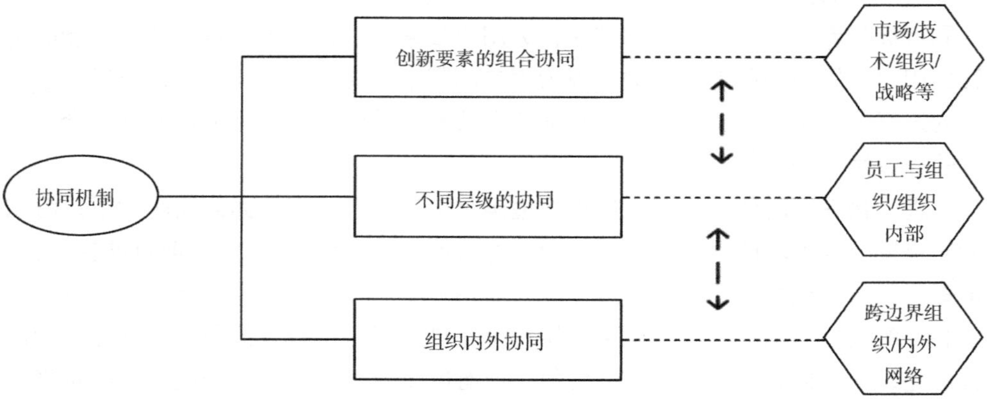

图 2.8 协同机制的三种表现形式

1. 创新要素的组合协同

企业要想进行良性发展，其创新能力经常以组群的方式出现，通过它们的有机结合和协同作用才能促进企业高效、持续地发展，海尔高层开始注意到协同创新的重要性。通过协同创新可以把企业的核心能力转化为市场优势，从而提高自身的技术创新能力，同时组合协同企业的一些要素（如组织、管理、制度、市场、技术等）可以培育和形成企业的核心能力，而战略与文化的协同属于要素协同中的最高层次，如图 2.9 所示。

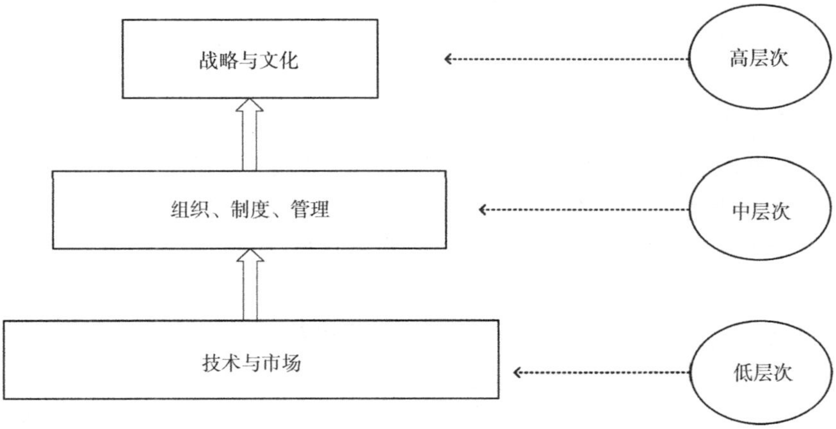

图 2.9　协同创新的三个层次

（1）技术与市场的协同。在技术能力和市场能力中，技术整合能力、产品平台搭建能力、吸收能力等突出，这与海尔构建的 HOPE 有关，而制造能力强主要是建立了智能制造的 COSMO 平台，在了解用户需求远景、了解用户潜在需求等方面的能力也十分突出，主要是因为海尔拥有庞大的社群交互中心，能够及时准确地获取用户的需求，营销环节服务于企业，能够快速响应市场变化。这与组织结构的扁平化有关，更与市场和技术的紧密协同密不可分，市场为技术提供方向，技术服务于市场。

（2）组织、制度、管理的协同。名牌化战略阶段，推行全面质量管理，主要目的是重塑员工质量的观念。多元化战略阶段，提出 OEC 管理模式，体现的是一种渐进式、阶梯式的改善思想。国际化战略阶段，提出了 SST 和 SBU，使每个人都成为创新的主体。全球化战略阶段，公司的组织结构由原来的直线职能制变成了矩阵制，这使得组织的扁平化程度更高，信息流通得更快。2005 年，海尔提出了“人单合一，双赢管理”模式，要求每个员工直接去接触用户。

（3）战略与文化的协同。海尔的文化基因是创新。在 20 世纪末期，海尔抓住了企业兼并重组机会，利用“激活休克鱼”的方式成功兼并了 18 家企业，通过“无形资产去盘活有形资产”的方式去使得那些被兼并的企业重新发展，同时也增强了海尔的实力。在 2013 年，海尔利用同样的思想收购了日本三洋电器集团，仅仅过了半年的时间就扭亏为盈。同时，周一的领域主会、周三的小微主会、周六的平台主会是海尔特有的学习文化，在学习班和三次例会中，领导带头学习并结合工作讲解管理与创新的哲理，共同分析决策与创新中存在的深层次矛盾，制订切实可行的战略，解决企业实际问题。在 30 多年的发展过程中，由于各创新要素的相互有效协同，海尔的创新绩效得到极大的提高，这也积累和发展了海尔的核心能力，从而推动了海尔的持续发展。

2. 不同层级的协同

企业创新活动的开展可以在不同层级的位置实现，从员工个人、团队到组织，存在个体与群体之间，以及组织与组织之间不同界面的创新活动，而不同层级的协同就是实现从员工到组织整体之间的配合和协调。2000 年以前基于市场链的流程再造、信息化的流程再造，2005 年的“人单合一，双赢管理”模式，2007 年的 1000 天流程再造，这些都体现了员工和组织、组织和组织之间的协同。海尔从 2012 年开始进入了网络化阶段，海尔的组织形式变成了自主经营体，三级自主经营体成了创新的基本单元。2013 年开始，海尔的组织形式变成了小微，目的在于使不同层级、不同部门之间的沟通更便捷。

3. 组织内外协同

开放式创新是海尔实现组织内外协同的重要机制。自 Chesbrough（2003）提出开放式创新概念以来，以开放程度和开放类型为内核的开放式创新范式不断建构，并在全球范围内逐渐应用。其被广泛地认为是一种在信息技术快速发展、知识型员工快速流动、产业生命周期缩短、技术创新加速的背景下，企业通过开放边界能够获得更多外部资源，从而在整合内外部创新资源基础上实现创新效率提升的创新范式。大量实证研究证实了开放式创新对创新绩效有显著正向影响。此外，宝洁公司的“网络联发”、波音公司的“全球研发网络”、海尔的 HOPE 纷纷开启引领开放式创新的实践，它们的创新能力得到快速提升，如宝洁公司借助开放式创新使 R&D 效率提升了 60%，这与强调自我依赖型创新的施乐公司、朗讯科技公司、杜邦公司等形成鲜明对比。

从海尔集团的开放式创新实践看，开放式创新实施是一个循序渐进的过程，先后经历了内部依赖–内向型、主导参与–内向型、主导参与–双向型、社群共创–双向型 4 个发展阶段，见图 2.10，呈现出沿“开放深度—开放方向—开放深度”交错演化的特征，开放深度和开放方向上的交错演化平衡了“开放创新”和“开放过度”之间的关系。

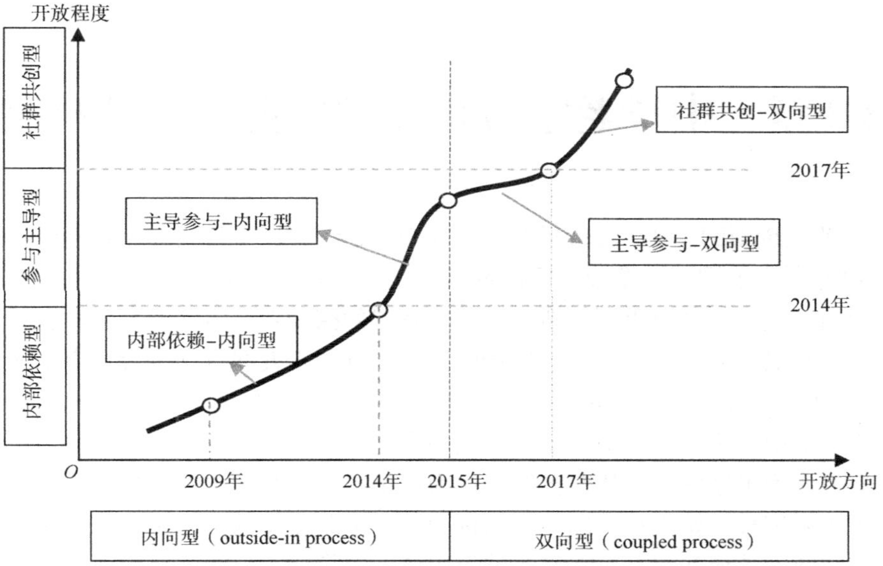

图 2.10　开放式创新演化路径

第 3 章　中华老字号企业创新能力提升机制[①]

企业是创新的主体。习近平总书记在 2020 年 7 月 21 日的企业家座谈会上指出，“把企业发展同国家繁荣、民族兴盛、人民幸福紧密结合在一起，主动为国担当、为国分忧”[②]，“要勇于创新，做创新发展的探索者、组织者、引领者，勇于推动生产组织创新、技术创新、市场创新”[②]。党的十九届五中全会上审议通过的《中共中央关于制定国民经济和社会发展第十四个五年规划和二〇三五年远景目标的建议》中明确提出要坚持创新在我国现代化建设全局中的核心地位，把科技自立自强作为国家发展的战略支撑。作为传承中国悠久历史中独特工艺和传统文化的中华老字号，始终在我国经济结构中占有十分重要的位置。中华老字号蕴含着丰富的商业传统和智慧，在悠久的历史传承中形成了独特的技艺、文化、产品和服务，其企业具有深厚的历史底蕴和传统文化背景。文化传统是老字号的立身之本，并在老字号发展历程中发挥着极其重要的作用。近年来，中国政府有关部门十分重视老字号企业的发展问题，商务部从 2006 年开始实施“振兴老字号工程”，同年颁布了第一批“中华老字号”企业名录，又于 2011 年颁布了第二批“中华老字号”名录，先后共有 1128 家企业被授予“中华老字号”称号。然而，在众多的老字号企业中，能够维持现状的约占 70%，长期亏损、面临破产的约有 20%，真正有品牌、有规模、有效益的仅占 10%（刘秀兰和付勇，2005），尽管这一局面到目前有所改善，但仍不难看出很多中华老字号企业发展面临的普遍性问题：形象中庸、定位模糊、地域特点过于明显、管理模式保守（张永和张浩，2010）。故步自封、惯例老套等内部因素使得其曾有的优势资源消失殆尽，或者既有的资源优势不再，或者已受漠视的资源烟消云散（郭会斌，2016），归根结底是中华老字号企业将文化传统作为核心资源的管理能力十分欠缺，文化创新的机制缺失。然而，仍有一批中华老字号企业浴火重生，成为传统行业中的翘楚，这些企业是如何利用文化传统的优势构建核心能力，已有文献尚未对此进行有效解释。

---

① 本章部分内容发表于 2019 年《科学学研究》第 37 卷第 1 期《中华老字号文化传统、创新与能力动态分析》（刘海兵，冯文静，张文礼）和 2019 年《广西财经学院学报》第 32 卷第 3 期《资源活化：中华老字号创新能力提升的路径——基于山西杏花村汾酒集团的探索性案例研究(1948—2018)》（刘海兵，许庆瑞）。

②《习近平：激发市场主体活力弘扬企业家精神 推动企业发挥更大作用实现更大发展》，http://jhsjk.people.cn/article/31792293[2021-12-26]。

文化传统是企业文化的内核，国内外关于企业文化如何形成企业核心竞争优势的文献已经十分丰富（Brinkman，1999），但深入讨论文化传统的文献甚少。同样，关于中华老字号企业的研究，主要集中在品牌发展（陶骏和李善文，2012；吴晓东，2014）、营销策略（邱志强，2004；安贺新和李喆，2013）、商业伦理（郭会斌，2016）、资源建构（郭会斌，2016）等方面，对文化传统的关注几乎没有。作为核心资源，文化传统对中华老字号企业实现可持续竞争优势意义重大。也就是说，现有研究仍然存在着几个明显缺口：首先，已有的企业文化研究侧重员工价值观和行为整合，但缺乏关于以产品或服务为载体的文化传统如何形成企业核心能力的文献；其次，很少将中华老字号企业的文化传统作为战略性资源进行战略管理范式分析，现有文献缺乏对文化传统促进企业核心能力的微观机制，以及随企业发展企业文化与核心能力的动态变化分析的研究；最后，已有研究缺乏与企业战略的桥接，也很少和战略管理文献建立对话（Mathews，2002），因而对战略管理理论的整体发展贡献比较少。这些研究缺口表明，中华老字号企业文化传统如何“翻越历史的藩篱”，提升其创新能力，亟待构建一个具有解释性的理论模型。

3.1 理论基础

3.1.1 战略观相关文献回顾

战略观有助于解释企业战略演进的内在规律，有助于发现企业如何构建自身竞争优势。已有的战略观有波特的五力模型（Porter，1990）、颇具战略性策略的战略冲突理论（Shapiro，1989）、关注企业内部要素的资源基础观、重视整合企业内外部资源的动态能力观（Teece et al.，1997）及资源拼凑理论（Levi-Strauss，1965；Baker and Nelson，2005）。从已有关于中华老字号的研究来看，研究者大多认为核心资源是中华老字号存续的关键，虽然中华老字号企业的资源客观存在，但是通过资源产生的服务是经过人的使用而主观构建的（郭会斌，2016），因此，资源基础观和资源拼凑理论（或称创业新组拼理论）成为中华老字号研究主要的分析范式。

1. 品牌活化相关理论

中华老字号是拥有悠久文化传统、技术、工艺等属性的特有品牌。因此，关于中华老字号的已有研究绝大多数聚焦在品牌上，有品牌激活、品牌创新、品牌营销等。其中，品牌活化是重要的理论基础。与品牌活化相似的概念还有：品牌复活、再品牌化、品牌再定位等。

比较经典的基于企业视角研究企业品牌资产的 Keller 模型认为，品牌资产源于品牌认知和品牌联想。品牌认知是消费者在不同条件下对某品牌记忆或认知的能力所反映的程度，品牌联想是反映与其他商品的差异化程度。据此，Keller（1999）认为品牌激活的路径有两条：其一，更新陈旧的品牌资产资源，如增加消费数量和提高消费频率；其二，创建全新的品牌资产来源，如留住容易流失的顾客、吸引新顾客等。以品牌活化理论为基础，学者对中华老字号创新发展进行了比较深入的研究，主要体现在品牌重建和品牌创新两个方面。在品牌重建方面，主张通过品牌故事、怀旧场景等唤起消费者的品牌记忆，从而从情感上增加购买意愿；在品牌创新方面，主张从功能创新、外观创新、象征创新三个方面进行产品创新，进而增加购买意愿。

然而，聚焦于品牌的中华老字号研究将中华老字号品牌视作研究层，并没有打开品牌的内部结构，因而对中华老字号创新的内部机理尚不清晰。此外，已有研究倾向于将品牌视作既定的固有资源，但文化传统作为中华老字号品牌中核心构成部分，其在不断地通过挖掘历史资源得到补充、扩展和丰富，品牌活化相关研究并不能全面反映和解释中华老字号浴火重生之路。

2. 资源基础观

资源基础观最早由 Learned 等（1969）提出，后经 Hayes 和 Clark（1984）、Cool 和 Schendel（1988）、Hansen 和 Wernerfelt（1989）、Nelson（1991）、Barney（1991）等进一步证实并丰富，它的基本逻辑是企业应通过稀缺的、难以模仿的资源构建长期竞争优势和竞争弹性（刘海兵和许庆瑞，2018）。资源基础观认为企业可以通过其拥有的独特资源而获取最大租金（rents），该理论为战略选择的垂直一体化和多元化提供了理论依据。

尽管资源基础观风靡于 20 世纪八九十年代，但一直因为“资源从何而来”语焉不详而广受质疑，在后期资源基础观更是不能解释有大量高价值技术资产的公司没有“有用的能力”（Teece et al.，1997）这一困惑，同时其遗忘了管理者的主观能动性。中华老字号的确有着悠久历史传承的异质性资源，然而中华老字号虽拥抱独特的技艺、文化、产品和服务，但许多仍在垂死挣扎，真正有品牌、有规模、有效益的仅占 10%，浴火重生者寥寥无几。

然而，资源基础观为中华老字号的辩证管理提供了启示。一方面，稀缺的、难以模仿和难以复制的异质性资源是中华老字号浴火重生的关键，这意味着中华老字号要善于经营已有的异质性资源；另一方面，“资源从何而来”警示着中华老字号必须正视其传承下来的传统工艺和文化传统，从中寻找、建构并丰富所需资源。

3. 资源拼凑理论

"拼凑"（bricolage）是资源拼凑理论的核心概念，最早由法国人类学家 Levi-Strauss（1965）提出，描述了在特定情境下人类会利用手头一切可利用的资源完成任务的行为，"拼凑"为企业计划与行动的同时进行提供了"就地取材"式的资源支持。Baker 和 Aldrich（2000）率先将"拼凑"概念引入创业研究，认为创业企业可以通过重构或富有创意地利用手头资源突破新创企业面临的资源短缺束缚，克服"新创劣势"（liability of newness）。随后，Baker 和 Nelson（2005）提出了"创业拼凑"的概念，认为创业企业可通过"创业拼凑"解决新问题、开发新机会，包含了"凑合利用""突破资源约束""即兴创作"3 个关键构念，使资源拼凑理论的内容更加饱满，在创业研究中的文献日益丰富（Baker，2007）。

相比资源基础观，资源拼凑理论能更好地体现管理者动态的管理过程。但该理论在用于分析部分中华老字号时仍有局限性，这是因为，表面上看，中华老字号拥有独特的、丰富的手头资源，然而，资源拼凑理论中的资源侧重于企业前期积累的、手头现有的资源，并不能很好地解释如汾酒这样的中华老字号通过不确定性地发掘、考古酿酒遗址活化"沉睡的资源"以丰富现有资源，通过整合这些资源创新企业价值、实现能力积累的行为（刘海兵等，2019）。

4. 动态能力

动态能力（Teece et al.，1997）的提出较好地弥补了资源基础观中资源的静态性缺陷，是一个动态地整合企业内外部资源、重构竞争力的理论。由此，"动态能力"成为企业通过整合内外部资源、开发现有资产从而提高能力的资源管理过程。此后，Eisenhardt 和 Martin（2000）对动态能力和企业竞争力的关系做了清晰界定，动态能力是一个包括整合（integrate）、重置（reallocate）、获得（acquire）、消除（eliminate）的过程。

可以看出，动态能力相对资源基础观的改进在于其主张将企业外部资源整合入企业的发展过程，因为顾客卷入（von Hippel，2010）和供应商卷入会提高企业的渐进性创新和根本性创新。其中蕴含的"整合"思维为创业企业的资源劣势和高度的不确定性提供了路径，但并没有清晰地回答企业从外部和内部分别获取什么资源并如何均衡的问题。

5. 资源建构

资源建构对动态能力做了进一步发展，对资源的内外部来源进行了分析。作为一种资源的动态管理过程（Sirmon et al.，2011），资源建构可以分为资源获得和资源积累。资源获得的主要方式是通过外部的市场，因为市场能够有效率地提供企业所需资源，克服时间和学习能力（Cohen and Levinthal，1990）的制约。但与此同时，并不是所需的所有资源都能通过市场获得，尤其是形成企业核心竞争力（Prahalad and Hamel，1990）的关键资源，因此资源积累是必不可少的。

资源建构理论是将企业放置在共时性的产业链语境中去讨论资源来源问题，对新创企业或企业创业有重要的启发。动态能力和资源建构理论对中华老字号历时性（企业发展的时间跨度非常长）语境中资源的来源提出了新的命题，是否既可以从历史情境中寻找“沉睡的资源”进行历时性语境中的“过去获得”（相对于现时是“外部获得”），又可以从现时情境中积累已有资源进行历时性语境中的“现时积累”。当然，这一命题已经超越了资源建构理论的共时性研究的边界，需要建立一个新的理论框架形成比较合理的解释机制。

综合上述理论，资源基础观、资源拼凑理论、动态能力及资源建构等为理解中华老字号浴火重生、凤凰涅槃提供了单个视角的解释，因此以其中一个理论认识并理解中华老字号的发展都是不完整的，此外这些理论还缺乏从历史的角度认识资源的来源问题。因此，中华老字号如何形成、运用创新能力，进而推动企业战略转型与发展，仍需要深入研究。

3.1.2 企业文化相关文献回顾

20 世纪七八十年代，以美日企业竞争模式比较为主题的研究兴起，以 Pascale 和 Athos（1981）为代表的研究者研究发现企业文化对企业长期经营有重要影响，美日企业文化模式的不同造成了美日企业之间的明显差别，由此掀起了当时学术界对企业文化进行研究的热潮。

第一阶段的企业文化研究重心是探讨企业文化的定义、构成要素、类型划分，我们可以称其为“基础理论研究阶段”，当然对企业文化的界定会受到企业所处行业、地理位置、企业历史、员工素质等因素的影响（Sadri and Lees，2001），但综合来看，企业愿景、企业价值观、团队成员、适应性、可延续是研究者认可的企业文化应包含的关键要素。进而根据这些要素上的不同对企业文化做了类型划分，以此为企业文化的深入研究提供基础（Sadri and Lees，2001），如 Goffee 和 Jones（1998）根据社会化能力（sociability）程度和团队团结（solidarity）程度将企业文化分为公共型文化、雇佣型文化、网络型文化、碎片型文化。第二阶段为企业文化的实际应用阶段，学者开始探索企业文化与企业可持续竞争力、员工满意度等管理要素的关系。

尽管将精神层、制度层、行为层、物质层视作企业文化结构，但从已有企业文化研究和应用中可以看出，长期以来都是制度建设和价值观整合占据主导地位，物质层似乎并不那么重要，因而这也决定了员工个体是制度建设和价值观整合的原点和旨归，员工个体承载着企业文化的兴衰。究其缘由，世界上绝大多数企业都有着生命周期，现存企业的生命都是短暂的，以致物质层的产品、建筑物、工艺、仪式、故事等并没有形成悠久的文化传统。然而，中华老字号却有着悠久的文化传统，它们的产品记录了数百年甚至数千年人类历史中生产力和社会关系的变迁，它们有着独特的工艺、从古至今的产品设计、复古的建筑，以及通过产品传递种种精神力量的美好故事（传说）。因此，作为企业文化的构成要素，以产品为基本载体的文化传统如何形成企业创新能力鲜有研究，存在着明显的理论缺口。

3.1.3　创新相关文献回顾

“创新”是由美籍奥地利经济学家熊彼特首次于 1912 年在《经济发展理论》一书中提出，创新是把一种从未有过的关于生产要素和生产条件的新组合引入生产体系，从而内在地驱动经济系统的发展（郭斌和蔡宁，1998）。熊彼特的创新理论，在动态性的变化和技术在驱动发展中的关键作用两个方面对后续创新研究产生了深刻影响。后续研究在此基础上围绕具体的创新要素讨论了更具体的微观过程，已经被广泛接受的创新要素有技术创新（Dosi，1982）、市场创新、组织创新和文化创新。与此同时，创新要素如何组合才能更好驱动经济系统发展成为创新领域的焦点，在这一方面具有影响力的是 Christensen（1997）提出的以颠覆性技术为基础的颠覆性创新和 Chesbrough（2003）提出的开放式创新。中国工程院院士许庆瑞则将创新以演化的视角和企业发展阶段相匹配，提出了企业创新走了一条“单一创新—组合创新—全面创新”（许庆瑞等，2002，2003，2004）的基本路径，并首次提出全面创新管理的概念、框架和逻辑。

中华老字号企业在文化传统运用中，是否调动或激发了要素创新，以及纵向发展中其创新体系有什么样的规律，目前已有的中华老字号研究鲜有创新方面的论述。讨论这一问题，可以更好地解释文化传统与创新的关系，也有助于建立中华老字号创新体系以构建其长期竞争优势。

3.2　研究方法和数据来源

案例研究是通过选定“会说话的猪”（Suddaby，2006；Siggelkow，2007）进行人类学式的深描和分析，从现象中提炼未被发现的新结论，案例研究的优势已被众多研究者证实（Eisenhardt and Graebner，2007；Siggelkow，2007）。这是因为它能够对某一特定问题进行深入描述和剖析（Yin，2009；Weick，1979），从而揭示出现象的本质和内在的作用机制，是打开企业管理研究中“黑箱”的钥匙。相比多案例研究，单案例研究更适合考察路径或轨迹问题，更适合提炼出复杂现象的理论或规律（Eisenhardt，1989；Eisenhardt and Graebner，2007），能够更好检视研究框架中提出的问题（Pettigrew，1990；许庆瑞等，2013）。基于这些方面的考虑，本节选择单案例纵向研究方法，以期在一定程度上保证案例研究的深度（罗仲伟等，2014）。

3.2.1　案例选择的依据

就本章研究问题而言，选择的案例应具有如下特征：①中华老字号企业在长期发展过程中经历了不同的创新能力提升的阶段，经历了浴火重生的过程；②有丰富的文化传统，且呈现结构化特征；③文化传统对创新能力提升有十分重要的影响；④通过对文化传统的开发利用，企业成为传统行业中的翘楚；⑤对企业有长期深入跟踪，有丰富的素材积累，以使研究能够顺利展开。基于上述标准，本章认为汾酒集团是本案例研究的理想样本企业。

首先，汾酒集团是由 1875 年的宝泉益酒坊发展起来的，1949 年国家将其收购成立国营杏花村汾酒厂（以下也简称汾酒厂），如今发展成为酿酒行业的中华老字号，先后经历了单一产品增长式战略、多元化战略、纵向一体化战略等发展阶段，战略转型显著。

其次，在经历了 1998 年假酒案①后，汾酒集团于 2002 年及时实施战略转型，运用文化传统激活中华老字号品牌、增强企业市场能力，如 2017 年 11 月 9 日在重庆举办全国秋季糖酒会的前一天，汾酒巴拿马系列新品上市发布，以“仁”“义”“礼”“智”“信”命名的 5 瓶酒，分别以 22.3 万元、25.1 万元、25.1 万元、28 万元、31.5 万元的拍卖价成交，得益于文化传统带来的竞争优势，汾酒集团销售收

① 1998 年 1 月 26 日，山西省汾阳市杏花村镇的一家小酒厂勾结文水县的不法分子，用甲醇勾兑假酒，致使消费者死亡，一时成为轰动全国的打假大案。尽管该案得到了及时的处理，但是却让在同一镇上的汾酒集团因此遭受了不应该有的损失。（https://www.cctv.com/news/focus/199901/17.html[2022-05-31]）。

入逐年提升。在近几年白酒市场整体发展的态势中，白酒企业重新洗牌，但汾酒集团借助中华老字号的品牌影响力和文化感染力营业收入持续快速增长，已逐步摆脱假酒案的影响，重新进入白酒第一方阵。汾酒集团 2018 年营业收入 93.82 亿元，同比增长 47.48%，归母净利润为 14.67 亿元，同比增长 54.01%；2019 年实现营业收入 118.8 亿元，同比增长 26.63%，归母净利润为 19.39 亿元，同比增长 32.17%。然而，同期白酒市场的营业收入、增速却总体呈现下降趋势，2018 年白酒市场规模为 5327.3 亿元，同期下降 5.3%，2019 年白酒市场规模为 5635.6 亿元，同期增长 5.8%。这说明，汾酒集团的发展并不完全是受益于白酒行业整体发展，部分白酒企业业绩并不理想，可以说汾酒集团是经历了浴火重生的代表性中华老字号企业。

最后，汾酒的文化传统有着悠久的历史，是中国白酒行业中的佼佼者，1982 年，考古队在杏花村镇东堡村东北方向进行了系统发掘，根据获得的层次关系及对其内涵的分析，考古上将其堆积形成分为八个阶段，分别属于仰韶、龙山、夏、商文化时期[①]。在出土的器物中，除了大量的陶质罐、盆、瓶、壶、盖、碗、刀等生活用具外，其中最具代表性的是小口尖底瓮，根据酿酒专家包启安先生研究："小口尖底瓮实是酿酒发酵容器。"这说明，杏花村 6000 多年酿酒历史从未中断，且目前文化传统通过杏花村遗址、国家物质文化遗产预备名单——杏花村汾酒老作坊、非物质国家文化遗产、巴拿马万国博览会汾酒荣获最高奖——甲等大奖章、共和国第一国宴用酒等载体呈现，作为互补性资产在汾酒集团浴火重生过程中发挥了十分重要的作用。

3.2.2　案例资料的来源、收集方法与研究程序

案例研究的数据是多来源的，从而构成研究中的"三角验证"（Glaser and Strauss，1967），以保证研究的信度和效度（Yin，2009）。本案例研究的资料来源主要有三个方面。

1. 半结构化访谈

团队成员以问题为中心，从 2017 年 10 月至 2021 年 8 月，对案例文化发展研究中心负责人进行了多次即兴访谈，访谈问题主要集中在汾酒集团非物质国家文化遗产管理情况、文化传统运用于企业产品营销、企业员工管理的过程及取得的业绩、利益相关者对汾酒文化传统的认可情况等方面，并根据 Eisenhardt（1989）

---

① 资料来源：《文物》杂志 1989 年第 4 期，《山西汾阳孝义两县考古调查和杏花村遗址的发掘》（陈冰白，卜工，许伟）。

提出的访谈原则，我们将访谈内容及时转录为文字，根据问题梳理汇总。

2. 田野调查

田野调查是现代人类学的基本方法，由著名英国人类学家 Malinowski（2015）提出，田野调查有利于从具体现象中归纳理论或法则。为了获得更多有情感、有价值的资料，研究团队在汾酒集团进行田野调查，具体做法有：①参观汾酒集团历史博物馆，了解汾酒集团酿酒史、汾酒集团发展史；②在赴汾酒集团田野调查期间，尽可能利用闲暇时间、用餐时间和汾酒集团工作人员交流，了解汾酒集团作为中华老字号企业运用文化传统浴火重生背后的故事，从而深入思考其中的逻辑，为研究积累大量的原始素材和提供有启发的思考。

3. 二手资料

本章二手资料主要包括各类文献资料。第一，在中国知网查询与汾酒集团有关的期刊、博硕士论文、报纸等资料，从中筛选与研究问题相关的信息，截至 2021 年 5 月，二手资料中共有期刊论文 1741 条、博硕士论文 133 条、会议 79 条、报纸 3108 条。第二，从已出版的与汾酒集团有关的著作中搜集信息，如《汾酒通志》（上下卷）和《中国汾酒史》等。

在通过上述三个主要渠道获取资料基础上，遵循 Dodgson 纵向单案例研究方法，本章案例分析方法分为三个步骤（Dodgson et al.，2006）。第一步，将汾酒集团数据整理为“历史事件库”（van de Ven and Poole，1990），寻找其中的关键事件，并尽可能找到一个“逻辑口”把纵向历史事件串联起来，以此对案例进行历史阶段划分。本章以公司层面发展战略和战略进入方式为基础提出了一个二维框架，比较清晰地呈现了汾酒集团的发展脉络，具体阶段划分和案例证据见表 3.1。第二步，本章以中华老字号文化传统如何形成企业核心能力为研究焦点，按照“战略—文化传统—核心能力”的逻辑进行梳理，通过汾酒集团这一“会说话的猪”（Suddaby，2006；Siggelkow，2007）挖掘微观机制破解蕴含其中的“黑箱”。第三步，通过对案例的编码，从中探索出稳健且综合的理论框架（Eisenhardt，1989）。

表 3.1 汾酒集团发展阶段和案例证据

划分依据	公司层面发展战略（企业层）			
所属场域	初创形成	单一产品增长	横向多元化	纵向一体化
核心特征	从无到有	由小变大	从一到多	由大变强
窗口划分	1948～1951 年	1951～1993 年	1993～2003 年	2003 年至今

续表

划分依据	公司层面发展战略（企业层）			
案例证据	1948 年创立汾阳杏花村专营酒店，1949 年成立国营杏花村汾酒厂	1951 年开始，国营杏花村汾酒厂由杏花村东堡村扩展到杏花村西堡村，之后经过五次扩建和技术改造，截至 1993 年 12 月，杏花村汾酒工业园区占地面积 170 万平方米，建筑面积 54 万平方米，生产规模达 3 万吨	1993 年 12 月，山西杏花村汾酒厂股份有限公司在上海证券交易所上市。1996 年，与山西清徐葡萄酒厂合资经营，成立了控股子公司山西杏花村葡萄酒有限公司（以下也简称葡萄酒工厂）	2003 年开始实施《汾酒集团企业文化建设方案》，并制定出《中长期文化发展战略》，打赢了文化营销“三大战役”，建立汾酒原粮基地，构建了“中国酒魂信仰理论体系”，目前集贸易、旅游、农业、体育、餐饮等于一体
划分依据	战略进入方式（公司层）			
所属场域	内部发展	内部发展	联合经营	内部发展

3.3　汾酒简介及发展历程

3.3.1　案例简介

汾酒集团是一家由创办于 1875 年的私人作坊发展起来的，到 1949 年成立国营杏花村汾酒厂，是以生产销售白酒、保健酒为主，集贸易、旅游、农业、体育、餐饮等于一体的国家大型一档企业，是酿造业的中华老字号，汾酒集团下属 5 个全资子公司、10 个控股子公司、1 个分公司，现有员工 11 000 余人，年产白酒 7 万多吨。山西杏花村汾酒厂股份有限公司是其核心子公司，于 1993 年在上海证券交易所挂牌上市。山西省人民政府国有资产监督管理委员会（以下简称省国资委）全资控股汾酒集团，汾酒集团持有山西杏花村汾酒厂股份有限公司 69.9%的股份。

为便于从历史演进的视角剖析汾酒集团在不同的发展阶段文化传统对核心能力的贡献，本章以公司层面发展战略和战略进入方式为二维矩阵对汾酒集团做了阶段划分（表 3.1），将汾酒集团发展阶段划分为四个阶段：初创形成阶段（1948～1951 年）、单一产品增长阶段（1951～1993 年）、横向多元化阶段（1993～2003 年）和纵向一体化阶段（2003 年至今）。2019 年，汾酒集团实现营业收入 118.8 亿元，同比增加 26.63%，归母净利润 19.39 亿元，同比增长 32.17%，基本每股收益 2.23 元，同比增长 28.35%。汾酒集团正式步入白酒百亿营收阵营。2020 年行业半年报显示，受新冠肺炎疫情深度影响的半年里，白酒行业 19 家上市公司中有 14 家营业额出现不同程度的下滑，汾酒集团成为 2020 年上半年中国白酒利润增幅最高的企业，利润增幅高达 33.05%，是茅台的两倍多，成为 2020 年白酒行业仅次于茅台的耀眼品牌①。

3.3.2 具体发展历程

1. “从无到有”的初创形成阶段：1948～1951 年②

1875 年汾阳商人创办宝泉益酒坊，后与崇盛永酒坊、德厚酒坊合并重组为义泉泳酒坊；1919 年晋裕汾酒有限公司成立，与义泉泳建立了产销合作伙伴关系；1932 年，晋裕汾酒有限公司收购义泉泳酒坊。1947 年由于解放战争公司被迫停止生产，1948 年，晋绥边区吕梁区党委委派杨汉三恢复汾酒生产，创立汾阳杏花村专营酒店。1949 年 6 月 1 日国营杏花村汾酒厂成立，1950 年国营杏花村汾酒厂得到巩固和发展。这一阶段是汾酒集团由私人作坊向公司的形成阶段，也是新生的人民政权接手中华老字号的“从无到有”的阶段。

建厂初期，推行厂长负责制下的生产小包干，但由于生产工艺的改变（由原来单一地缸发酵改为地缸和池子两种方法发酵），加之管理制度不健全，产品质量大幅下降，产品积压。发现此问题后，进行了专项治理整顿，逐步建立起一套较为完整的规章制度，调整生产工艺，产品质量大幅回升。

1950 年末国营杏花村汾酒厂职工人数增至 57 人，固定资产净值增加到 1.04 万元，生产能力为 200 吨白酒，全年产酒 278.25 吨，总产值增加到 30.32 万元。

2. “由小变大”的单一产品增长阶段：1951～1993 年

以 1951 年国营杏花村汾酒厂由杏花村东堡村扩展到杏花村西堡村，实行易地扩建为标志，国营杏花村汾酒厂进入规模生产经营阶段，先后共经历了 5 次规模扩建和技术改造，分别是：①1951 年在杏花村西堡村一处名叫“五里东”的水地实行扩建；②1955 年，国家投资 51.67 万元进行第二次扩建改造；③1956～1959 年征购西堡村土地 300 亩实施扩建，新增白玉汾酒、玫瑰汾酒、杏梅汾酒、茵陈汾酒、桂花汾酒 5 个新品种；④1972～1980 年实施第四次扩建，期间累计完成投资 970 万元，酿酒车间、酒库均有更新改造，还于 1975 年引进日本自动灌装生产线；⑤第五次扩建工程投资多、规模大，分两期完成，第一期工程设计能力为年产汾酒 3000 吨，占地 34 公顷，总投资 3750 万元，第二期工程于 1985 年进行，

① 《邹文武：2020 年白酒半年报，为什么汾酒能逆势得第一？》，https://xueqiu.com/4232366372/158470873 [2021-11-11]。

② 汾酒集团的历史可以追溯到 19 世纪末，本书主要考虑的是 1948 年山西解放，新生的人民政权接手汾酒集团后，汾酒集团的发展历程，因此阶段划分从 1948 年开始。

投资 4210 万元，建筑面积 103 621 平方米，新征土地 94 亩，设计能力为年产汾酒 4000 吨。通过实施 5 次扩建，国营杏花村汾酒厂由解放初期生产百十来吨汾酒发展为由东、西、南、北、储配五个分厂组成的生产联合体，其中东、西、南分厂主要生产汾酒，共有酿酒厂房 14 幢，拥有生产班组 96 个，年产汾酒 9400 吨，北分厂主要生产北方烧酒，年产北方烧酒 12 000 吨，储配分厂有储酒库 9 组，储酒能力达 24 000 吨。

但其在发展过程中，也经历了挫折。1953～1960 年领导班子频繁更换，企业管理出现严重滑坡，以至在 1962 年 7 月轻工业部评出的 12 种名酒中，汾酒被列为倒数第二。1962 年，汾酒厂开始逐步健全和完善成品质量标准、工艺操作流程、安全生产制度、设备维修制度、岗位练兵制度和技术考核制度，健全了生产计划管理体系。1964 年建立健全劳动管理制度。1966 年，修订岗位责任制，共制定了 11 类 114 个技术标准及其他工艺操作规程和管理制度，并设立了 5 道关口、20 道防线、120 道检验工序。通过整顿，汾酒厂的产量、产品质量和经济效益大幅提升，1963 年汾酒蝉联“国家名酒”称号，有 8 项经济指标创历史最高水平。

在技术方面，1964 年，轻工业部为进一步发扬我国传统名酒技艺，以汾酒工艺为试点，组织了以全国著名发酵专家秦含章先生为首的技术力量在汾酒厂进行了 1 年零 2 个月的白酒酿造研究，系统地总结和论证了汾酒生产工艺的科学性、正确性，陆续进行了 33 次试验，共做实验研究 495 次，取得了 20 项成果，实现重要革新 25 项，总结成工人十大先进操作法，为进一步开展对汾酒的科学研究奠定了基础。

通过上述举措，汾酒厂 4 大类 13 个产品均为国家和省部级优质产品，主导产品汾酒、竹叶青酒多次在国际、国内获奖，汾酒 4 次、竹叶青酒 3 次被评为“国家名酒”并获金质奖章，1987 年竹叶青酒在法国巴黎国际酒展上荣获外国出口酒质第一名。截至 1993 年 12 月，汾酒集团工业总产值由 1949 年的 15 万元提高到了 1993 年的 50 605 万元。

3. “从一到多”的横向多元化阶段：1993～2003 年

1993 年 1 月，汾酒集团由山西省人民政府批准成立，汾酒集团的核心企业山西杏花村汾酒厂股份有限公司于同年 12 月上市，是全国第一家白酒类上市企业。1996 年 1 月，汾酒集团与山西清徐葡萄酒厂通过联合经营和资产重组，正式组建了山西杏花村葡萄酒有限公司。到 1998 年，葡萄酒公司总投资 3000 万元，建成了葡萄酒分厂、葡萄酒销售公司、夏县原酒生产基地、清徐县原酒生产基地和汾州葡萄园等 5 个分支企业，形成山西红干红葡萄酒、莫斯卡干红葡萄酒、莫斯卡半干红葡萄酒、莫斯卡桃红葡萄酒、好运天然红葡萄酒、精品莫斯卡葡萄酒、杏花村干白葡萄酒等品种，形成了包括干红、干白、半干红、半干白、半甜和自然的葡萄酒品牌系列。

1993 年企业改制以来，中国白酒及食品行业迅猛发展，竞争十分激烈，但汾酒集团决策层却对严峻挑战缺乏警觉，竞争意识和营销观念未能跟上形势，因此市场份额逐渐缩小，产销量明显下降，呈现出波浪式发展的趋势。1998 年，震惊全国的假酒案案发，尽管与汾酒集团没有任何关系，但给汾酒集团带来了很大的负面影响，极大地动摇了千年名牌所积累起来的消费基础，企业形象受到重挫，产品销售受阻，一下子跌入谷底。

假酒案发生后，汾酒集团进行全方位、多角度宣传，向海内外广大消费者展示汾酒集团拥有的名牌优势、质量优势和规模优势，在全国各媒体发表 1000 多篇文章，印刷出版《中华汾酒正气浩然》，同时严控质量。经过调整、恢复和发展，2001 年汾酒集团销售收入实现 84 294 万元，2002 年为 97 561 万元。

4.“由大变强”的纵向一体化阶段：2003 年至今

2003 年开始，汾酒集团实施文化创新战略，形成了“用心酿造，诚信天下”的核心理念，初步构建起具有汾酒集团特色的企业文化，汾酒集团被授予全国工业旅游示范点。2006 年，杏花村汾酒酿造技艺被列入国家首批非物质文化遗产名录，杏花村汾酒老作坊被评为国家级重点文物保护单位，2012 年，杏花村汾酒老作坊被列入世界物质文化遗产预备名单。在这一阶段，汾酒集团十分注重向文化借力，打赢了文化营销“三大战役”，第一战役，2010 年 6 月 18 日在北京人民大会堂召开了“汾酒唯一荣获 1915 年巴拿马万国博览会中国白酒品牌甲等大奖章 95 周年”纪念大会；第二战役，2011 年 9 月 21 日在北京召开了“汾酒•第一国宴用酒 62 周年”纪念大会，证明汾酒是新中国第一国宴用酒；第三战役，2012 年 11 月 28 日，公司在太原召开了“杏花村遗址考古挖掘 30 周年”纪念大会，证明杏花村是中国酒文化的发祥地。汾酒集团在这个阶段的发展思路是围绕主业拓展副业，实施前向一体化和后向一体化的产业链，实施循环经济，2012 年建立了汾酒原粮基地，专门研制了酿造汾酒所需的种子，从源头上保证了汾酒酿造的安全、绿色。借力文化传统，汾酒集团发布的 2020 年年度报告显示，2020 年汾酒集团实现营收 139.9 亿元，同比增长 17.76%；归母净利润 30.79 亿元，同比增长 58.79%；基本每股收益为 3.55 元。其中，2020 年第四季度营收 36.15 亿元，同比增长 33.12%；归母净利润 6.18 亿元，同比增长 140.38%。

3.4 中华老字号创新能力提升规律

创新能力演化解释了中华老字号浴火重生的过程，持续演化的创新能力在企业不同发展阶段有不同的表现。汾酒集团每一阶段的资源活化形成创新能力时，创新协同发挥了关键作用。从参与创新的要素看，汾酒集团经历了从“单一创新”到“组合创新”的发展过程。

3.4.1 生产能力

在“从无到有”的初创形成阶段，传承传统工艺是资源活化的核心方式，酿酒的“七大秘诀”只有在完善的生产工艺制度体系下才能保证产品质量，因此制度创新是这一阶段的最主要的要素创新。得益于这两者，汾酒厂在 1950 年时全年生产能力达到 200 吨白酒，生产能力从数量看并不高，但却解决了大规模生产的技术和流程等基本问题，可以说具备了初步的生产能力，也是这一阶段创新能力的主导能力。

3.4.2 制造能力

在“由小变大”的规模化阶段，通过对异质性资源的渐进性创新和持续的制度创新，先后经历 5 次大规模扩建后的汾酒集团不仅提升了产品品质，更重要的是，生产能力有了质的飞跃，工业总产值由 1949 年的 15 万元提升到了 1993 年的 50 605 万，1993 年相当于 1949 年的约 3400 倍，汾酒集团在这一阶段具备了大规模制造能力，可以说，改善的生产能力是这一阶段创新能力的主导能力。

3.4.3 管理能力

“从一到多”的横向多元化阶段，经历突发性的危机事件，汾酒集团实施资源活化的对象由过去的技术和工艺发展到了品牌，提升品牌识别度还需要依靠市场，因而市场创新是这一阶段的核心要素创新，凭借着品牌推广和市场创新，汾酒集团从假酒案的阴影中走出低谷、起死回生。在危机事件发生后，汾酒集团迅速找到问题根源，并找到解决问题的对策，起死回生，体现了其能够驾驭复杂局面的能力，本节将其定义为管理能力。部分中华老字号在市场化的浪潮中没有很好地应对市场危机，以致自身陷入长期经营困难的困境，因此，管理能力也是中华老字号的一种至关重要的能力。而这种能力是这一阶段汾酒集团创新能力的主导能力。

3.4.4 动态能力

“由大变强”的纵向一体化阶段，汾酒集团不仅一如既往地注重异质性资源的开发利用，更注重未知资源的挖掘。这与 Teece 等（1997）提出的“动态能力”具有本质上的高度一致性，不过 Teece 等（1997）强调的是企业整合内外部资源从而提高能力的资源管理过程，整合内外部资源会提高企业的渐进性创新和根本性创新。但中华老字号整合的外部资源是未知的、未被挖掘的、属于企业自身的“历史的”“沉睡的资源”，这种整合外部资源和内部资源的意义在于适应消费者对中华老字号产品的需求的变化，即不仅要品味产品功能本身，还要体验产品上加载的历史文化传统属性。从这个意义上讲，这一时期的汾酒集团开始具备了 Teece 等（1997）提出的“动态能力”，且以中华老字号为背景的“动态能力”拓展了 Teece 等（1997）提出的“动态能力”的理论边界。

图 3.1 反映了中华老字号创新能力的主导能力演化路径，从初步的生产能力、改善的制造能力到管理能力和动态能力，尽管创新能力的主导能力不断变化，但能力是一个积累和不断提升的过程，高阶阶段的创新能力以低阶阶段的创新能力为基础。换言之，低阶阶段形成的创新能力是高阶阶段创新能力提升的能力基础，因而构成一个不断循环、循序渐进发展的动态过程。

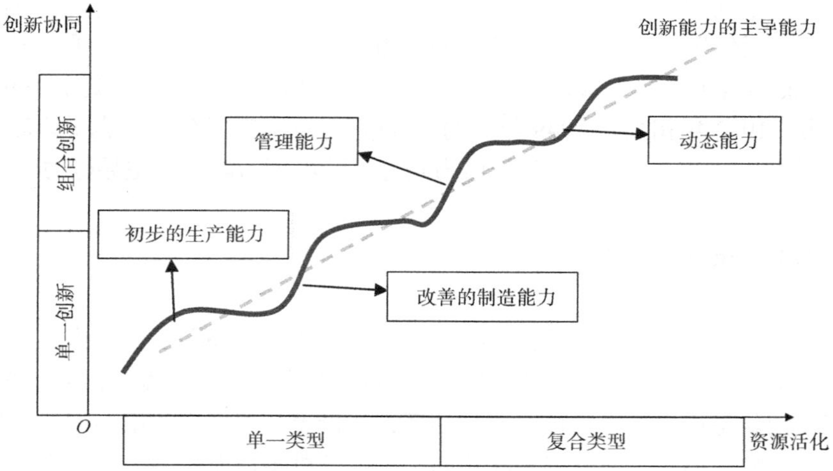

图 3.1 中华老字号创新能力的主导能力演化规律

3.5 中华老字号创新能力如何提升

由案例情境到案例讨论的过程，是一个遵循客观性、逻辑性的逐步编码的复杂过程。从操作上共分四步：①基于汾酒集团获得的案例数据，以文化传统和企业能力的关系为主线，分纵向发展阶段寻找关键事件，并进行“叙述性精简”（Pan and Tan，2011），初步编码作为条目，并将条目深化为场景；②开放式编码，根据案例证据蕴含的管理含义采取分析归纳的思想，对条目逐条进行概念化，形成“一阶概念”（郭会斌，2016）；③主轴式编码，这是对“一阶概念”范畴化的过程，属于“潜分析”（Schepers and Berg，2007），旨在发现数据间的深层结构（郭会斌，2016），主轴式编码后形成“二阶范畴”，运用“条件（战略）—行动/互动（文化传统激活、创新协同）—结果/后果（能力积累）”的典型模型，同时对案例证据进行不同的归纳和迭代，共从 19 个“一阶概念”中概括出 9 个“二阶范畴”，其中有 3 个“一阶概念”和“二阶范畴”语义重合；④选择性编码，根据范畴间的逻辑，逐步形成理论框架，“二阶范畴”进一步概念化为 4 个“主范畴”，这也是本节构建共演模型的核心变量，见表 3.2，根据编码结果可有但不限于以下讨论。

表 3.2　案例编码结果

主范畴	二阶范畴	一阶概念	场景的概念化含义	关键事件
战略演进逻辑	市场前摄	机会感知	发现市场机会	①1948～1949 年，白酒供不应求；②1996 年，分析山西葡萄酒厂发展情况；③21 世纪初，汾酒产销量与川酒、鲁酒、皖酒相比已经拉开了明显差距，虽然还远远落后于五粮液、茅台酒，但也意识到汾酒的文化在白酒行业中具有明显优势
		竞争预谋	构建相比竞争对手的优势	①在 1948～1949 年，1951～1989 年，积极扩大规模，提高汾酒产量；②1996 年汾酒集团与清徐葡萄酒厂组建山西杏花村葡萄酒有限公司，开始白酒与葡萄酒的多元化经营之路；③2003 年制定实施《汾酒集团企业文化建设方案》；④ 2009 年至今胜利打赢了文化营销“三大战役”，形成“中国酒魂信仰理论体系”
	决策变革	集权式决策	党委领导下厂长负责制，因集团主要负责人不同而制定的决策不同	①1949 年 9 月，杨健针对前期酒品质量下降来厂专项治理整顿，他以确保品牌优势为指导，解决领导和职工思想问题；②第一任厂长孙维屏个性虚心谦让，十分尊重多年酿酒经验的老职工、老师傅，重视群众智慧和意见，汾酒保持了较好质量；③1953～1960 年，因为领导班子更换频繁，企业管理严重滑坡；④2002 年郭双威接任董事长后制定了“111343”中长期发展战略；⑤2009 年李秋喜任接任董事长后逐步形成“中国酒魂信仰理论体系”
		领导更迭	由省国资委任免集团领导	截至 2021 年历任企业负责人都是由省国资委任免
文化传统活化	文化传统警觉	文化传统钝化	独有的、具有战略性的文化传统不再被重视	①建厂初期，生产工艺改变；②1953～1960 年，酒的质量管理弱化；③1996 年开始，逐步走向多元化经营，但对品牌管理却不重视；④2003 年开始，逐渐认识到文化传统在汾酒营销中的重要性

续表

主范畴	二阶范畴	一阶概念	场景的概念化含义	关键事件
文化传统活化	文化传统警觉	创业试错	非核心优势演进后的损失	①建厂初期生产工艺改变，质量大幅下降，导致产品积压；②1962年7月轻工业部评出的12种名酒中，汾酒倒数第二；③1996年左右，市场份额逐渐缩小，汾酒产销量明显下滑，1998年震惊全国的假酒案爆发；④2003年后汾酒集团产销量远远落后于五粮液、茅台
		归因	文化传统重要性的再认识	①汾酒传统生产工艺；②汾酒质量管理体系；③中华老字号品牌；④悠久的文化传统，翻越历史藩篱的典故、故事、传说
	文化传统激活	恢复传统工艺	保持并发扬传统酿造工艺特色	①1949年9月，调整生产工艺；②1962年，健全和完善了成品质量标准、工艺操作流程、安全生产制度、设备维修制度、岗位练兵制度和技术考核制度。1966年，修订岗位责任制，共制定了11类114个技术标准及其他工艺操作规程和管理制度，并设立了5道关口、20道防线、120道检验工序
		提升产品品质	在继承已有工艺基础上进行技术改造	1964年，陆续进行了33次试验，共做实验研究495次，取得了20项成果。还进行了1年零2个月的白酒酿造研究试点，实现重要革新25项，总结成工人十大先进操作法。1978年汾酒厂荣获全国科学大会“先进集体”，并作为“先进集体”代表接受表彰
		延续品牌	不能对不起老祖宗的名牌	假酒案后，进行全方位、多角度宣传，向海内外广大消费者展示汾酒事业所拥有的名牌优势、质量优势和规模优势
		重建产品精神	通过产品消费感知到的历史、文化、故事、情境	①2010～2012年，实施文化营销“三大战役”；②2012年，杏花村汾酒老作坊列入世界物质文化遗产预留名单
创新协同	要素创新	技术创新	实现已有生产工艺上的渐进性创新	①1964年，“汾酒试点”实现重要革新25项；②2003～2006年，围绕制曲、酿酒和储存工艺进行了全方位的探索，截至2017年，技术中心共完成清、浓、兼不同香型系列产品的酒体设计和新品开发300余种，完成新工艺、新技术改造项目40余项
		制度创新	建立健全制度	①1962年开始，实施全面质量管理体系；②2003年以来，初步构建起战略管理、财务管理、人力资源管理三统筹的集团管控体系
		文化创新	释放员工活力	①2009年开始，树立“赛马不相马、有为才有位”的竞争观念；②对汾酒集团、山西杏花村汾酒厂股份有限公司的18个职能部门正职、7个分厂厂长、11个二级单位财务总监实行竞聘上岗，对16个部门正职进行公开竞聘
		市场创新	与消费者沟通方式的变革	①实施文化营销“三大战役”，“信仰营销”理念生根落地；②汾酒产品开始出现创意定制、私人定制与存放

续表

主范畴	二阶范畴	一阶概念	场景的概念化含义	关键事件
创新协同	方位创新	开放创新	建立研发网络，内外创新相结合	①2007 年与山西大学开展关于“汾酒酿造微生物功能菌群的研究开发与应用”的研究；②2008～2010 年与山西大学等合作研究“汾酒制曲发酵过程中菌系酶系变化规律的研究”；③2008 年与山西省农科院合作承担国家科技支撑项目“高淀粉高亮产业化”
能力提升	生产能力		大规模制造能力	①1950 年，生产能力为 200 吨白酒，总产值为 30.32 万元；②截至 1993 年 12 月，工业总产值由 1949 年的 15 万元提高到了 1993 年的 50 605 万元
	管理能力		驾驭危机的能力	①四大类 13 个产品均为国家和省部级优质产品，主导产品汾酒、竹叶青酒多次在国际、国内获奖，1987 年竹叶青酒在法国巴黎国际酒展上荣获外国出口酒质第一名。②汾酒从假酒案的阴影中摆脱出来，2002 年汾酒集团销售收入 9.75 亿元
	市场能力		应对市场需求的能力	2020 年汾酒集团实现营收 139.9 亿元，同比增长 17.76%；归母净利润 30.79 亿元，同比增长 58.79%；基本每股收益为 3.55 元

3.5.1　“相机抉择”观推动战略演进：基本的战略观

尽管资源基础观（Learned et al.，1969）和资源拼凑理论（Levi-Strauss，1965）是目前中华老字号的主流分析范式，但认真梳理其理论核心，不难发现，立足资源基础观和资源拼凑理论的前提是企业已经拥有了能够构建长期竞争优势和竞争弹性的“稀缺的、难以模仿的资源”（Teece et al.，1997）。然而，对于中华老字号而言，在经历了社会体制巨大变革后，一些历史悠久、秉承特色的工艺失传，只留下曾经边缘化的资源和老字号招牌，这些资源难以模仿但也难以支持企业构建长期竞争弹性以致浴火重生者寥寥无几（刘秀兰和付勇，2005）。因此，资源基础观和资源拼凑理论并不能很好地解释一些制造业中华老字号的战略演进规律。

从表 3.2 编码结果看，汾酒集团的战略演进经历了“从无到有”“由小变大”“从一到多”“由大变强”四个发展阶段，不同阶段的战略演进是依靠市场前摄和决策变革实现的，即基于市场环境中的机会感知而非完全基于自身核心资源进行战略规划，本节称其为“相机抉择”观。外部市场机会是“相机抉择”战略过程的触点，而中国社会总体发展进程决定了外部市场机会沿着“数量优势—质量优势—管理优势—文化价值优势”的轨迹递进，这种市场机会被感知到以后，会通过中华老字号集权式决策体制开始竞争预谋，然后基于构建同行业竞争优势的思维设计战略地图。由此决定了汾酒集团 4 个战略阶段的重心任务是构建规模优势、质量优势、管理优势、文化价值优势。而规模、质量、管理和文化价值恰恰是制造业中华老字号文化传统蕴含的基本属性，因此，构建4个基本属性优势的过程，既是适应市场环境生存的需要，同时也完成了自身核心资源（文化传统）从“资源警觉”到“资源建构”（郭会斌，2016）的积累，见图3.2。“相机抉择”观的核心是“两只眼”，用“一只眼”感知市场机会，用“另外一只眼”注意自身核心资源的积累，以此为超越并引领行业市场奠定资源基础。

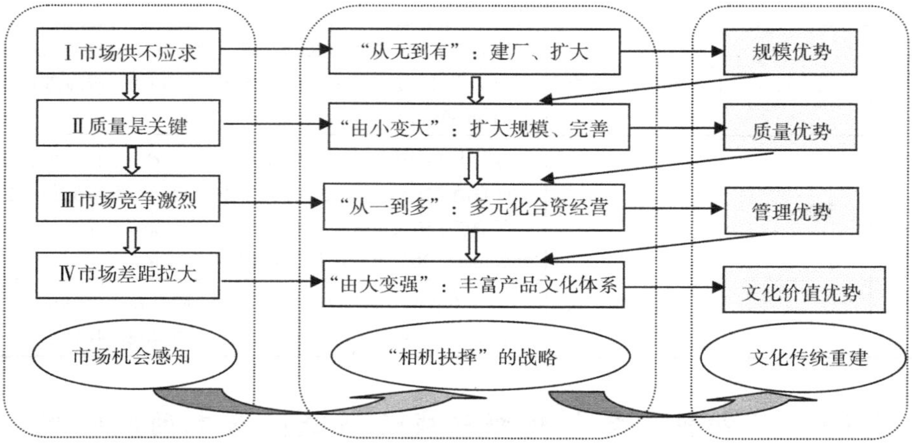

图3.2　汾酒集团战略演进

在“从无到有”和“由小变大”阶段，外部市场提供了“供不应求”的机会，汾酒集团从建厂到1953年开始的5次大规模扩建，目的是努力提升产品的规模制造能力和产品品质；在“从一到多”阶段，外部市场面临葡萄酒生产销售的机遇和白酒竞争压力的挑战，于是汾酒集团与清徐葡萄酒厂合资经营山西杏花村葡萄酒有限公司，开始步入多元化，同时借助技术引进解决自身缺乏葡萄酒酿造技术的难题，目的是构建并发挥其管理优势；在“由大变强”阶段，汾酒集团注意到其与茅台、五粮液的差距越拉越大，靠传统的发展方式已经很难追赶，而另辟蹊径以市场创新（文化营销）实现追赶，目的是积淀并发挥文化价值优势。

3.5.2　文化传统“活化”机制：从战略更新到能力提升

在“从无到有”的阶段，汾酒集团前身杏花村汾酒厂注意到外部市场提供了“供不应求”的市场机遇，于是将主要精力投放在扩量上，而忽视了传统汾酒酿造工艺的“搜索”和“重建”，但工艺是中华老字号文化传统中的基本要素，钝化后的文化传统不再被重视，以致扩量式的发展使汾酒质量下降，“创业试错”证明了这一时期应该重视文化传统中传统工艺的重要性。文化传统警觉引起文化传统激活，因此在 1949 年 9 月开始调整生产工艺，恢复传统工艺，随后销量逐渐增长，1950 年杏花村酒厂总产值 30.32 万元。

在“由小变大”阶段，1953 年开始汾酒集团先后进行了 5 次大规模扩建，总体上表现为内部发展式的单一产品增长战略。和在“从无到有”阶段表现出的比较相近，这个阶段汾酒集团注重了规模制造能力的提升而忽视了产品质量的保障和改进，工艺是质量保障的基础，除此之外质量保障还需要有规范的生产流程和革新的生产技术。显然，随着 1953～1960 年领导班子频繁更换，这一文化传统又被钝化，以致 1962 年 7 月轻工业部评出的 12 种名酒中，汾酒倒数第二。这一阶段的“创业试错”证明了文化传统中质量对品牌的重要性。而后汾酒集团通过两种方式“激活”文化传统：①健全制度确保传统生产工艺，即 1962 年，健全和完善了成品质量标准、工艺操作流程、安全生产制度、设备维修制度、岗位练兵制度和技术考核制度，1966 年修订岗位责任制。②在继承已有工艺基础上进行技术改造以提升产品品质。“激活”文化传统的同时，汾酒集团还实施了创新协同，进一步促进了文化传统对企业能力的贡献。“由小变大”阶段的创新协同主要有技术创新和制度创新，是一种“维持性创新”（Christensen et al.，2005）。文化传统“活化”后汾酒集团的生产能力得到了提升，截至 1993 年 12 月，工业总产值由 1949 年的 15 万元提高到了 1993 年的 50 605 万元。

在“从一到多”阶段，1996 年汾酒集团进入葡萄酒市场实施多元化战略触发了新一轮的文化传统“活化”过程，并最终提高了汾酒集团的管理能力。经历了 5 次大规模扩建的汾酒集团，尤其是 1993 年其核心子公司山西杏花村汾酒厂股份有限公司上市后，摆在汾酒集团面前的重任是如何通过管理创新继承并发展汾酒品牌的力量，以使老字号在当时竞争激烈的白酒市场中有显著的竞争优势。但这是汾酒集团“创业试错”后警觉到的，这一阶段的“创业试错”就是多元化以后，领导层竞争意识薄弱、管理滞后，以致假酒案波及了汾酒集团，自此其与白酒行业内的五粮液和茅台差距开始显现。这一时期汾酒集团认识到“老祖宗留下来的名牌”的重要性，带着深深的社会责任感，开始向海内外广大消费者展示汾酒事业拥有的名牌优势、质量优势，通过品牌“激活”文化传统后，汾酒集团逐渐从假酒案的阴影中摆脱出来，2002 年汾酒集团销售收入达到 9.75 亿元。

在“由大变强”阶段，尽管在“从一到多”阶段采取的品牌宣传、质量控制体系能够帮助汾酒集团从阴影中过渡，但其与五粮液、茅台差距却更加明显，这表明延续先前的“激活”措施已经无法真正实现追赶和超越。在这一阶段，深度挖掘汾酒事业文化传统的最核心优势成为可能追赶和超越的途径。在前期完成文化传统中工艺、质量、品牌积累的基础上，产品文化——文化传统的最高级，是需要破解的难题。而对于中华老字号而言，产品文化内嵌于其悠久的历史、故事、仪式、遗址等当中，是一个“重建”的过程，是拉开人们的“无知之幕”，让“沉睡的资源”活化后释放活力的过程。在这一阶段，汾酒集团通过“三大战役”从历史传统借力重建汾酒产品精神，不仅满足了消费者对酒产品基本属性的需求，更重要的是满足了消费者的文化体验。重建产品精神成为这一阶段激活文化传统的主要途径，同时市场创新成为创新体系中的构成部分。产品文化活化后，汾酒集团 2019 年实现营业收入 118.8 亿元，步入白酒百亿营收阵营，2020 年实现营收 139.9 亿元，同比增长 17.76%。

纵观汾酒集团的 4 个发展阶段，文化传统在企业能力积累中起到了重要作用，尽管每一个阶段的文化传统基本要素不同，但也能够从中梳理出文化传统如何形成中华老字号企业能力的微观机制以解开这一“黑箱”，SAIC 模型如图 3.3 所示，即①S，strategy，战略，基于市场前摄和决策变革的战略演进会触发文化传统活

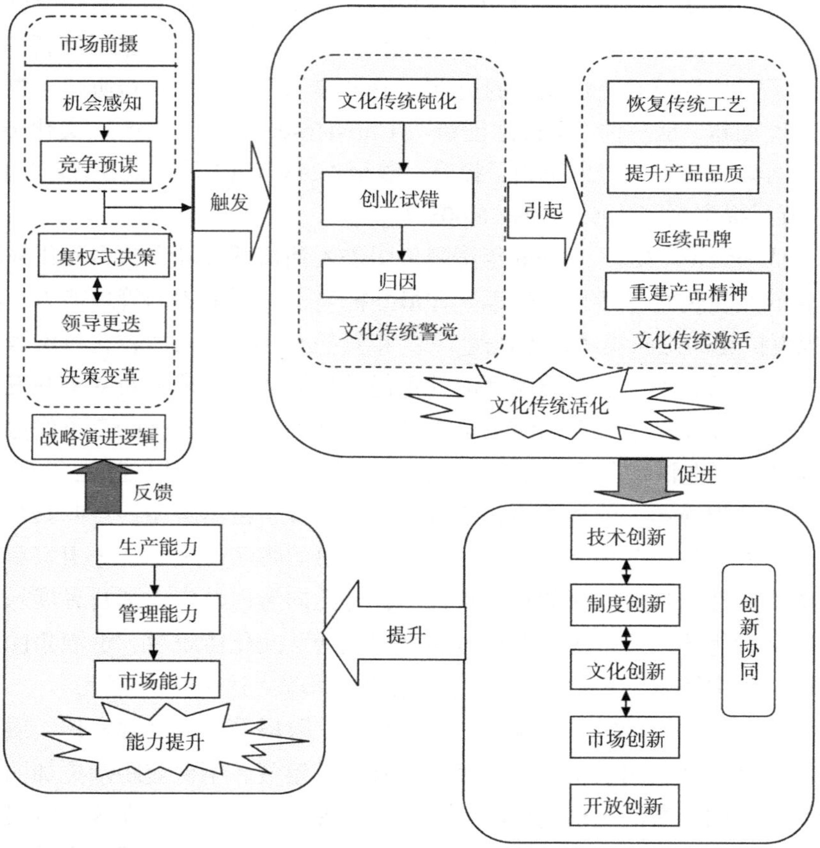

图 3.3　文化传统活化机理：SAIC 模型

化；②A，action，行动，文化传统活化由文化传统警觉和文化传统激活两阶段实现，文化传统警觉是在中华老字号战略演进后文化传统钝化，在创业试错后归因的基础上对文化传统这种核心资源重要性的再认识，企业在文化传统警觉后会通过恢复传统工艺、提升产品品质、延续老字号品牌、重建产品精神等途径进行文化传统激活；③I，innovation，创新，与此同时，文化传统活化的过程，随着企业发展阶段的不同，促进了技术、制度、文化及市场的创新协同，并最终提升了企业能力，在初级阶段表现为企业的生产能力，发展阶段和成熟阶段则表现为企业的管理能力和市场能力，前后阶段的能力表现为一种积累提升而非替代关系；④C，capability，能力，当一个阶段提升了企业特定能力后，会反馈于企业战略，由此构成了“战略演进—文化传统（资源）活化—创新协同—能力提升”的闭环循环机制，即文化传统活化的 SAIC 模型。

3.5.3　文化传统内核建构机制

中华老字号有着深厚的、历史悠久的文化传统，对于制造业中华老字号而言，文化传统更加明显地体现在产品制造中，仅仅用企业文化的范畴来探讨中华老字号文化传统是不够的，但这种文化传统并不一定是手头现成的，因此其不同于资源拼凑理论所强调的新创企业可以“拼凑”（Baker and Aldrich，2000）手中现有资源进行即兴创作，而是需要通过“翻越历史的藩篱”，寻找“沉睡的资源”进行重建，随着中华老字号发展逐步走向成熟而趋于完善，文化传统的内核则包括从初级阶段到成熟阶段的资源。

图 3.4 呈现了汾酒集团文化传统内核建构过程，也刻画了文化传统的内涵：①在“从无到有”的初级阶段，恢复传统生产工艺是传承汾酒酿造特色的前提和基础，是传统工艺成为文化传统的关键；②在“由小变大”的发展阶段，汾酒集团在传承已有工艺的基础上通过工艺革新发扬酿酒特色、提升产品品质，从而积累了企业生产能力；③在“从一到多”的发展阶段，加强外部宣传、提升产品质量的目的是保护好“老祖宗留下来的名牌”，要用名牌获取市场竞争优势，从而积累了企业管理能力；④在“由大变强”阶段，汾酒集团实施文化营销“三大战役”、申报获批杏花村汾酒酿造技艺非物质文化遗产、从“四书五经”等古籍中挖掘有关汾酒的记载，这些措施让产品除了使用的基本属性外，富有了可供消费者文化体验的文化价值属性，即产品文化，产品文化依靠历史情境、传说、故事、旧址等将现实中人们的集体记忆（刘亚秋，2010）唤醒，这是在同质化竞争中获得优势的另一条路径，这一阶段汾酒集团的市场能力得到提升。可以说，文化传统是一个随着企业发展阶段逐步重建的范畴，是一个集传统工艺、质量、品牌及文化等属性于一身的有机统一体。这对于目前主要集中在员工层

面的企业文化研究是一种探索性的补充。

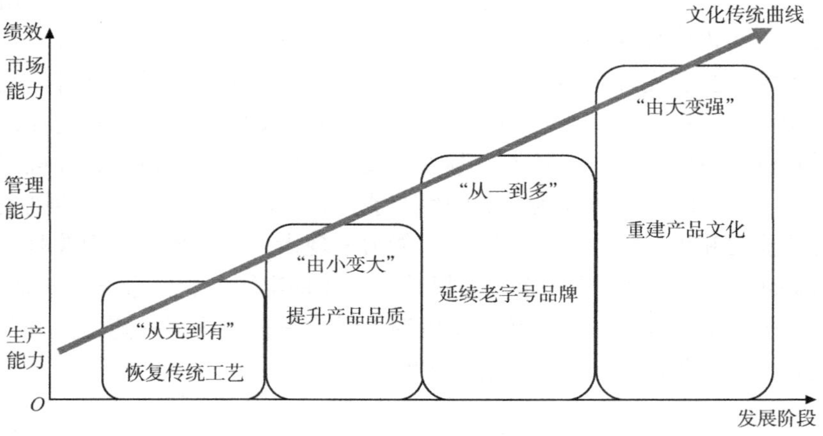

图 3.4　文化传统内核建构过程

3.5.4　文化传统活化与创新能力之间的互动机制

以动态演化的视角剖析中华老字号文化传统活化与创新能力之间的关系，能够从企业纵向发展过程深入挖掘各变量互动关系及各变量随企业发展的变迁路径，从而形成连续的、动态的观点，有助于形成规律性的动态轨迹。表 3.3 是汾酒集团 4 个阶段各要素的动态演化过程。

表 3.3　汾酒集团 4 个阶段的文化传统活化、要素创新及创新能力积累

范畴		“从无到有”	“由小变大”	“从一到多”	“由大变强”
时间节点		1848～1951 年	1951～1993 年	1993～2003 年	2003 年至今
市场环境		白酒供不应求	白酒供不应求，但品质逐步提升	白酒市场竞争十分激烈	与竞争对手差距明显
战略重心		起步	单一产品增长	横向多元化	纵向一体化
文化传统活化		恢复传统工艺	提升产品品质	延续老字号品牌	重建产品文化
创新	创新方式	技术调整与创新	技术创新 制度创新	技术创新 制度创新 市场创新	技术创新 制度创新 文化创新 市场创新
	创新体系	单一创新	组合创新	组合创新	组合创新
能力积累		初步的生产能力	改善的制造能力	管理能力	动态能力

在“从无到有”阶段，文化传统活化的方式是恢复传统生产工艺，其中的创新方式主要是技术调整及微创新，属于“单一创新”（许庆瑞等，2002，2003，2004），在 1951 年时汾酒的生产产量有了显著增加，生产能力达到年产 200 吨白酒，反映出这一时期生产能力得到了初步积累。

在“由小变大”阶段，面对白酒供不应求，但产品品质整体上逐步提升的市场环境，汾酒集团实施单一产品增长的发展战略，文化传统活化的主要途径是技术革新和制度的建立健全，由此激发了技术创新和制度创新的协同，属于“组合创新”（许庆瑞等，2002，2003，2004），这一时期仍然是生产能力的积累，形成了改善的制造能力。

在“从一到多”阶段，多元化经营后遭遇假酒案的无辜牵连，摆在企业面前的问题是如何驾驭危机、重建汾酒品牌。在这一时期的文化传统活化中，技术创新、制度创新、市场创新发挥的协同效应功不可没，截至 2002 年，汾酒的销量有了回升，因此，将这个时期汾酒集团的核心能力定义为驾驭危机和品牌管理的能力，创新体系仍属于“组合创新”。

在“由大变强”阶段，文化传统活化重点是重建产品文化，与此同时，汾酒集团从 2009 年开始进行文化创新，如树立“赛马不相马、有为才有位”的竞争观念，对汾酒集团、山西杏花村汾酒厂股份有限公司的 18 个职能部门正职、7 个分厂厂长、11 个二级单位财务总监实行竞聘上岗，对 16 个部门正职进行公开竞聘，还通过战略管理、财务管理、人力资源管理三统筹的集团管控体系进行制度创新，由此形成了技术、制度、文化、市场 4 个要素协同的“组合创新”，这一时期汾酒集团的市场能力有了显著提升，销售收入快速增长，2015～2020 年营业总收入增长率近 21.3%，说明汾酒集团动态能力有了显著提升。

3.6　中华老字号资源活化观

正如前文所述，资源基础观（Learned et al.，1969；Barney，1991）、资源拼凑理论（Levi-Strauss，1965；Baker and Aldrich，2000）、动态能力（Teece et al.，1997）及资源建构强调了资源管理的重要性，但这些理论的基本出发点是企业内部资源和外部资源的二分法，属于共时性的理论框架，缺乏纵向的时间维度，同时也没有对“资源从何而来”进行有效解释，因此这些理论对中华老字号浴火重生缺乏有效的解释和洞察。纵观汾酒集团浴火重生经历的四个阶段，不难发现，每一个阶段的异质性资源都对浴火重生起到了关键作用，这与资源基础观的理论要义基本吻合。对中华老字号蕴含的文化传统这种异质性资源的传承、渐进性创新、外向推广、挖掘“沉睡的资源”（刘海兵等，2019）等资源活化使中华老字号面对新的市场环境时能够较好地克服资源劣势，逐步积累起支撑企业核心能力的资源库。

3.6.1　资源活化观的内核

在“从无到有”的初创形成阶段，汾酒集团为了提高产量、快速满足市场需求，改变了传统生产工艺，但这样的改变带来的结果是品质不再，于是造成了产品滞销。改回传统工艺后立即恢复了原有的品质。这说明，中华老字号本身具有上百年甚至几千年传承的精湛工艺，这种工艺是被市场反复检验和认可的，是产品品质的基础。这一阶段的资源活化就是传承，无论经历怎样的社会巨变，使可能失传的工艺失而复得、重新回归社会就是这一阶段中华老字号市场制胜的异质性资源。在“由小变大”的规模化阶段，由于规模快速扩张，加之公司领导者更迭很快，企业管理水平没有提升，以致酒的质量管理弱化，使得1962年名酒评选中汾酒排在倒数第二，说明同时期其他白酒企业的制酒工艺不仅仅停留在传承过去，还有了“与时俱进”的创新。这带给汾酒的启示是，随着整个白酒行业的技术传承和技术进步，自身的异质性资源不能仅仅停留在过去的传统工艺上，还要根据技术环境的变化继续改进品质工艺，即渐进性创新，异质性资源处于动态的变化和建构中，否则过去的优势将消失殆尽、不复存在。汾酒集团从1964年开始，陆续进行了33次试验，实现重要革新25项，与此同时，健全和完善了各项质量标准，经过这一阶段的技术领域的渐进性创新和制度领域的完善，汾酒、竹叶青酒多次被评为“国家名酒”并获金质奖章，资源活化后的效应再次得到绽放。在“从一到多”的横向多元化阶段，1993～1994年，汾酒集团感受到白酒市场竞争日趋激烈，认为多元化经营、另辟蹊径可以找到汾酒集团新的发展机会，但事实证明，疏于对中华老字号在品质提升基础上的深度品牌管理，导致中华老字号品牌识别度不高，致使消费者误将中华老字号产品视为与其地域、名称相仿的劣质低端产品，汾酒集团因此遭受重大损失，多元化经营带来的新利润远不足以弥补主业遭受的亏损。因此，创业试错后汾酒集团重新认识品牌的力量，通过向市场推广品牌以提升品牌识别度这种资源活化措施，汾酒的发展起死回生。也是从这一阶段开始，汾酒集团的资源活化改变了之前仅仅发生在企业内部的局面，而开始向外输出异质性资源。在“由大变强”的纵向一体化阶段，汾酒集团认识到自身悠久的文化传统蕴含着白酒行业独一无二的市场优势，由此，这一阶段的资源活化不仅重视资源激活，更重视资源挖掘，即通过搜集、整理并申报非物质文化遗产，挖掘、编撰汾酒史等措施力推汾酒的确为“清香之祖、百酒之源”的事实，这些资源是未知的“沉睡的资源”，因为挖掘考古才打开了人们的“无知之幕”，让人们重新认识，因而属于资源的探索式创新。在此基础上，通过“行走的汾酒”“汾酒封藏大典”等活动向消费者传递加载了汾酒文化属性的汾酒产品，让消费者在品味产品本身的同时更能体验到历史文化，让产品不仅仅是产品，还是连接现代人与历史的重要桥梁以及唤起民族的集体记忆和历史情感的重要媒介，这一阶段的资源活化延伸了中华老字号异质性资源的价值链，使异质性资源的优势更加明显。

可以总结出资源活化观的理论核心，见图 3.5。①资源可分为沉睡的资源和积累的资源两类，沉睡的资源在未经激活时处于无人知晓的混沌状态，积累的资源是企业“干中学”发展过程中沉淀下来的技术和管理知识；②沉睡的资源会被企业战略转型后的创业试错警觉到其重要性，创业失败会让企业意识到文化传统中蕴含的传统工艺、古老品牌、悠久文化的重要性；③沉睡的资源通过 5 项措施激活变成活化的资源，寻找和恢复技术、考古发掘遗址、从中国历史看汾酒历史、收集相关故事和传说、汾酒古诗集的收集与编辑；④活化的资源可以直接加载在产品上形成产品的文化属性，同时还可以传承活化的资源中蕴含的技术、工艺、

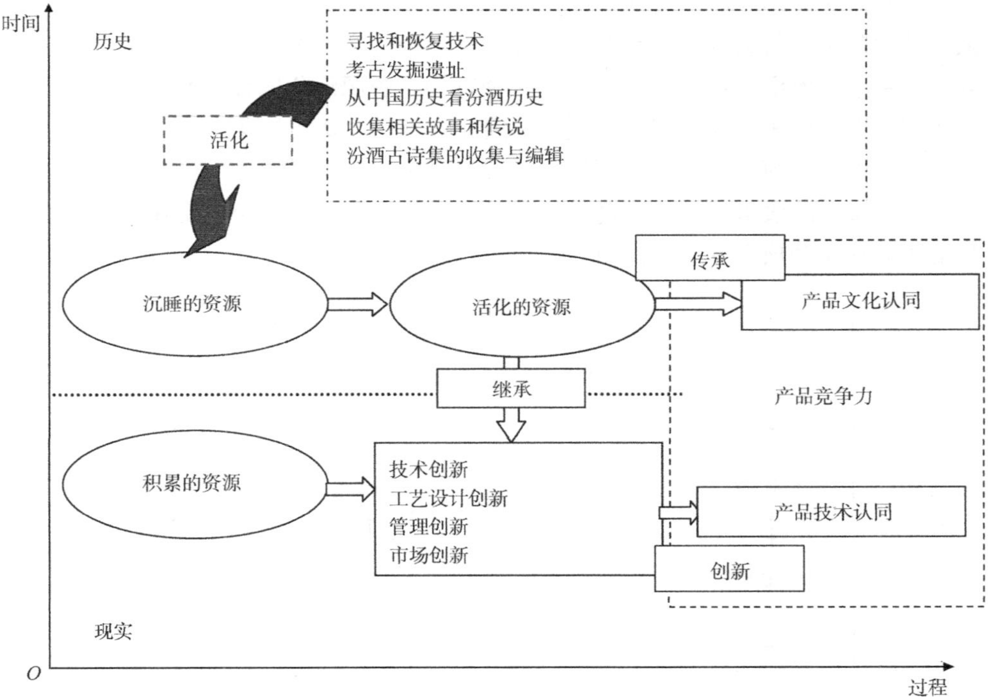

图 3.5　汾酒集团资源活化过程

管理等，与积累的资源一起促进企业创新，包括技术创新、工艺设计创新、管理创新和市场创新；⑤资源活化的对象既有沉睡的资源，也有积累的资源，具体包括传承、渐进性创新、品牌管理和挖掘沉睡的资源四种方式，表现为包含传承、渐进性创新和品牌管理等的资源开发和挖掘沉睡的资源的资源探索两种类型；⑥资源活化不仅提高了产品品质，还可以形成产品的文化属性，企业创新协同为资源活化形成中华老字号浴火重生的核心能力提供了可靠的保障，是“异质性资源—核心能力”中的重要机制；⑦资源开发和资源探索是中华老字号资源活化观的两条主线。

资源活化观不仅解释了难以模仿、不可复制的战略性资源（Barney，1991）“从何而来”语焉不详（郭会斌，2016）的问题，解释了资源拼凑理论主张的“手头资源”可以克服“新创劣势”，而且对于中华老字号手头资源缺乏而如何积累的资源建构观有理论边界上的拓展。

3.6.2 资源活化意愿：从“情境”到“触发”

资源活化意愿回应何时活化的问题。“意愿”是心理学中的术语，意为主观意识，是发起主观行为的前提和基础。在管理学中，意愿经常形成企业的战略或决策。借用这一术语，作为资源管理的一种行为，资源活化同样缘起于试图活化中华老字号文化传统等独特资源的意愿，因此称其为“资源活化意愿”。

本节根据汾酒集团 4 个发展阶段的案例证据，以阶段中的关键事件为基础逐步梳理了每个阶段事件的先后逻辑，并进一步概念化形成情境、资源钝化、资源警觉和触发 4 个核心变量，见图 3.6。

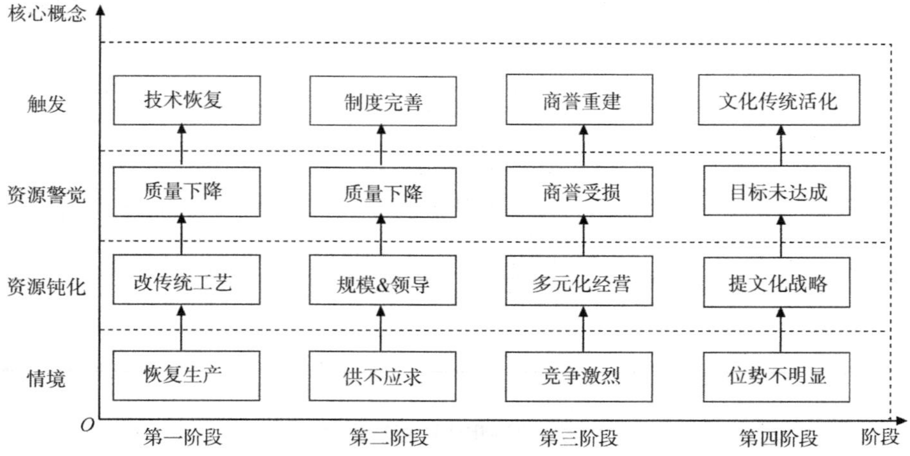

图 3.6 资源活化意愿流程

在第一阶段，汾酒集团面临的情境是百废待兴，需要马上恢复生产，解决白酒的能生产和能供给问题。但当其具备了初步的生产能力时，管理层的战略转向了改变传统工艺以扩大产量。其思路不是提升品质而是扩大产量，使汾酒酿酒工艺这种优势资源被钝化，以致产品质量快速下降，这样的试错行为引起了管理层对技艺的重视，触发了恢复传统工艺的资源活化意愿。

在第二阶段，汾酒集团面临的情境是供不应求，持续扩大规模是这个阶段的主要特征，加之 20 世纪 50 年代中后期其管理层更换频繁，以技术为基础的质量控制体系被忽视，没有完备的管理制度和健全的生产流程，汾酒集团的技术优势被钝化，以致产品质量快速下降，甚至被山西省领导批评“丢了老祖宗的脸面”，这样的试错行为推动了管理层完善确保技术应用与创新的管理制度，从而触发了完善管理制度的资源活化意愿。

在第三阶段，汾酒集团面临的情境是竞争日益激烈的白酒市场环境，经历了第二阶段的发展，汾酒的品质在市场上有明显位势，然而，汾酒集团没有推进以品质为基础的品牌管理，而是将重心转向了不是汾酒集团优势领域的葡萄酒生产，多元化战略分散了管理层的战略注意力。资源钝化后，假酒案发生，这一偶然事件中潜藏着汾酒品牌管理上松懈的必然，以“汾”和“杏花村”等命名的酒品层出不穷，缺乏品牌推广的汾酒集团降低了消费者对汾酒所属品牌的辨识度，因而产生经营危机是必然的，假酒案只是一个“药引子”。莫大的损失引起了汾酒集团对商誉品牌的资源警觉，并进一步触发了重建汾酒商誉的资源活化意愿。

在第四阶段，尽管汾酒集团营业收入、行业地位逐年提升，恢复到了 1998 年假酒案发生前水平，但距离行业内茅台、五粮液却越来越远，于是汾酒集团提出文化战略，但文化战略的导入停留在员工的团队文化建设上，而忽视了对汾酒文化传统的传承创新，忽视了汾酒文化与用户的连接，因而其在行业内的位势提升并不明显。这引起了汾酒集团对文化传统的资源警觉，触发了文化传统活化的资源活化意愿。

情境、资源钝化、资源警觉和触发等四个变量清晰呈现了资源活化意愿前置行为过程。以汾酒集团为代表的中华老字号企业基于当时的社会情境，短期内倾向于选择实现短期绩效目标的行为，但这种战略选择不是建立在资源基础观所主张的独特的、难以模仿和复制的资源基础上，以致中华老字号异质性资源钝化。异质性资源钝化使中华老字号无法形成可持续的竞争优势，市场竞争劣势由此逐步显现，为中华老字号创新能力提升提供了试错机会。由试错导致的竞争劣势会引起企业管理团队对缺乏运用异质性资源提升企业创新能力的警觉，这种警觉进一步促使他们触发异质性资源的意愿，进而进行技术、质量、商誉和文化等品牌构成要素上的开发与运用。

3.6.3　资源活化的内核：理想与现实的比较

资源活化的内核回应“活化什么”。纵观汾酒集团发展历程，中华老字号蕴含的资源是助推其创新能力提升的核心资产，这种资源是集技术（传统工艺）和文化（历史与文化传统）于一体的资源包，每个发展阶段对应特定的资源活化内核，因而构成了以汾酒为代表的中华老字号资源活化内核演化的基本规律。违背或偏离基本规律，都会招致中华老字号企业创新能力的下降和市场绩效的损失。

中华老字号资源活化的内核，可以从活化的选择和活化的结果对比分析，见图 3.7。在第一阶段，钝化对技术恢复的重要性认识，导致产品质量急速下降，技术恢复成为挽回中华老字号竞争优势的核心动力，因此，当重新重视传统工艺后企业经营绩效快速提升。以绩效的角度，资源活化的选择由规模转变为技术是合乎理性的。当技术恢复后，就需要相应的制度确保技术能够产生合格的产品，如果缺乏制度的保障，那么产品质量必然脱节于技术，这是中华老字号步入第二阶段的必由之路。这也正是汾酒第二阶段所揭示的，经历了企业管理滞后带来的失败，汾酒集团以产品质量为导向，实施管理制度的变革和技术创新使汾酒集团重新找回市场位势。在第三阶段，汾酒集团以并购葡萄酒厂为标志的多元化战略并没有使汾酒集团从激烈的市场环境中脱颖而出，相反，对商誉管理的不重视使其遭受了突发性危机事件带来的巨大损失，直至回到强化商誉管理的轨迹，汾酒集团才实现止亏为盈，但品牌识别度依旧不高。在第四阶段，从“理念的文化战略”到“落地的文化战略”，汾酒集团逐步走出了建立在特色资源基础上的特色优势构建之路，其中暗含了中华老字号在这一阶段要以文化传统为活化资源内核的隐喻。

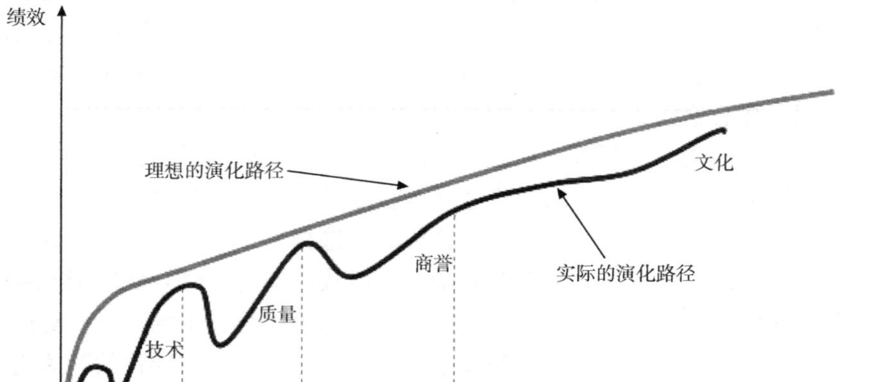

图 3.7　资源活化内核的演化路径

从中华老字号活化资源的轨迹看，4 个发展阶段比较一致地遵从了“活化资源选择—试错—活化资源纠偏”的路径，每个阶段经营绩效前后形成鲜明对比。通过这样的比较，就能够呈现出一条中华老字号理论上的活化资源内核的演化路径，即“技术恢复—质量控制—商誉重建—文化活化”，如图 3.7 中理想的演化路径所示。简言之，在中华老字号由小变大的发展过程中，品牌创新呈现出“技术恢复—质量控制—商誉重建—文化活化”的内在演进逻辑，前后为一种序贯式的次序，技术是质量的基础，质量是商誉的基础，商誉是文化的基础，活化中华老字号文化传统是中华老字号浴火重生的关键。

3.6.4 资源活化行为：传承式创新

纵观汾酒集团发展的 4 个阶段，传承式创新是资源活化的核心特征。所谓传承式创新，是指在历史和现实的两道门之间，中华老字号一方面通过挖掘、探索深藏在历史长河中的文化传统资源（这些资源涵盖了技术工艺、生产流程、历史场景），以增强中华老字号的资源刚性、提升品牌识别度，另一方面在传承基础上，进行技术工艺、管理制度、文化等要素上的创新，以增强中华老字号感知市场、重构资源、释放能力的动态能力。

3.6.5 “战略转型、资源活化、创新协同与核心能力”之间的关系

从汾酒集团的资源活化实践看，资源活化的类型及其创新协同的参与要素，以及形成的核心都会随着汾酒集团发展阶段的不同而不同。在特定的发展阶段，立足于战略基础、能力基础和商业逻辑的战略方向确定后，必然会触发资源活化及创新协同，进而形成核心能力，由此形成每个发展阶段的“战略转型—资源活化—创新协同—核心能力”的传导链，即图 3.8 的 SRIC 模型，也只有将资源活化形成核心能力的问题放在战略发展的情境中讨论才更具有解释力，形成与战略阶段相适应的资源活化观，这在一定程度上也形成了与战略管理的对话。同时，后一阶段是前一阶段的递进，因而战略、资源活化、创新协同和核心能力也形成了演化路径。SRIC 模型的具体内容如下。

（1）横纵轴。横纵轴由异质性资源的动态性和环境的不确定性（刘海兵和许庆瑞，2018）构成，异质性资源的动态性指对异质性资源新的开发或探索程度，环境的不确定性指面临新的市场环境，企业战略选择及形成的核心能力是不确定的。

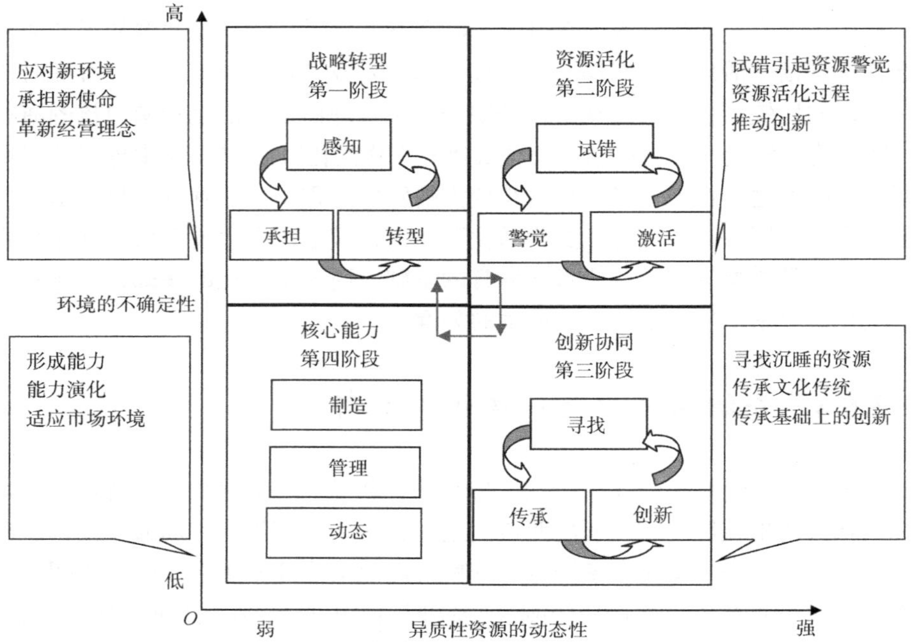

图 3.8　SRIC 模型

（2）S，strategy，战略转型。战略转型处在具有高度的环境的不确定性和文化传统相对固化的环境里，当面临新的市场环境时，中华老字号一马当先地通过创造新的商业逻辑履行新的社会责任，这一过程借鉴动态能力（Teece et al.，1997）的内涵，通过机会感知—承担社会责任—新的商业逻辑实现。纵观汾酒集团 4 个发展阶段，其社会责任经历了从履行面向社会的公共责任（以公共属性为主）到履行面向市场的市场化责任（以市场属性为主）的转变，商业逻辑则经历了由效率导向、多元化经营到差异化发展的过程。

（3）R，resource，资源活化。随着战略选择，中华老字号发展面临的高度的环境的不确定性并没有改变，但企业通过创业试错会警觉到其异质性资源的重要性，当发现异质性资源并不是可以随意编排的“手中资源”，企业开始重视异质性资源从何而来的问题。资源活化这一过程通过“创业试错—资源警觉—资源激活”实现。资源激活呈现“传承—渐进性创新—品牌管理—挖掘沉睡的资源”的路径演化，资源由“现实的资源”单一来源向“现实的资源”和“历史的资源”复合来源转变，资源建构由资源开发单一方式向资源开发和资源探索的复合方式转变。

（4）I，innovaion，创新协同。创业试错后的资源建构引起了企业创新协同，创新协同首先发生在异质性资源本身，即在搜索“沉睡的资源”基础上完成，一方面传承文化传统内嵌的工艺、技术、品牌等，另一方面还根据市场需求在传承的基础上做了渐进性创新，甚至还要进行挖掘“沉睡的资源”式的资源探索，体现为寻找—传承—创新的过程。与此同时，创新协同还发生在为异质性资源形成中华老字号核心能力的保障机制方面，而良好的保障机制需要依靠制度创新、技术创新、市场创新和文化创新建立。创新协同使异质性资源的动态性更为强烈，但提供了支撑战略实现的资源，因此降低了环境的不确定性。从创新要素的角度看，如图 3.8 所示，经历了由第一阶段的制度创新到第四阶段的技术、制度、文化和市场创新，创新要素逐渐增加，根据中国创新管理之父许庆瑞院士的全面创新管理理论可将其提炼为经历了由单一创新到组合创新的发展过程。

（5）C，capability，核心能力。活化的资源和创新协同机制共同提升了企业核心能力，因此，环境的不确定性和异质性资源的动态性都大大降低。Prahalad 和 Hamel（1990）认为核心能力是企业取得相对竞争位势的能力，很显然，汾酒集团在四个发展阶段中取得行业内竞争优势的能力是变迁的，由此看来，核心能力是一个随企业战略、创新范式变化而变化的动态概念（刘海兵和许庆瑞，2018）。在初创阶段和规模化阶段，其核心能力主要是制造能力，在多元化阶段主要表现为管理能力，而在纵向一体化阶段主要表现为动态能力。核心能力在变迁，但企业能力是一个积累的过程，即高阶发展阶段的能力积累了低阶发展阶段已形成的能力。

（6）“战略转型—资源活化—创新协同—核心能力”构成了一个随环境变化的战略性循环，即在低阶战略阶段的能力实现后，当环境发生变化时，会触发高阶战略阶段的循环。战略转型在战略性循环中起着引领作用，而以文化传统为核心的异质性资源活化和创新协同则是战略推进路径，也是中华老字号核心能力形成的关键，由此打开了中华老字号“异质性资源—核心能力”之间的“黑箱”。

3.7　中华老字号未来发展

尽管以汾酒集团为典型的中华老字号借助文化传统活化获取了市场优势，在能力积累和提升方面取得了突破，为后来企业发展提供了有益的范式借鉴，然而，从其纵向发展来看，仍然有以下方面需要深入发展，以进一步提升中华老字号创新能力。

3.7.1 全产业链

中华老字号文化传统重建后，将文化传统作为战略性资源，以它为核心资源进行纵向一体化形成“全产业链”，可以催生新的竞争优势，并延续中华老字号的竞争优势。在具体战略选择中宜采取基于老字号异质性资源的垂直一体化战略或生态化战略。以汾酒集团为例，在实践中可以发展以中华老字号异质性资源为基础的工业旅游、用户定制、有机原料基地建设、有机酿酒等，从而构成一个以汾酒文化传统为基础的价值网络，不仅可以俘获新的商业机会、拓展中华老字号价值创造的边界，而且能以底层逻辑强化价值创造的彼此关联性、降低边际成本、增强抵御风险的能力。

3.7.2 共生生态

以汾酒集团为例，截至 2017 年其周边已形成 20 余家“汾”相关酒企，地理标识和企业商标交叉在一起，绝大多数中华老字号均存在这种现象，这反映了地方政府借助中华老字号形成产业联盟的良好诉求。但从产业链的角度看，如果这种易于竞争的产业联盟调适为上下游之间的“共生关系”，不仅更有利于中华老字号健康经营，而且有利于拉动当地周边产业发展。

3.7.3 国际化

各国之间的交流日益频繁，文明互鉴互学是大势所趋。中华老字号承载着中华文明，但当前中华老字号的国际化战略进行得还比较缓慢，因此，国际化战略能够推动其构建新的竞争优势。

3.7.4 全面创新

中华老字号的创新体系应向“全面创新”发展，在全面创新中可适度通过开放式创新（Chesbrough，2003）获取资源。此外在技术创新过程中，不仅要注重架构能力（Henderson and Cockburn，1994；Henderson and Clark，1990）的提升，更要注重部件能力方面的“突破式创新”（breakthrough innovation）（Christensen，1997），以构建中华老字号的长期竞争优势。

3.7.5 提升核心能力

中华老字号发展可以沿着“技术恢复—质量控制—商誉重建—文化活化”的内在演进逻辑逐步构筑自身创新能力。在传承工艺技术基础上进行渐进性创新是技术创新的主要策略；确保严格的质量管理制度是管理体系的核心；保护商标等核心知识产权、协调与地方之间围绕商标的利益博弈、商誉的多途径建设和推广是商誉建设的重任；挖掘“沉睡的资源”、捕捉消费者的消费特征、建立文化传统与消费者之间的情感共鸣是文化传统活化的关键。

第 4 章　高新技术企业创新能力提升机制①

4.1　研究背景

4.1.1　中国高新技术企业发展历程

2017 年，习近平主席强调“加快建设创新型国家”②，高度肯定技术创新在推动整个社会发展和进步中的重要作用。高新技术企业作为技术研发的主力军，是先导性前沿技术与市场需求紧密结合的创新基地，属于高精尖知识技术密集的重要载体，在技术创新进程中发挥着举足轻重的作用。科技部数据显示，2017 年，我国高新技术企业占规模以上总工业企业数量的 35%。同时，我国许多高新技术企业如华为、海尔、海康威视、阿里巴巴等，已改变往日依靠引进的创新惯例，在多项细分领域独占鳌头，成为全球特定技术研发领域中的领头羊，是我国高新技术产业发展的典型范例。如今，作为国家创新发展的新兴力量，高新技术企业在国民经济发展中承担着更加重要的历史任务，对国家创新能力提升的战略性作用日益显著。

相比于发达国家，我国高新技术企业起步较晚。1978 年，我国开始转变发展观念，重新认识国内政治经济生活中的主要矛盾，提出“改革开放”的伟大战略。在这一战略引领下，国家转变高新技术产业的发展思路，在 1986 年 3 月提出的“863”计划（国家高技术研究发展计划）、1988 年的“火炬计划”等政策的支持下，我国高新技术企业迎来了实现发展的历史契机。1999 年，全国技术创新大会的召开，是高新技术企业受到广泛关注的重要标志，企业的创新主体地位得到确认，高新技术企业在推动国家进步、提升国民经济中发挥着越来越重要的作用。2006 年，胡锦涛在全国科学技术大会上提出“建设创新型国家”③的发展战略。2016 年，科技部、财政部、国家税务总局修订、印发《高新技术企业认

---

① 本章部分内容发表于 2020 年《科学学研究》第 38 卷第 6 期《后发企业技术创新能力路径如何演化?——基于华为公司 1987—2018 年的纵向案例研究》（刘海兵，杨磊，许庆瑞）。

②《习近平出席亚太经合组织第二十五次领导人非正式会议并发表重要讲话》，http://jhsjk.people.cn/article/29640588[2021-12-26]。

③《胡锦涛在全国科学技术大会上的重要讲话》，http://www.gov.cn/ldhd/2006-01/09/content_152487.htm[2021-12-26]。

定管理办法》，旨在推动大众创业、万众创新，培育创造新技术、新业态和提供新供给的生力军。2018 年，习近平总书记提出“我们坚持走中国特色自主创新道路”①，进一步明确高新技术企业在新时代的独特历史使命及“实现技术跟随到技术超越、引领”的历史目标。

近年来，国家出台的高新技术企业发展的支持性政策（表 4.1），主要集中在以下几方面：第一，财税金融方面的支持。对通过高新技术企业认定的公司减免税收、产品进出口补贴、建立高技术领域风险投资扶持该类企业的发展。第二，完善市场环境。鼓励专利申请，提升产权保护意识，规范化知识产权保护流程。同时，提供完善的金融工具和更高效的融资环境。第三，引导聚集发展。科学规划高新技术开发区的建设，充分发挥产业集聚的优势。第四，肯定企业的创新主体地位，为企业创新开辟更多的自主空间。第五，完善创新生态体系。立足于国家整体科技发展的角度，整合创新资源，打造全局性创新生态。在国家政策的正确引领下，我国高新技术企业取得了前所未有的进步，一些重要领域已跻身世界先进行列，引领行业发展。

表 4.1　2009～2019 年国家政策整合

年份	政策
2009	工业和信息化部、科技部、财政部、国家税务总局印发《国家产业技术政策》
2011	《关于印发关于进一步加强火炬工作促进高新技术产业化的指导意见的通知》
2012	《关于深化科技体制改革加快国家创新体系建设的意见》
2013	《国务院办公厅关于强化企业技术创新主体地位 全面提升企业创新能力的意见》
2014	国务院印发《关于深化中央财政科技计划（专项、基金等）管理改革的方案》
2015	中共中央办公厅、国务院办公厅印发《深化科技体制改革实施方案》
2016	科技部、财政部、国家税务总局修订并印发《高新技术企业认定管理办法》
2017	《国务院关于印发国家技术转移体系建设方案的通知》
2018	《科技部关于印发〈科技企业孵化器管理办法〉的通知》
2019	《国务院关于推进国家级经济技术开发区创新提升打造改革开放新高地的意见》

4.1.2　中国高新技术企业现状

整体来看，在国家政策的大力支持下，中国高新技术企业发展势头迅猛。目前，国家重点支持的高新技术领域包括电子信息技术、生物与新医药技术、航空航天技术、新材料技术、高技术服务业、新能源及节能技术、资源与环境技术、

① 《习近平：在中国科学院第十九次院士大会、中国工程院第十四次院士大会上的讲话》，http://jhsjk.people.cn/article/30019215[2021-12-26]。

高新技术改造传统产业等八大领域。数据显示①，2010～2019 年，我国高新技术企业数量不断增长，且年增速基本维持在 15%以上，特别在“十三五”期间，数量增速均在 20%以上。2019 年，全国高新技术企业数量达 21.85 万个，同比增长 26.81%；2020 年，据国家税务总局的相关数据统计，全国高新技术企业达 26.90 万个（图 4.1）。高新技术企业以其高成长性、高收益性的独特优势（席鹭军，2007），带动中国产业结构不断优化，使其逐渐从粗放型发展模式过渡到集约型发展模式。

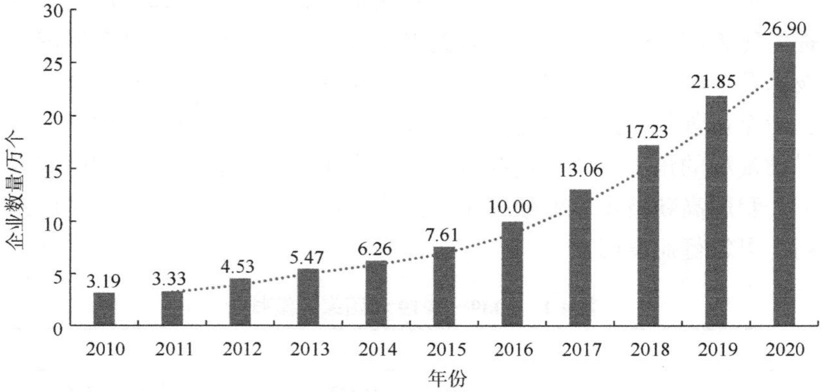

图 4.1　2010～2020 年中国高新技术企业数量增长情况

资料来源：2011～2021 年《中国火炬统计年鉴》

纵观中国高新技术产业的发展可以看出，虽然总工业产值、总营业收入等指标呈现出逐年增长的态势，但仍然存在一些不可忽视的问题。首先，高新技术产业结构整体有待优化，亟须提升具有未来发展潜力的行业占比，以保证企业的可持续发展性和持续盈利能力。在高新技术企业中，2019 年高新技术产业制造业企业数量达 31 389 个，共实现营业收入 77 759.18 亿元，均较 2018 年有所增长。分行业类别来看，电子及通信设备制造业的企业数量和营收规模均名列前茅，15 311 家企业共实现营收 49 225.91 亿元；医药制造业的营收规模位列第二，4643 家企业共实现 12 918.98 亿元（图 4.2）②。可以看出，首先，高新技术产业各行业间的发展速度差距明显，总体规模结构较差，风险较高，持续发展能力较差；其次，地区发展差距较大。从 2017 年全国各地区高新技术企业占全国入统企业的比例来看，东部地区占比高达 73.33%，中部、西部、东北地区之和仅占到 26.67%。中部、西部、东北地区与东部地区的高新技术发展差异悬殊。

① 资料来源：2011～2021 年《中国火炬统计年鉴》。

② 资料来源：《中国统计年鉴 2020》。

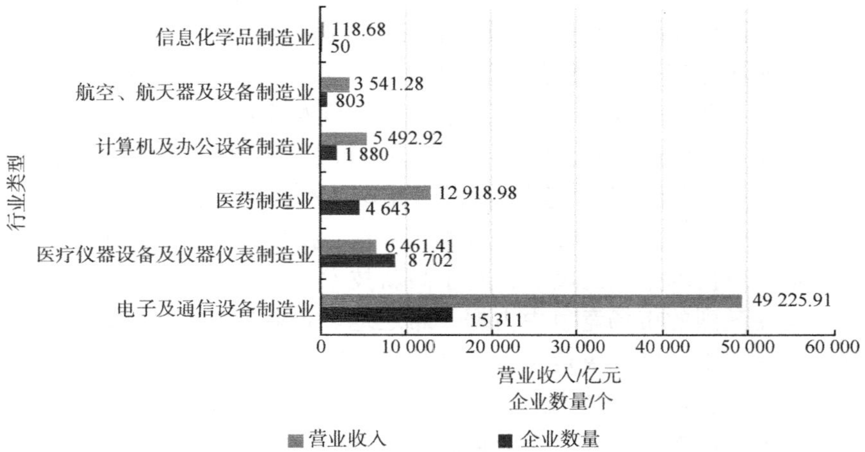

图 4.2　2019 年高新技术产业制造业企业数量及营收情况

资料来源：《中国统计年鉴 2020》

4.1.3　中国高新技术企业创新能力评价

在经济全球化的大背景下，对高新技术企业的考验主要在于其快速适应环境进行产品及服务创新的能力，高新技术企业的国际化竞争归根到底是其创新能力的竞争。但是，从近年来的投入产出比、创新成果转化率等指标来看，中国对标企业与国外同类组织的创新能力相差甚远。本节在整理已有结论的基础上，结合具体发展现状，试图归纳中国高新技术企业创新能力发展中的主要问题。

从宏观角度看，发展中的问题主要集中在以下三方面：第一，中国高新技术企业在全球创新链中处于中下游地位（林学军和官玉霞，2019）。在高新技术涉及的行业中，只有少数行业的极少数企业能够深入掌握核心技术，参与行业核心技术的创新演进，中国大多高新企业的角色是根据本土市场需求，对行业应用性技术进行改进及二次创新。第二，中国创新网络整体发展较不健全（张路蓬等，2018）。虽然高技术园区的开发和建设明显改善了创新环境，但是与发达国家相比，中国宏观创新网络的构建程度仍然不足。高新技术企业与科研机构、高校难以实现高效协同发展；创新资源分布不均衡，创新网络的覆盖能力有限。第三，中国高新技术产品国际著名品牌方阵尚未形成规模，仍有待发展壮大。品牌认可度高的企业占领价值链顶端，拥有更优越的利润结构。因而中国企业应努力改善国内全球知名品牌数量屈指可数的发展现状，增强企业品牌意识，提高企业品牌认可度。

从微观角度来看，发展问题显著存在于：①研发投入产出比较低，中国高新技术企业 2017 年的投入产出比仅达 4.86%，虽然这一数据较上年相比有所增长，但整体仍偏低，因此，如何提高创新效率，减少投入、增加产出是当前创新发展中亟须解决的重要问题。②科技成果转化能力不高（孙锦礼，2019），以 2017 年为例，中国科技成果转化率仅达 10%，而韩国、美国等发达国家可达 40%左右，这反映出中国科技研发与市场需求脱节严重，研发浪费的问题突出。③拥有自主知识产权的企业比重较低，2018 年中国诸多行业的对外技术依存度超过 50%，这一指标远远高于日本、美国等发达国家。中国技术创新的层次仍需深入，对行业共性基础技术的研发强度不高，难以掌握行业核心技术，颠覆性创新能力较低。

技术是高新技术企业的灵魂，对于高新技术企业而言，只有不断掌握先导性技术才能在激烈的市场竞争中占据一席之地。企业创新能力的高低决定了企业能够达到的技术高度，决定了企业的技术前瞻性、企业技术的市场把握能力和实现能力，是企业实现技术发展的能力基础和其核心竞争力的重要体现。通过从创新投入和成效等方面对企业创新能力进行考察，可以反映出企业的创新效率，能够更好地帮助企业把握创新机会，提升其创新水平，促进产业整体的战略性发展。

4.2 高新技术企业创新能力研究现状

4.2.1 关于高新技术企业的研究

高新技术，在国外一般被称为高技术（high-technology），源于 20 世纪 60 年代的美国。20 世纪 80 年代后，随着科学技术的飞速发展，高新技术被广泛应用，但是目前各国对其概念的界定仍未有定论：从第三世界国家经济发展的角度，韩国有学者把高新技术分为技术的改进、综合、创新三个层次；日本主张将高新技术定义为以当代尖端科技和下一代先导性技术为主的技术群；西欧国家认为高新技术产业就是指知识密集型产业。全国高科技成果转化标准化办公室将高新技术定义为建立在综合科学研究基础之上的，处于当代科技前沿的，对于发展生产力、促进社会文明和增强国家实力起先导作用的新技术群（陈芳芳，2011）。一般认为，高新技术通常包含较多的新兴技术，它反映了新兴科学与高端技术之间的转化与融合，代表着较高的技术水平。知识密集性和动态性是这一概念的典型特征。动态性体现在当代的高新技术对于下一时代来说就不再是高新技术，随着时代的发展，它所指代的特定技术内涵也不相同。

高新技术企业的概念是由高新技术的概念演变而来的，各国根据自身不同发展现状对高新技术企业有不同的定义。根据我国科技部的规定，高新技术企业是指从事高新技术及其高新技术产品的生产和技术服务的企业，它是知识密集、技术密集的经济实体。

各国根据发展实际，对高新技术企业的评定标准不一。我国最新修订的关于高新技术企业认定标准的文件显示，主要从以下方面进行考核：首先，所属行业领域，必须包含在《国家重点支持的高新技术领域》内；其次，必须拥有主要产品（或服务）的核心知识产权；再次，对研发人员占比、研发活动投入情况、研发收入构成等方面进行规定；最后，对企业经营管理及其相关机制进行评价①。

高新技术企业的主要特征如下：高投入性，高新技术本身的知识密集性要求组织中的研发人员及研发投入占比高于一般性企业，这就提高了企业的基础投资水平；高风险性，创新是高新技术企业的基本要求，而创新就意味着不确定性，因此，创新能否成功被动地取决于市场的反应，面临的风险也较大（李金华，2019）；高回报性，由于知识密集性和技术密集性，企业的创新产品通常具有较高的附加值，其独特性和领先性会给企业带来超额利润；高影响性，高新技术企业通常具有超前引领性，会不断渗透周边产业，带动产业变革，对人类生活方式产生巨大影响。因此，高新技术产业作为战略性产业，对国民经济发展有着举足轻重的作用，必须引起重视。

首先，关于高新技术企业创新效率的研究中具有代表性的观点如下。吴士健等（2018）以省级时间序列数据为样本研究中国各省域的企业创新效率问题，研究表明中国高新技术企业的创新效率平均水平较高，但不同地域间的创新效率水平及协调发展水平差距较大，传统发展格局亟须重整。在此基础上，钱丽等（2019）深入分析中国各省域高新技术企业创新效率差异的原因，并指出企业规模和知识产权保护对内、外资企业创新效率的作用程度差异较大。而杨浩昌和李廉水（2018）则基于知识协同度视角探讨了高新技术企业产品创新能力提升的问题，研究发现这种协同发展能力同样存在显著的区域差异，应通过资源统筹兼顾，改善发展现状。其次，对高新技术企业创新体系的研究分为体系构建和创新生态链两种视角。陈仲伯（2003）在仔细分析国内外高新技术企业创新体系发展状况的基础上，归纳出以主体系统、运行系统、环境系统为三大子系统的企业持续创新体系整体性架构，并继续深入完善了整个体系，以此指出我国高新技术企业未来创新能力提升的关键点。欧光军等（2018）则以生态学与集群创新生态链为理论基础，对全国 56 个国家高新区的创新生态体系展开研究，发现了影响中国高新区创新生态能力的关键性要素，继而提出提升企业创新生态能力的突破性建议。最后，关于高新技术企业竞争优势、绩效的研究提出较早，赵忠伟（2011）通过建立熵变模型

① 《科技部 财政部 国家税务总局关于修订印发〈高新技术企业认定管理办法〉的通知》，http://www.innocom.gov.cn/gqrdw/c101630/201602/e716e31acb6641d7bbe874daf1dd235b.shtml[2022-05-31]。

揭示了高新技术企业竞争优势主要来源于企业的技术核心能力、人员优势、先发优势及产业环境优势，并深入分析了其发生作用的内在机理。刘玉柱（2010）在总结国内外高新技术企业绩效评价研究现状基础上，从财务、利益相关者、研发创新、内部业务流程和学习与成长五个方面构建了更加适合高新技术企业的绩效评价指标体系。以上研究丰富了高新技术企业创新理论体系，为后续研究提供了丰富的理论基础。

4.2.2 关于高新技术企业创新能力的研究

目前，以高新技术企业为研究对象展开创新能力分析的相关研究较少，且主要集中在对高新技术企业创新能力的评价、提升策略、影响因素等方面的研究上，如竺杏月和李旭红（2011）以改进型层次分析法为手段，以自主创新环境能力、自主创新投入能力、自主创新产出能力、潜在自主创新能力为一级指标对江苏省2004～2008 年的自主创新能力进行评价，并探讨了进一步加强建设的对策和建议。曲顺兰（2014）基于企业、市场与政府协调配合的视角，提出中国高新技术企业自主创新能力再造的策略。粟进和宋正刚（2014）通过分析 4 家代表性企业，得出企业家精神、研发能力、相关政策及法规等要素与企业技术创新能力紧密关联。还有大量学者研究了市场需求、外国直接投资、知识吸收、产业内创新体集聚与合作对高新技术企业自主创新能力形成与发展的影响。

但是，以上研究基本停留在静态视角，分析了某些企业在特定发展阶段下的创新能力属性，而缺乏以全局视角跟踪和剖析企业创新能力的动态发展历程，挖掘企业成长过程中创新能力的发展规律、发生质变的根本原因及其内在机理。以高新技术企业不同成长阶段的创新能力状况为研究对象，在特定历史背景及环境嵌入下，分析其创新能力提升的规律及机制，对于高新技术企业的持续发展具有重要的理论意义和现实意义。基于此，本章选择华为为案例企业，试图说明以下内容。

（1）高新技术企业创新能力演化规律。

（2）高新技术企业创新能力提升的机制。

4.3 案例选择依据与数据来源

4.3.1 案例选择依据

探索性研究主要是对知识的拓展和对理论缺口的填充，因此，对于案例研究而言，案例企业的选取要具有典型性和极端性（Pettigrew，1990），才能把握研究问题的主要方面。本章在案例企业典型发展阶段划分的基础上，以特定三大维度细化企业创新活动的全过程，同时通过比较不同阶段之间的要素变化，深入探讨创新能力提升的内在机制。同时，基于特定的创新战略阶段，对案例企业的创新能力进行深入探讨，刻画出创新能力在不同战略阶段的异质性特征，并提炼其演化规律。综合以上考虑，本章的案例企业应具有以下特点：①以创新发展为公司基本宗旨，发展时间较长，可以进行明确的阶段性划分；②案例企业是中国高新技术企业的典型代表，在其所在行业中具有领先地位，其创新能力有显著提升；③案例企业具有丰富的资料和资料数据的可获得性（Eisenhardt，1989）。

基于以上标准，本章选择华为为案例企业，原因在于：①典型性，华为公司成立于 1987 年，且一直以创新作为企业的核心文化，通过创新在较短的时间内赢得了极大的竞争优势，跃升为行业一流企业，2016 年华为销售额达到 751 亿美元，2018 年突破 1000 亿美元，实现了在 170 多个国家和地区运营，现拥有超过 18 万名员工，其中 45%的员工从事研发工作，每年研发投入占主营业务收入约 13%。中美贸易摩擦发生以来，华为等一批中国高技术企业被列入美国“实体清单”，但华为海思的备份策略使华为尽可能避免了损失。这说明华为已经由一家面临各种资源约束的后发企业转变为一家具有国际竞争力的国际化公司，是后发企业的典型代表。②行业代表性，华为属于高新技术企业，经过 30 余年的发展，华为已经由 1987 年的通信设备销售商转变为已经在国际 5G 技术领域崭露头角且具有相当的话语权的公司，在发展过程中华为逐渐克服了资源和技术方面的劣势，这源于其在不同创新阶段采用了不同的创新范式。③以技术的轨迹看，华为发展阶段清晰，创新能力在创新范式的指引下不仅有量的积累，还有质的跃迁。④资料方便获取，二手资料丰富，且笔者一直持续关注华为的发展。因此，本章选择华为作为本案例研究的样本企业。

4.3.2　数据来源

本章遵循 Eisenhardt（1989）提出的数据收集基本原则对数据资料进行多来源、多层次的收集，以通过数据资料之间的彼此印证进行“三角测量”，进而确保研究数据的真实性和准确性。

本章的资料数据主要来源于：首先，梳理本书研究团队内部访谈记录、调研通信报告等资料中与本章有关的内容，并进行摘录；其次，挖掘华为内部资料中与本章有关的记载，内部资料主要有华为 2006～2020 年的年报、华为人杂志、华为官网、微信、微博公众号的相关报道；最后，通过阅读《下一个倒下的会不会是华为》及《华为管理变革》等华为官方认可的第三方著作，从中寻找案例企业创新发展的相关证据。另外，充分利用各大数据库中对与华为创新相关的研究成果展开搜索，主要数据库有中国知网数据库、维普资讯中文期刊服务平台、万方数据库、全球案例发现系统、哈佛商学院案例教学库等，截至 2019 年 10 月，在中国知网数据库、维普资讯中文期刊服务平台、万方数据库以“华为创新”为关键词进行高级搜索后分别得到 1216 篇、93 篇、2809 篇文献，去除重复和部分无效数据后，共有 208 篇作为研究素材；在全球案例发现系统“创新与创业版块”中以“华为”为关键词进行搜索，得到相关资料 16 篇。以上资料通过“三角测量”，去掉部分无效数据后作为编码材料的一部分。

4.4　华为简介及创新发展历程

4.4.1　华为简介

成立于 1987 年的华为公司，以代理香港交换机产品为最初的业务，后来进入生产制造领域，自行开发交换机。经过 30 余年的发展，目前华为已成为通信行业的领导者，2018 年其主营业务收入突破 1000 亿美元，业务遍布 170 多个国家和地区，员工超过 18 万名。业务领域包括运营商业务（通信设备供应商和 4G、5G 无线通信网络解决方案），企业级业务（交换机、专业级服务器、企业用路由器等企业网络设备和企业级智能解决方案），消费者业务（智能手机、平板电脑、笔记本电脑、智能穿戴、家用路由器等），华为云业务（云计算服务器、云电脑、云存储、云虚拟网络、云数据库、云安全中心及云端解决方案）。在通信设备与 5G 通信领域，华为已经位居全球第一；在企业网络设备和智能解决方案领域，华为已经做到了全球第二，仅次于思科公司；在消费者业务领域华为已经做到了世界第三，仅次于苹果公司和三星集团。2019 年 6 月 6 日，作为全球唯一能够提供端到端 5G 商用解决方案的通信企业，华为获得了工业和信息化部 5G 商用牌照。《华为创新和知识产权白皮书（2020 版）》指出，截至 2020 年底，华为全球共持有有效授权专利 4 万余族（超 10 万件），90%以上专利为发明专利。2020 年，华为 5G 率先进入商业应用阶段。在世界通信行业领域，华为已经成为当之无愧的佼佼者和领路人。

4.4.2　华为创新发展历程

根据本章的研究背景及研究目的，剔除华为 1991 年之前对本章主题意义不大的发展阶段，梳理其在此之后的关键性历史事件（图 4.3），并对以上资料进行编码，以市场范围及主要发展战略的阶段性变化构建二维框架，对华为的发展进行阶段性划分，以保证“理论框架的稳健性”。通过以上划分，可以更好地提炼出华为在不同历史阶段中创新能力的核心内涵，进一步归纳出华为创新能力的演化路径及递进规律，并试图挖掘创新能力实现提升的内在机制；出于以上逻辑，本章将华为创新能力的发展大致勾勒为以下四个阶段。

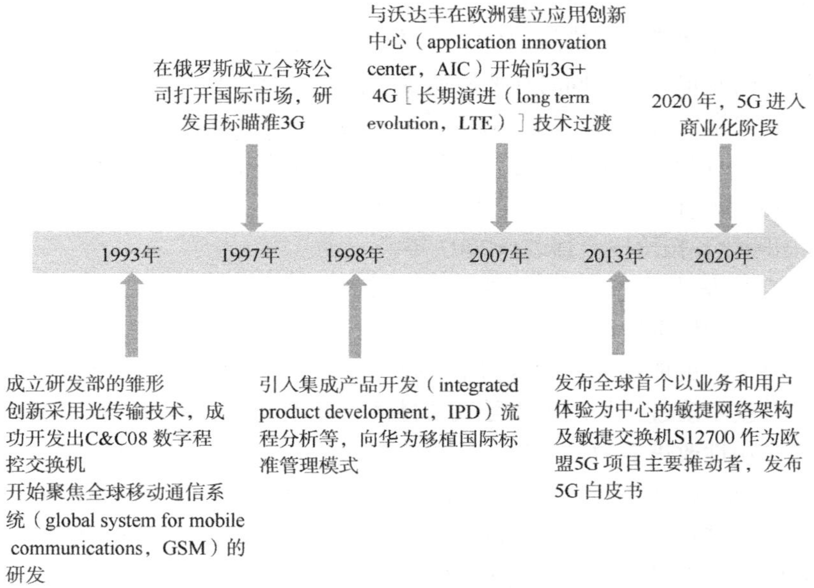

图 4.3　华为关键事件图

1987 年任正非在深圳创办华为，创业以来，一直推行高度集权的个体决策机制及“狼性”进攻型组织文化。在层层代理的形式下，华为建立了较为完善的销售体系，掌握了丰富的客户资源，积累了一定的资金实力，为以后的研发生产积累了较为充足的互补资产。

1）初级生产阶段：1991～1997 年

1989 年，国家进口政策缩紧，代理市场竞争激烈。为了摆脱被动竞争的局面，在对市场及技术预测的基础上，1990 年，任正非开始购买设备、引入研发人员等，并决定自行组装交换机，以华为的品牌进入市场。通过这些举措，1991 年华为顺利完成了从代理商到生产商的角色转变，具备了初步的生产能力，进入初级生产阶段。

这一阶段，针对研发和制造界限不清的问题，1993 年，郑宝用成立了数字机组，对研发体系进行变革。在组织技术基础较差的情况下，华为通过对技术研发的绝对投入，不断扩大研发规模，引进高校人才，倡导“发展核心技术，研发自有品牌”。同时在艰苦奋斗的加班文化及个人制胜的竞争型文化推动下，华为逐步获得简单改进技术的能力，实现了对机会窗口的有效利用。但其实现创新的主要途径是技术人员对购买来的样机进行不断的拆解和模仿，且仍局限在对程控代码的改编及对现有成熟技术的重组上，属于对技术轨道的扩散。因此，其技术范式演化呈现出以模仿为主的跟随式线性演进。为了避免研发浪费，华为一开始就提倡内部成果共享制，降低研发成本。除此之外，由于员工数量的迅速增长，华为原有的管理制度体系受到挑战，1996 年，华为开始邀请中国人民大学教授展开《华为基本法》的制定工作，同时在激励制度方面也进行了相应的变革。

在这些要素的协同下，华为对市场需求的反应能力加快，在市场竞争中变被动为主动。1993 年，华为开始加大对移动通信技术系统的研发，1997 年，华为推出全套 GSM 和 QuidwayS2430 因特网交换机。

2）国际化开拓阶段：1997～2003 年

1998 年，华为放弃炙手可热的小灵通市场，毅然决定投入 3G 技术的研发。为了确立研发的根本性地位，华为将研发投入占比的相关要求列入《华为基本法》，并成立预研部，更加系统地探索前瞻性技术。由于 3G 核心技术已掌握在高通公司手中，其技术演进仍呈现出跟随式线性演化。但此时，华为拥有了基于反求工程的产品应用性改进能力，实现了对机会窗口的有效利用。同时，在组织规模的不断扩张中，华为的管理弊端不断显露，1997 年任正非访问美国 IBM，并邀请 IBM 咨询团队对其进行多项变革，逐渐形成与世界一流企业接轨的先进管理体系。另外，JK1000 的研发失利，使华为开始转变创新逻辑，充分探索并通过专利购买等方式利用外部成熟技术，不再盲目强调自主研发。

这一阶段，华为创新协作的表现更加充分：主要基于组织技术需求，以合资公司或合作研发等形式与某些随机分布的技术相似型组织开展“成果共享”的应用性研发；或是在世界各地成立研究所，引入当地优秀创新资源，积累社会资本、拓展资源渠道。这一阶段，华为成立了以自身为核心的价值链技术联盟，外部资源架构呈现以通信为主的创新链模式。组织通过研发中学、联盟中学的能力学习模式对外部溢出知识进行消化、吸收、转化，同时以“研发 IT 支撑系统”为标志，打破界面机制，内部知识得以不断沉淀，知识共享机制逐渐完善，内部知识网络基本构建。

在战略调整及创新模式改进的作用下，华为职能体系的协同演进主要体现在以下方面：人力资源管理流程更加规范，激励机制也适应性地转变为持续激励；文化内涵从开始的个人英雄主义到提倡集体奋斗、持续学习；组织结构呈现动态化调整的整体趋势，但其决策机制始终保持个体高度集权；管理制度方面，以“削足适履”的决心，引入集成供应链、集成产品开发等先进管理流程，为华为以后的快速发展铺平道路；技术创新方面，仍表现为对知识外层结构的改造。

这一阶段，华为的研发能力有了极大的提升。同时，其销售、计划、采购、生产、配送五大流程得到高效协同，订单履行周期不断缩短，顾客满意度不断提升。2003 年，华为海外销售额达 10.5 亿美元，占公司总销售额的 27%。

3）全球化扩张阶段：2003～2011 年

这一阶段，华为实行多元化、国际化的发展战略，并继续扩大研发规模。2006 年，华为研发人员比例达到 48%。同时，基于对技术发展趋势的跟踪及对市场需求的洞悉，华为提前进入 LTE 技术轨道的预研，实现蛙跳式非线性技术演进，占据先发优势，再次高效利用机会窗口，实现突破。在组织变革能力及资源配置能力基础上，2003 年，华为对其全球供应链体系进行了变革，实现了对其全球资源的合理高效配置。在开放式的创新逻辑支配下，华为继续扩大对外部创新资源的搜索范围，开放内部资源，使资源的流入流出实现动态平衡。

这一阶段，华为的创新模式主要是：与包括竞争对手在内的合作伙伴建立合作共赢的竞争合作战略；联合产业链上下游企业，通过制造环节外包等形式，建立合资合作模式和战略联盟，开展团队式合作，合作伙伴的分布呈现出产业链主导的集群式分布。这一阶段，华为通过与信息与通信技术（information and communications technology，ICT）产业链上下游伙伴联合创新，打造价值共享平台，嵌入结构性社会资本，外部创新资源范围不断拓展，形成了以华为为核心的通信产业创新链。组织开始通过战略性学习模式探索新的技术轨道，实现了对内部知识的系统管理及运营，组织资源得以有序流动。

战略及创新模式的转变下，职能要素产生了适应性协同演化。这一阶段，华为的员工培训体系更加完善，变革后的薪酬体系更加符合企业实际；组织结构从二维型转化为矩阵型，调整为 3 个委员会主导的业务单元与功能单元并存，2003 年起，华为引入经营管理团队，由集权型组织转变为分权型组织，更加符合时代及企业快速发展的要求；另外，华为提倡顾客导向型文化，强调顾客对华为发展的推动作用，在此基础上，继续对组织流程进行变革，实现了客户关系制度的变革；技术创新方面，继续推动工艺改革，实施应用性创新，如在欧洲市场率先推出即插即用式 USB 无线数据卡等。

2008 年，华为销售额实现同比增长 46%；2010 年，超越了诺基亚公司、西门子股份公司等西方企业，整体业务规模在电信业排到全球第二，行业地位进一步提高。华为成功通过联合外部技术，实现“弯道超车”，创新能力不断提升。

4）创新引领阶段：2011 年至今

2011 年，华为 LTE 技术已实现领先，基于对技术范式演进的预测及对市场需求走向的判断，华为再次率先进入 5G 研发领域，此时其技术演化路径已进入领跑型的非线性演化阶段。同年，任正非将预研部提升为独立于中研部的“2012 实验室”，致力于保证华为的未来技术和核心能力，同时，华为积极扩大对外部优秀创新创意资源搜索的渠道，寻找技术范式的新拐点和机会窗口，实现突破性创新。这一阶段，基于产业链资源的配置能力及专业的战略规划能力，华为成立了战略与发展委员会，并继续拓展开放式的创新逻辑，引领企业变革。

这一阶段华为创新模式的主要特点是：首先，华为通过沃土计划向全球各类通信开发者（包括组织和个人）提供ICT开放能力，创新伙伴呈网络式分布。2019年，华为投资15亿美元，从联盟、社区、激励等方面将沃土计划升级为2.0模式，与生态伙伴“共生、共赢”；其次，华为基于“+智能”，向各行各业提供通信整体解决方案，实现产业转型与升级、战略式跨行业融合；再次，通过执行稳定、透明的渠道政策，社会资本实现认知性嵌入，截至2018年，华为与全球20多所大学紧密合作，建立5G联合创新中心；最后，华为以合资、合伙、联盟、授权许可、委外研究、风险投资等形式，整合产业链上下游关联企业的各种资源，实现合作、多赢。华为选择沿着通信网络管道整合全球创新资源，打造互联互通的全联结世界生态圈，构建全球通信创新网络新生态。在转换性学习模式下，组织通过忘却性学习，降低对过去成功经验的依赖性，同时吸收多种异质性知识，实现内部知识的重组和更迭，保护并发展处于萌芽状态的技术想法，实现颠覆性创新，再次引领前沿科技。

2011年，华为将其业务流程重新整合为运营商网络、消费者业务、企业业务三大业务模块，由设备供应商向端对端的ICT解决方案供应商转型，同时实施“云-管-端”协同的发展战略。这一阶段华为开始提倡对优秀的员工赋能（如轮值CEO制度），并实施“时间单位计划”的长效激励机制；组织结构在职能和业务交叉的矩阵型结构下进行渐进性变革，从弱矩阵结构向“以项目为主、以功能为辅”的强矩阵结构转变；试点“售前—售后拉通项目制”，创新经营管理制度；坚持打开边界，推行“开放、合作、共赢”的组织文化，与合作伙伴一起建立“互生、共生、再生”的商业生态体系；技术方面，通过基础性创新，实现了突破式创新，提高了效率和效益。

2013年，华为超过爱立信公司成为销售收入最高的通信设备制造商。2019年，华为5G商用合同量达世界第一，成为领跑5G技术的通信巨头。截至2020年12月，华为全球注册开发者230万，其中国外30万，扩展应用超过12万个。新冠肺炎疫情期间，华为携手运营商，一起打造最佳网络体验，并联合运营商在煤矿、钢铁、港口、制造等20多个行业展开超过3000个5G创新项目实践。如今的华为已经成为“无人区”中的开拓者，与全球各行各业的合作伙伴一起合作，共建全联结世界生态圈。

4.5　高新技术企业创新能力提升规律

4.5.1　技术创新能力的视角

从本质上看，能力是一种高级知识，因此必须从能力的知识本质属性视角对创新能力各个阶段的核心内涵进行归纳。将知识属性与技术创新的本质属性相结合来解读创新能力，其本质就是能够创新企业“技术范式–技术轨道模式”（许庆瑞和张军，2017）的更高级别的知识创新（魏江和许庆瑞，1996）。基于此，本节将从技术理论的维度探讨中国高新技术企业创新能力演化路径及其演化的微观机理。

1）模仿创新能力

转入生产制造初期的市场利用性战略阶段，悬殊的技术距离是华为技术发展中最大的障碍，这一阶段，后发企业技术创新能力的首要维度体现在其克服技术壁垒、缩小“技术距离”的能力上。由于知识基础薄弱，技术储备能力和技术效率能力缺乏其必要的表达环境，在这一阶段尚未体现，华为只能通过对“先行者”的模仿拓展企业知识存量，减小其技术差距，因此，模仿创新能力成为这一时期技术创新能力的核心内涵。

2）初步二次创新能力

积累了一定的知识基础后，华为进入到高市场利用性和低技术利用性的创新战略阶段。在这一阶段，技术储备逐渐受到重视，华为知识产权部的成立也很好地体现了这一点，但其技术储备仍处于较低水平，技术效率能力的体现也极不明显。同时，企业仍聚焦于技术追赶，重点在于技术利用性创新战略指引下的知识吸收和内化，以明确其核心技术的主要模型或模式（许庆瑞和张军，2017），缩小技术距离。因此，华为在模仿创新基础上向初级创新探索，技术演化路径仍为技术跟随，但已具备对“外层结构”的改善能力，表现为初步二次创新能力。

3）成熟二次创新能力

基于内外部情境的不断变化，华为进入以低市场探索性、高技术利用性为核心表征的创新战略阶段。在这一阶段，华为的技术创新主要是基于“反求工程”的“改进型创新”，对技术进行“功能性理解”，技术距离明显减小。2000 年之后，华为陆续建立研究所、联合创新中心，储备优秀技术和人才资源，技术储备能力有所提升；集成产品开发（integrated product development，IPD）等规范性研发流程的引入，实现了研发基本活动的高效衔接，技术效率能力实现巨大突破。因此，这一时期华为能够抓住“技术机会”，实现“路径跳跃”，其技术创新能力表现为成熟二次创新能力。

4）集成创新能力

对技术知识的长期积累和渗透为华为技术轨道的扩散提供了契机。接下来的发展中，华为实行高市场探索性、低技术探索性创新战略。在这一战略引领下，华为更加重视对知识深度的挖掘，培育其核心能力，是后发企业走出“马太效应”的关键时期。这一阶段华为与领先企业的技术距离几乎开始消失，并开始出现超越追赶现象；技术效率能力基于对核心技术知识的掌握实现了新的积累，技术预研等战略性举措使得技术储备能力成为最关键的能力表征，华为已经进入集成创新能力阶段，利用较低的转移壁垒“弯道超车”。

5）自主创新能力

随着其行业地位的不断提升，华为实行高市场探索性和高技术探索性创新战略推动自身持续发展。在这一阶段，华为已经拥有了改变技术范式“核心结构”的经验和知识储备，技术效率进一步提高，可以避免企业陷入“创新陷阱”。同时，其技术发展已与一流企业实现同步甚至超越。企业对先进工艺流程和核心技术专利等创新资源的储备能力已经达到高水平，呈现主动的技术竞争态势。因此，华为实现“换轨”，其技术创新能力发生质变，表现为自主创新能力。

从开始的模仿创新能力，到初步二次创新能力，再到成熟二次创新能力、集成创新能力、自主创新能力，华为技术创新能力的核心内涵实现了从“技术距离调控能力”逐渐转移到“技术效率提高能力”再到“技术储备能力”的演化路径，见图 4.4，其演化的内在逻辑是企业知识创造与知识吸收的螺旋递增（陈力田，2012），

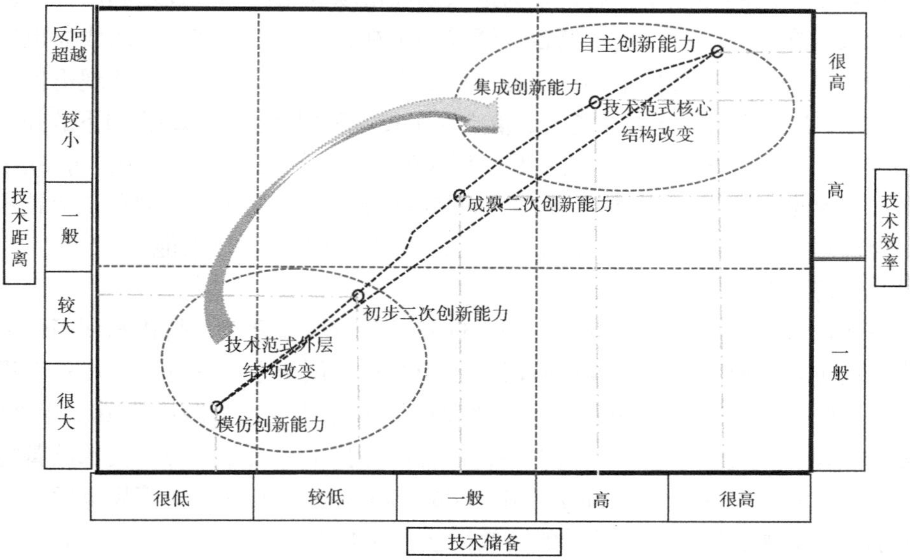

图 4.4　华为创新能力提升规律：技术创新能力的视角

这也可以很好地解释某些企业陷入“马太效应”的原因：依赖技术引进的企业，其技术创新能力停留在低水平的技术距离调控阶段，或是过度追求技术效率能力的提高而没有提高其技术储备能力，因此其技术积累难以实现从量变到质变的过程，永远难以识别、判断、预测技术的未来发展方向，只能靠不断引进技术来维持生存，陷入“落后—引进—再落后—再引进”的发展怪圈。技术的本质是知识，发展的本质是对核心技术知识的深度挖掘，只有这样才能真正掌握核心技术发展规律，实现超越。

4.5.2　资源管理能力的视角

资源基础观认为，企业保持持续性竞争优势的原因在于企业在长期实践中积累的有价值性、稀缺性、难以模仿性、不可替代性 4 个属性（Barney，1991）。企业可以通过特有的资源或资源组合创造独特的价值，获取“租金”，从而实现持续性竞争优势。而创新能力是企业实现持续性竞争优势的能力（刘海兵和许庆瑞，2018）。因此，可以通过探讨不同发展阶段下，组织竞争优势的实现机制，来刻画各个阶段中创新能力的核心内涵。本节分别以资源价值实现和资源处理为横纵坐标，刻画华为在以上 4 个历史阶段中创新能力内涵的演化历程（图 4.5）。

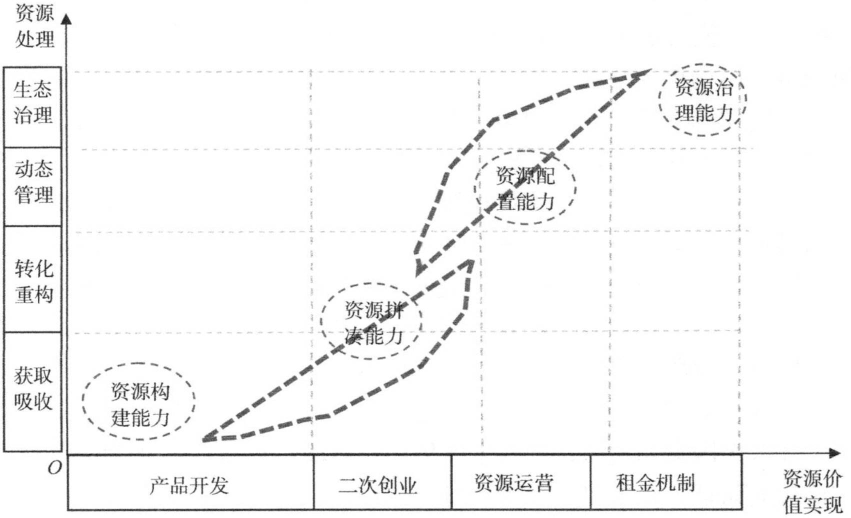

图 4.5　华为创新能力提升规律：资源管理能力的视角

初级生产阶段，为了实现主动竞争，华为做出从代理商转为生产商的重要战略决策。在这一战略决策指引下，华为利用前期的资金积累对研发资源进行补充，通过购买设备，建立生产线、实验室，招聘技术人员等方式，几乎将全部销售收入都投入到研发中去，义无反顾地扩大研发规模，实现了基础生产资源的积累。但是，由于研发环境及技术基础较差，技术人员只能将购买来的设备进行拆解、模仿，以实现产品开发。产品投入运行后，再根据用户反馈进行产品升级迭代，在“用中学”“干中学”的程序化学习过程中（韵江和刘立，2006），华为逐渐积累了更丰富的经验性资源。这一阶段，企业资源主要来自组织内生性；通过不断扩大资源基础，改善资源结构，组织资源整体特性表现为有价值性。同时，竞争优势的来源主要体现为资产积累的效率不断提高。这一阶段，华为实现了从代理到自主生产的转型，从资源的有价值性到竞争优势的转换机制体现在对高价值资源的识别、获取、积累层面，资源构建的核心目标在于丰富企业资源基础，实现厚积薄发，充分利用后发优势。此时，创新能力的核心为资源构建能力。

1997 年开始的国际化开拓阶段中，为了打破生产过剩与国内市场饱和的发展困境，华为决定实施国际化发展战略，开拓国际市场。1997 年，华为在俄罗斯成立合资企业，走出了国际化经营的第一步，其外部资源获取与内部资源生产在这一阶段均取得巨大成效。首先，从外部资源获取的角度看，华为这一阶段不断拓展资源渠道，如在全球多地建立研究所、合资企业，并主导成立技术联盟等，资源的数量与质量得到了明显提升。其次，从资源的内部生产来看，华为虚心学习西方先进的管理模式，无论是集成产品开发体系变革、集成供应链改革，还是人力资源体系变革等，都使得华为的内部资源管理及控制更加系统化、规范化、合理化，资源的价值实现更加充分、高效。最后，组织变革过程经验性资源的填充，使得组织资源结构更为复杂。这一阶段，企业资源实现规模性增长，来源机制表现为以内生资源为主的内外双通道并存机制；整体资源特性呈现出难以模仿性及难以替代性；竞争优势来源于因果模糊性及独特历史条件的作用（田松梅，2012）；而资源特性与竞争优势之间的连接机制为资源拼凑能力。这一阶段，组织内外部资源迅速增长，组织通过资源管理的科学化、系统化，实现对资源结构的“梳理、拼凑、重构”，以二次创业的形式“就地取材”“即兴创作”，开发新机会、新业务（如华为手机业务部的成立），使其组织资源发挥最大价值，从而持续产生新的竞争优势。即这一阶段，组织创新能力的核心内涵体现为资源拼凑能力。

为了实现更大的发展目标，华为开始实施全球化经营战略，将业务范围拓展到全球 100 多个国家和地区，进入全球化扩张阶段。2003 年，华为通过英国电信的正式供应商认证，正式打开欧洲市场。这一阶段，华为的资源扩张与管理继续取得举世瞩目的成就。以外部资源通道为例，此时，华为开始通过合资、合伙、联盟、授权许可、委外研究、风险投资等形式，吸收外部创新资源；同时，基于充分利用外部优秀资源的逻辑，华为还与部分顶级供应商保持长期供货关系，实现制造环节外包，自身则集中优势资源，专注核心领域的研发；此外，其主导的 3G 价值链技术联盟，以技术互惠的形式，吸引了多数的内容提供商、电信运营商等，社会资本不断丰富。从资源的内部生产性来看，这一阶段，组织在经验积累的基础上，对组织变革及适应性调整的节奏及过程更加灵活，对组织内部资源的利用途径更加丰富，通过外部许可等方式对组织的专利资源进行运营，资源实现有序地流入流出，资源动态管理模式初步形成（Sirmon et al.，2011），资源位势壁垒开始形成。这一阶段的资源，呈现有序地流入流出，资源特点表现出有价值性、难以模仿性、不可替代性；竞争优势主要来源于组织资产积累的效率及资产存量的协同性的提高；从资源特性到竞争优势的实现在于资源配置能力机制，随着组织资源数量的指数级增长，组织对资源的价值性认识更加深入，将优势资源集中在核心领域的能力增强上，因此，资源整合的意义在于组织对资源的价值性进行精准定位和识别，选择性地实行资源的流入流出，灵活地配置资源，从而保持企业的资源活力，这对企业的持续发展具有重要意义。即这一阶段的核心内涵是资源配置能力。

进入创新引领阶段，华为已经从通信领域最初的“后来者”转变为现在的“领跑者”，2018年，华为5G技术进入商业运营，华为已成为“无人区”中的探索者。2020年，在美国制裁的极端条件下，华为仍实现持续增长，5G专利全球排名第一。这一阶段，华为实施开放创新的发展战略。通过沃土计划，打通华为内外部资源交流的通道，华为的资源管理进入新的层次、达到更高水平：从资源外部获取方面，资源吸收的触角延伸到个体层面，而组织的开放也更加彻底，华为沃土计划打造的开发者使能平台作为资源中转的重要载体，在这一阶段发挥了重要的作用。从内生性的组织资源来看，在之前阶段的积累下，组织资源的创造性、稀有性不断体现，组织占据先发优势，实现了对李斯特租金机制的获取，组织资源在此基础上，继续发挥价值，并呈现出“马太效应”的良性循环。此时，组织呈现出内外部资源渠道并重的资源获取机制；资源特性呈现出高度的创造性、价值性、稀缺性、不可模仿性，难以替代性；竞争优势来自对熊彼特创新租金机制和李斯特租金机制的同时获取；从资源特性到竞争优势的连接机制是资源治理能力。在这一阶段，由于开放式创新战略的实施，组织内外部资源呈现爆炸式增长，因此，组织必须拥有设定相关规则及机制，保证资源自发、有序地流动，实现资源治理的能力，从而使组织能够快速夺取价值性最高的最新资源，成为外部创新生态的“永动机”，发挥类似太阳能在生态系统中的作用，从而实现永久的竞争优势，因此，这一阶段的核心是资源治理能力。

从资源管理能力的视角来看，创新能力在不同阶段的演化，体现了不同阶段中资源转化为竞争优势的内在机制。在初级生产阶段，组织资源基础较差，其竞争优势的实现机制是通过资源构建能力不断地识别、获取、积累有效资源，形成价值性较高的组织资源组合，自主开发产品，充分利用低成本、低风险的后发优势。进入国际化开拓阶段，组织资源基础迅速扩大，资源积累“过剩”。为了拓展资源价值实现途径，组织开始对资源进行梳理重构及“创业拼凑”（Baker and Nelson，2005）。通过二次创业，加强了企业竞争优势。在资源拼凑能力的支撑下，组织发展速度加快，组织的规模增大，组织资源不断膨胀。此时，组织对资源进行动态管理及有效运营的能力至关重要，如将优势资源识别并应用到核心领域，对一般性资源进行剥离或转让，减轻组织运作负担等，资源的高效配置能力是保证组织持续竞争优势的核心。在资源配置能力主导下，组织资源流转较快，为了达到更高层次的发展要求，组织开始加大开放度，此时的组织资源体系总体呈现出更加复杂的创新生态系统，组织只有拥有资源治理能力，才能成为资源创新生态的核心，享受双重“租金机制”，获得更大的发展。因此，在资源处理方式及价值实现途径的不断演进中，组织实现竞争优势的创新能力实现了“资源构建能力—资源拼凑能力—资源配置能力—资源治理能力”的演进历程。

4.6　高新技术企业创新能力如何提升

案例资料分析的科学性和规范性是案例研究的基本要求。如何对收集到的资料进行客观、高效、合理的利用，成为案例研究方法类文献中探讨的经典话题。本节在比较不同类数据分析方法的基础上，采用编码表对资料进行整理：首先，以市场范围及发展战略转变的时间点作为华为历史阶段划分的节点，对各个发展阶段的案例资料进行梳理，寻找其中与创新能力提升有关的关键事件，进行“叙述性精简”（Pan and Tan，2011），初步编码作为条目，并将条目深化为场景；其次，根据案例证据蕴含的管理含义对条目逐条进行概念化，形成“一阶概念”，结合理论基础，对“一阶概念”进行范畴化，共概括出 12 个“二阶范畴”；最后，寻找“二阶范畴”之间的逻辑关系并进行整合，提炼出 3 个“主范畴”，逐步建立起理论框架（图 4.6）。根据编码结果，可有如下讨论。

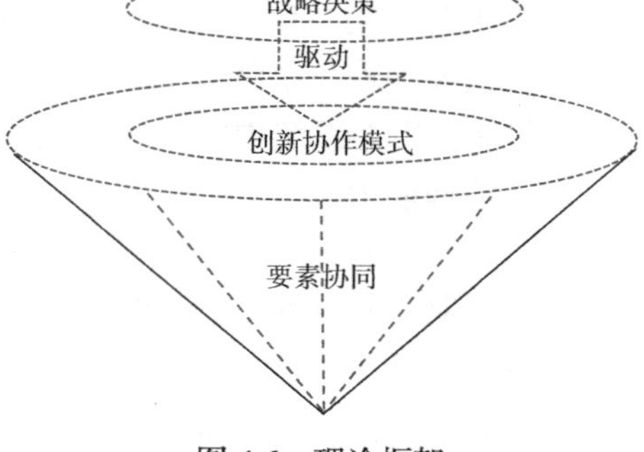

图 4.6　理论框架

4.6.1　先导机制：战略决策与机会窗口的匹配

战略引领创新，创新是能力形成的基础（刘海兵和许庆瑞，2018），战略在创新和能力方面的引领作用已被众多学者证实。因此，战略作为先决条件，其与机会窗口的匹配程度，影响着整个企业所能达到的层次和高度（姚明明等，2014），决定着创新能力形成的组织情境。只有在合适的组织情境下，创新能力才能持续成长。因此，有必要对组织发展的各个阶段中，战略决策与机会窗口的匹配机制展开研究，刻画创新能力提升机制在各个阶段的表达模式。本节以战略与机会窗口的匹配机制为主要逻辑，刻画创新能力先导机制的演化。

初级生产阶段，在国家政策支持、市场需求转变的综合作用下，新的机会窗口开始显现。同时，任正非具有敏锐的市场判断及较高的技术抱负，在企业家主观能动性的驱动下，华为准确定位并识别机会窗口。在此基础上，组织开始基于自身能力基础及互补性资产，集中现有资源，实现对创新的补充，逐渐积累技术搜索能力，通过大量的研发投入及对技术发展趋势的跟踪，保证了组织对机会窗口的有效利用。此时，组织发展战略的重点在于基于初级的制造能力及开发能力，结合自主研发的创新逻辑，实现成立自主品牌的战略目标。因此，这一阶段的组织战略与机会窗口的匹配逻辑是：基于机会窗口的识别，实行努力增强自身实力的发展战略，以有效利用机会窗口。

国际化开拓阶段，由于 2G 技术轨道逐渐向 3G 技术变迁，技术范式转移的机会窗口出现。基于对技术发展趋势的跟踪，华为在 20 世纪 90 年代末就开始坚定地投入 3G 技术的预研。但是由于华为自身研发能力有限，加之其早期提倡自主研发，团队内部过分强调“原创”，华为的研发进展缓慢，效率极低。1997 年，为了实现追赶，高效把握 3G 技术窗口。组织开始转变创新逻辑，实施开放创新的战略：打开企业边界，通过直接向高通公司申请专利授权的方式，获得了 3G 核心技术，并进行 3G 技术的周边研发。通过建立合资公司等方式，引入外界先进知识。同时，进行规模性管理变革，改变自身能力结构及运作模式，通过部门创新系统之间迁移的不匹配性，组织对机会窗口显示出游刃有余的拦截作用。这一阶段，组织战略决策的重心在于如何快速提高自身实力，在机会窗口出现的早期进入，争取更多的发展空间。

全球化扩张阶段，华为持续扩大研发规模，试图抢先进入下一技术轨道，赢取超额利润。这一阶段，组织的战略决策侧重于对机会窗口的预测。首先，组织研发模式更加开放，外部高级知识的可获得性不断增强。例如，与全球通信巨头沃达丰集团等建立了联合创新中心，推出“inTouch Lab 合作伙伴计划”，与 ICT 产业链上下游合作研发，部署研发中心以利用世界范围内的优秀资源等。通过吸收外界先进知识，组织异质性知识增加，知识结构更具活力，对机会窗口的预测更加准确。其次，组织运营规则也发生较大变化。2011 年，华为将主营业务分为三大模块，并进行了相应的组织架构调整，新的规则带来了更多的组织能动性，为组织机会窗口的把握提供了更多的主动权。最后，华为剥离非核心业务并将制造环节外包，自身专注于核心技术的研发。在此基础上，华为技术创新实力迅速提升，专利数量连年第一，华为已实现价值链变迁，进入价值链的高端环节，更能敏锐地洞察机会窗口。这一阶段的机会窗口表现出更强的组织内生性。这是因为，组织战略对机会窗口出现的经验性判断更加准确，同时能够主动适应机会窗口的生成机制，保证机会窗口的高效利用。

创新引领阶段，战略决策与机会窗口匹配的痛点在于如何摆脱核心能力刚性及在位者惰性。为了解决以上难点，首先，组织试图通过整合内外部资源，进入到机会窗口的扩大化阶段。2015 年，华为发布的全球第一个窄带物联网技术预标准，就是对外部技术供应源整合的典例。其次，以基础研发和吸收外部异质性资源作为两种主要途径，是突破性创新的孕育创造条件，如成立“2012 实验室”专注基础研发，同时通过跨行业合作，为技术融合提供更多的可能性，提高组织的颠覆性创新能力。最后，通过不断加大开放力度，与世界各大通信运营商重新站在同一起跑线上，摆脱在位者惰性。同时结合忘却性学习模式，模拟机会窗口的表达情境。因此，这一阶段的机会窗口表现出内部创造性。此时，机会窗口与组织创新战略的匹配机制是组织在资源、能力、风险控制的保证下，通过机会窗口的扩大化，颠覆性创新能力的孕育及实施较大的开放度等措施，模拟机会窗口的表达，在各个创新子系统不断的发展演进中，机会窗口被不断构建。

因此，伴随着创新能力的提升，战略决策与机会窗口的协同演进机制在不同阶段的表现有所不同（图 4.7），在组织能力基础较差的情况下，组织实现机会窗口与创新战略匹配的逻辑是不断加大投入，利用互补资产补充研发能力的差距，是对机会窗口的被动识别。随着组织能力的提升、经验的积累，组织开始主动转变创新战略，通过学习外部先进管理经验，改变自身能力结构及运作模式，这一阶段，通过部门创新系统之间迁移的不匹配性，战略对机会窗口显示出游刃有余的拦截作用。在此基础上，下一阶段的机会窗口显示出更强的组织内生性。在组织向价值链的高端环节迁移的同时，战略对机会窗口出现的经验性判断更加准确，能够主动适应机会窗口的生成机制，形成对机会窗口的主动预测能力。此后的阶段，战略在不断的演进中，模拟机会窗口的表达情境，战略性创造机会窗口，并通过对机会窗口的有效利用，实现持续领跑行业创新，不断向前。战略决策对机会窗口的识别、拦截、预测、创造决定着整个组织的发展方向，也决定了创新能力发展的组织环境。因此，战略对机会窗口的匹配性决策是创新能力能够实现提升的前提和基础，是创新能力提升的先导机制。

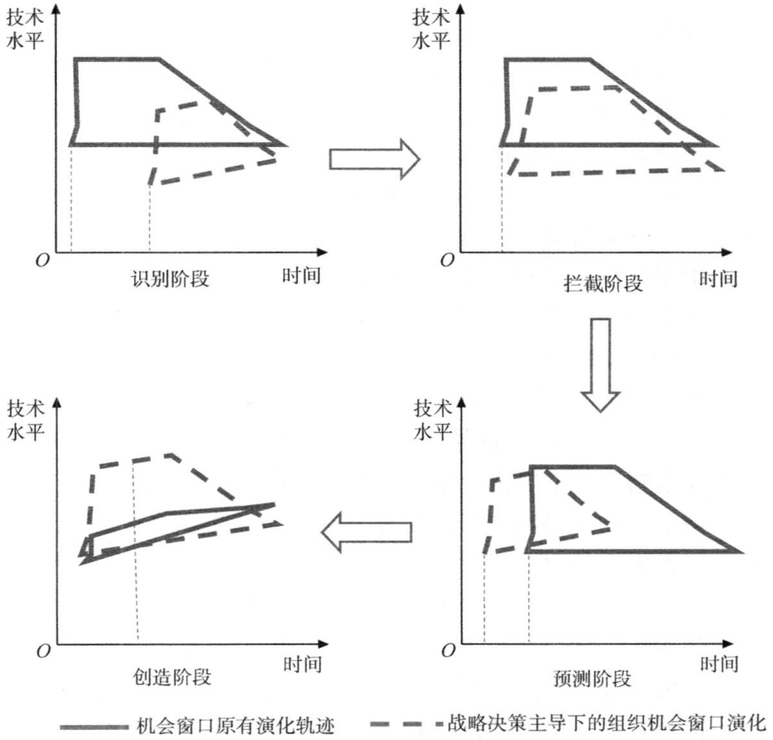

图 4.7　创新能力提升的先导机制

4.6.2　深层机制：知识演化与组织学习的螺旋递进

创新能力作为一种高级知识，其演化历程本质上就是知识的演化。而组织知识的演进，必然与组织学习模式直接相关。因此，要探究组织创新能力形成的深层机制，必然要对组织的学习机制进行挖掘。由于组织学习模式在不同阶段表现不同，对组织知识提升的作用程度也不同。本章在深入剖析案例企业四个发展阶段中组织知识与学习模式演化历程的基础上，得出如下规律。

初级生产阶段，华为的技术基础较为薄弱，创新能力实现提升的突破点在于“技术距离”的缩小及知识基础的构建（张保胜，2012）。基于知识存量差，在与外界存在较大技术势差的发展现状下，华为充分利用外部的知识溢出效应，进行模仿创新（周华和韩伯棠，2009）。组织学习的主要模式是积累性学习，由于组织研发规模有限，组织内部知识在个人、团队、组织之间形成 SECI 循环①。在此基础上，华为知识增量迅速提升，知识吸收、内部共享的程度较高，知识存量实现

① SECI，即 socialization，社会化，externalization，外在化，combination，组合化，internalization，内隐化。

积累。这一阶段的知识积累主要侧重于对同质性领先技术知识的吸收和转化，缩短企业与外界之间的“技术距离”，不断扩充企业知识库，组织知识结构是显性知识主导（吴晓波等，2006a）。因此，这一阶段组织创新能力提升的机制是积累性学习模式下的组织显性知识迅速积累。

进入国际化开拓阶段，组织研发规模不断扩大，但此时，华为研发效率低下，研发浪费严重，知识的价值转化效率较低。为打破现有发展困境，实现更高层次的创新能力，组织采取了忘却性学习的模式。这一阶段，华为以“削足适履”的决心和毅力，大规模引进西方管理模式，对组织现有的业务流程及运作方式进行改革。通过元件性知识的改变，提升了知识质量，优化了组织知识结构。同时，通过建立技术联盟，增加了其获取外部知识的机会，更加强调对外部知识的吸收与整合。组织内部知识共享平台成立，知识转移效率提高。内部知识链实现重组，组织开始通过探索新的技术轨道（喻金田等，2007），实现知识的质变，达到新的发展阶段。知识结构的主要特征是显性知识积累的量变到质变。因此，在这一阶段，企业创新能力提升的内在机制为忘却性学习主导下组织的显性知识质变。

全球化扩张阶段，企业在前一阶段的变革平衡中稳定发展。2006 年，华为研发人员占比达到 48%，研发规模继续扩张。这一阶段，组织通过渐进性变革，对引入的西方管理模式及已有流程属性进行适应性调整。比如，改进人才培训机制及激励机制、提倡顾客导向型文化、将组织结构调整为矩阵式结构、进行制度变革等。在此过程中，组织积累了更多的自主变革经验，培养了自主变革的能力，拥有了更多的缄默性知识，呈现出显性知识与隐性知识并重的知识结构（吴晓波和聂品，2008）。但隐性知识对于企业未来发展的重要性愈加明显，这是因为显性知识增长的红利已无法帮助企业获得更多的成长，而隐性知识可以增强组织柔性，提升企业的动态能力。同时也以其难以模仿性、难以传递性成为企业创新能力深化中的核心要素。因此，在这一阶段中，企业创新能力提升的内在机制为积累性学习模式下的组织隐性知识的迅速提升，呈现显隐性知识并重的知识结构。

创新引领阶段，企业由于技术和市场的双重超越，已经进入全球领先行列。为了实现持续增长，企业充分利用全球化优势，构建了遍布全球的创新资源网络。在这一阶段，组织创新能力的提升空间在于高效利用创新资源，成为创新网络体系的核心。基于创新知识复杂交互、信息流动速度加快的大背景，华为调整组织模式应对环境变化，再次进入忘却性学习模式。例如，华为对员工进行赋能，采取长期激励机制，提倡开放、合作、共赢的组织文化，将组织结构转变为强矩阵型结构，将经营管理制度转变为以项目为中心，通过这些举措，华为积累了新的“元件性知识”。但是，忘却性学习的同时，组织又通过行业交叉合作、建立开发者使能平台等方式，保证组织新型异质性知识的输入。通过忘却性学习与再学习并存的学习模式，组织知识链集成体系各环节的效率提高（吴晓波，1995）。得益于能力性隐性知识的积累，组织成为创新资源网络的核心，创新能力进入更高水平。因此，这一阶段的创新能力提升机制是忘却性学习与再学习模式主导下的隐性知识主导的组织知识结构优化。

综合来看，组织不同阶段的知识结构及学习模式形成一个螺旋递进的上升机制（图 4.8）。在初级生产阶段，组织知识存量较低，组织通过渐进性流程改革，实现了积累性学习模式下的组织显性知识积累。进入国际化开拓阶段，组织知识的结构混乱，大量的知识涌入造成了现有流程机制的低效，知识流通堵塞、知识应用效率低下等问题产生，为了解决矛盾，组织必须进行忘却性学习，有选择地对组织流程和惯例进行调整，以实现对固有结构性知识的忘却，通过忘却性学习，组织知识结构得到优化，达到忘却性学习主导下组织的显性知识质变（吴晓波和聂品，2008）。在全球化扩张阶段，基于适应性的组织渐进性变革增多，组织柔性不断提高，组织对知识流动的应变能力提高，知识应用效率提高，组织缄默性知识不断积累。这一阶段是积累性学习模式主导下，显隐性知识并重的知识体系。在创新引领阶段，组织知识的增量再次对现有流程提出更高的要求，此时，组织需要通过忘却性学习与再学习的并存模式，实现隐性知识主导的组织知识结构优化，不断根据企业实践探索更加适合的组织流程模式，在积累性学习与忘却性学习的平衡中，实现知识的开发与创新。

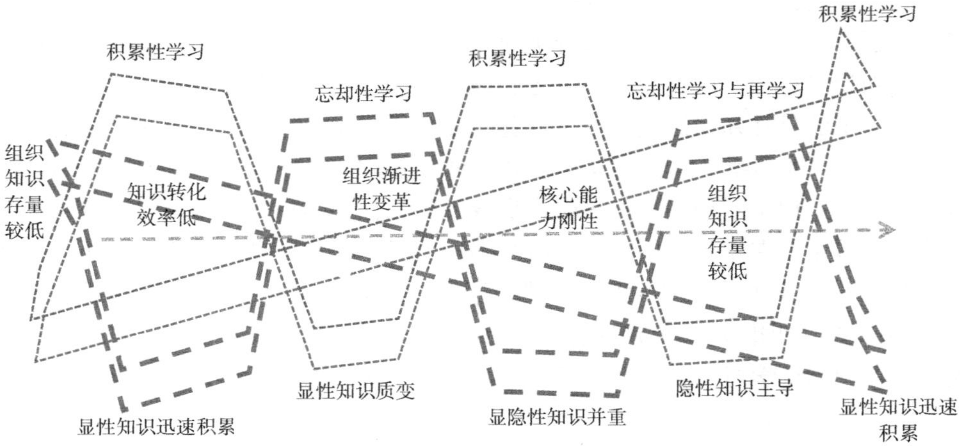

图 4.8　创新能力提升的深层机制

4.7 小　　结

第一，中国高新技术企业创新能力提升的先导机制是，在能力基础较差的情况下，企业实现机会窗口与创新战略匹配的逻辑是不断加大投入，利用互补资产补充研发能力的差距，是对机会窗口的被动识别（吴晓波等，2005）。随着企业能力的提升、经验的积累，企业开始主动转变创新战略，通过学习外部先进管理经验，改变自身能力结构及运作模式，这一阶段，通过部门创新系统之间迁移的不匹配性，战略对机会窗口显示出游刃有余的拦截作用。在此基础上，下一阶段的机会窗口显示出更强的组织内生性。企业向价值链的高端环节迁移的同时，战略对机会窗口出现的经验性判断更加准确，能够主动适应机会窗口的生成机制，形成对机会窗口的主动预测能力（郭磊等，2016）。此后的阶段，战略在不断的演进中，模拟机会窗口的表达情境，战略性创造机会窗口，并通过对机会窗口的有效利用，实现持续领跑行业创新、不断向前。战略决策对机会窗口的识别、拦截、预测、创造决定着整个组织的发展方向，也决定了中国高新技术企业创新能力发展的组织环境（徐雨森等，2014）。因此，战略对机会窗口的匹配性决策是创新能力能够实现提升的前提和基础，是中国高新技术企业创新能力提升的先导机制。

第二，中国高新技术企业创新能力提升的深层机制是，企业不同阶段的知识结构及学习模式形成的一个螺旋递进的上升机制。在初级生产阶段，知识存量较低，组织通过渐进性流程改革，实现了积累性学习模式下的组织显性知识迅速积累。进入国际化开拓阶段，组织知识的结构混乱，大量知识的涌入造成了现有流程机制的低效，产生了知识流通堵塞、知识应用效率低下等问题，为了解决矛盾，组织必须进行忘却性学习，有选择地对组织流程和惯例进行调整，以实现对固有结构性知识的忘却，通过忘却性学习，组织知识结构得到优化，达到忘却性学习主导下组织的显性知识质变。在全球化扩张阶段，基于适应性的组织渐进性变革增多，组织柔性不断提高，组织对知识流动的应变能力提高，知识应用效率提高，组织缄默性知识不断积累。这一阶段形成了积累性学习模式主导下显隐性知识并重的知识体系。在创新引领阶段，组织知识的增量再次对现有流程提出更高的要求（卫武等，2019），此时，组织需要通过忘却性学习与再学习的并存模式，实现隐性知识主导的组织知识结构优化，不断根据企业实践探索更加适合的组织流程模式，在积累性学习与忘却性学习的平衡中，实现知识的开发与创新。

第 5 章　复杂产品企业创新能力提升机制①

5.1 引　　言

复杂产品企业创新能力的核心是复杂产品系统的创新能力。复杂产品系统（complex product systems，CoPS）由英国萨塞克斯大学的 Hobday、Rush 于 20 世纪 90 年代中期提出，用以区别于一般产品系统（Hobday and Rush，1999），是指研发成本高、规模大、技术含量高、单件或小批量生产的大型产品或系统（Hansen and Rush，1998）。典型的复杂产品系统有高速铁路系统、航空航天系统、大型计算机系统、大型基建工程系统等。复杂产品系统含有十分密集的高技术，分布技术领域广泛且技术处于同行业前沿，因而复杂产品系统创新能力对各相关产业竞争力和国家整体竞争力的提升起着决定性的引领作用。正因为如此，英国、德国等欧洲国家十分重视复杂产品系统创新，其已经成为它们的核心竞争资源（Hobday，1998），使欧洲发达工业国家成为世界制造业中的一极。2008 年金融危机爆发后，美国、英国、德国、日本等传统工业强国更加重视复杂产品系统的发展，试图在新一轮科技革命中再次抢占制造业制高点，由此可见复杂产品系统创新的重要意义。

相比于复杂产品系统的先发国家，中国等后发国家在追赶发展中面临着技术和资源的双重劣势（刘海兵和许庆瑞，2018），复杂产品系统创新能力如何提升并不能完全沿袭先发国家的经验和模式。这是因为，复杂产品系统创新跨链、跨区域、跨国家，先发国家为了维持自身竞争位势，必然会通过贸易壁垒限制复杂产品系统的关键技术，以自由市场途径流入后发国家，这使得一般性的复杂产品系统创新能力提升机制在后发国家并非完全奏效。尽管中国制造业水平近年来取得很多可喜进步，但一个不争的事实是，中国关键核心共性技术受制于人的局面并未从根本上改观。“产业要发展，离不开理论的支持，但（中国）装备制造业的理论研究明显滞后于国家政策，甚至滞后于产业发展的实际水平”（魏江和王铜安，2007），复杂产品系统也是如此。

① 本章部分内容发表于 2021 年《中国科技论坛》第 8 期《后发复杂产品系统核心技术突破机制——基于中国中车的纵向案例研究(1986—2019 年)》（刘海兵，阚玉月，许庆瑞）。

对此，中国学者以负责任的情怀，在吸收借鉴复杂产品系统创新理论基础上，基于扎根理论和案例研究积极尝试构建中国情境下的复杂产品系统创新理论，代表性的如林善波（2011）以高铁技术追赶过程和路径为例，认为复杂产品系统技术追赶必须充分发挥政府引导作用，有重点地选择一些复杂产品系统领域进行技术追赶。苏敬勤和刘静（2013）考察了复杂产品系统三个动态能力维度（市场感知能力、多组织协同控制能力和组织学习吸收能力）在创新国际化三阶段过程中的变化。此外，学者还在网络能力、创新结构（冉龙等，2013；宋砚秋等，2014）、自主创新能力演化（姚洁盛和庄永耀，2012；洪勇和苏敬勤，2008）、创新模式（陈晔武，2009）、吸收能力（吕一博和赵漪博，2014）、创新过程（周永庆等，2004）等方面对复杂产品系统创新的影响进行了研究。

然而，大多数研究侧重从单一因素剖析，尚缺乏从企业微观层次系统地思考复杂产品系统创新能力提升的机制，案例研究的成果并不多。因此，本章在文献回顾的基础上，选择案例研究方法探讨后发复杂产品制造企业创新能力提升的机制。

5.2 文献回顾

已有关于复杂产品系统创新的研究主要集中在三个方面：复杂产品系统创新过程、复杂产品系统创新模式和复杂产品系统创新能力。

5.2.1 复杂产品系统创新过程

复杂产品系统创新具有系统网络结构形成与技术创新模式协同演化的特征（Hansen and Rush，1998），它有将研发过程和生产过程相融合的阶段性特征（陈劲等，2005）。典型创新过程有 Kash 和 Rycoft（2000）提出的变化转换模式、正常模式和跳跃式发展模式，具体的创新过程有创新思想、任务分解、外包选择、模块开发、集成联调、交付与跟踪完善六个步骤（周永庆等，2004）。复杂产品系统创新离不开外部环境，特别是外部政策、市场需求牵引的支持。因此，学者将企业之外的利益相关者纳入复杂产品系统创新过程，从而进入中观层次研究，Davies 和 Brady（1998，2000）以电信企业为例探讨了政府在 CoPS 创新过程中的作用机制，说明复杂产品系统创新离不开外部政策支持。Miller 等（1995），Kash 和 Rycoft（2000）从网络自组织演化的视角研究复杂产品系统创新，他们认为复杂产品系统的创新过程不仅需要网络中承包商、集成商、供应商、客户等在产业链、技术链上的合作（Gann and Salter，2000），还需要政府、研究机构等形成跨组织知识联盟。但对不同主体在网络中的合作机制研究还不够深入。

5.2.2　复杂产品系统创新模式

复杂产品系统创新模式的研究主要集中在技术创新战略上。根据 Benner 和 Tushman（2002）将创新模式分为探索式创新和利用式创新两种，复杂产品系统创新模式即是讨论在特定发展阶段应采取哪种技术创新模式。已有研究证实在复杂产品系统的初始阶段，宜采用利用式创新模式，而在更深层次的创新阶段时，宜采用探索式创新模式（Hobday，1998；Kash and Rycoft，2000）。换言之，创新模式的迭代是复杂产品系统创新能力提升的原因之一。陈劲等（2006）以地铁交通控制系统开发为案例，总结提炼了复杂产品系统创新流程包含系统功能分析与模块、划分模块分包商的评价与选择、模块开发与模块协调、模块集成与系统调试、系统交付与完善等。陈晔武（2009）以浙江省玉环县汽配产业集群为例，探讨了模块化结构的复杂产品产业集群创新过程模式。总体而言，在创新模式方面的研究缺乏纵向维度上的动态性的考察，对随着复杂产品系统创新阶段不同而采取不同创新模式的变化规律的研究还比较笼统、不够深入，对创新阶段的划分不够细致。

5.2.3　复杂产品系统创新能力

复杂产品系统创新不是线性的创新过程，而是基于创新网络的同步发生的创新。因此，其创新能力不仅取决于自身创新能力，还取决于创新网络中各创新主体的创新能力及中心企业的网络协同能力，体现出企业超越自身边界（Uzzi，1997）、组织网络的整合能力（陈贞才和任家华，2005）。刘延松和张宏涛（2009）将复杂产品系统创新能力定义为顺利完成复杂产品系统创新过程所需要素的有机组合，是由相互联系的战略要素、项目要素、技术要素、职能要素和创新网络等要素集成的能力系统。对复杂产品系统创新能力的上述定义，并不能反映其动态的增长过程。本节依据创新模式的迭代过程，将后发复杂产品系统制造企业创新能力界定为复杂产品系统模仿创新能力、二次创新能力、自主创新能力、原始性创新能力。

综上所述，复杂产品系统创新研究在定义、模式和过程方面已经形成了较好的研究基础，但仍存在以下研究缺口：第一，复杂产品系统创新能力的提升，需要从整体上判断关键要素的功能及要素间关系，即形成系统性的机制，但目前这方面研究比较缺乏；第二，复杂产品系统创新能力的提升，需要创新网络中的创新相关者协同，但更依赖于中心企业发挥创新能力方面的引领。因此，研究复杂产品系统创新能力提升的微观机制十分关键，而目前这方面研究尚存在明显欠缺。

5.3 研究方法和数据来源

5.3.1 案例选择的依据

本章选择定性的案例研究方法。通常情况下，定性的案例研究方法适合对以下三类问题进行研究：很难明确定义的问题、隐含在过程之中难以观察的问题及挑战现有理论逻辑的问题。本章研究复杂产品企业的创新能力提升的规律和机制，对于这类问题来说，虽然学界对创新能力已有明确的定义，但是对创新能力提升的规律和机制并没有统一的定论；并且创新能力是一个过程，也就是说，提升创新能力的规律和机制都隐藏在这个过程中。综上，定性的案例研究方法适用于研究复杂产品企业的创新能力提升的规律和机制。

定性的案例研究可以选择单案例或者多案例研究，一般来说，选择单案例研究的原因有三：①研究该案例之后的启发性非多案例可比；②该案例是极端且经典的案例；③对于该案例的研究的机会是不可多得的。针对本章来说，选择的案例具有如下的特征：①企业存续时间不能太短，并且存续期间，不管是战略类型、业务范围或者市场规模等都发生了变化；②企业在创新的过程中经过了多次尝试，并且在尝试过程中动用了相应的资源，如人力、财力或物质资源等；③该企业在生产复杂产品的众多企业中的地位是领先的；④我们对企业有着长期深入的调查，并且有着良好的合作，以便于继续研究。

基于以上标准，本章选择中车作为本次研究的理想样本企业。第一，1986 年中国铁路机车车辆工业总公司成立，这是中车的雏形。2000 年中车与铁道部脱钩，分立组建中国南车集团公司和中国北车集团公司，归国务院国有资产监督管理委员会（以下简称国务院国资委）领导和监管。2007 年 12 月，中国南车股份有限公司成立；2008 年 6 月，中国北车股份有限公司成立；2008 年 8 月，中国南车股份有限公司在上海证券交易所（以下简称上交所）和香港联合交易所有限公司（以下简称联交所）上市；2009 年 12 月，中国北车股份有限公司在上交所上市；2014 年 5 月，中国北车股份有限公司在联交所上市。2015 年经国务院同意、国务院国资委批准，中国南车股份有限公司、中国北车股份有限公司合并，于 2015 年 6 月 1 日注册成立中车，并于 6 月 8 日在上交所、联交所上市。也就是说，中车从 1986 年成立，虽然经历了分分合合的过程，但仍然存续到现在，并且从其分合的过程中也能看出其战略的调整。第二，据中车的财务报告，2015 年、2016 年、2017 年、2018 年，中车的研发投入分别为 99.5 亿元、96.8 亿元、104.9 亿元和 111.8 亿元。2019 年研发费用投入 122.65 亿元，占营业收入 2290 亿元的 5.36%，比上年同期上升 9.7%。研发投入的金额直接影响着创新，所以可以看出中车在合并之后进行了创新，并且使用了大量的财力。第三，中车是中国为数不多的高端装备制造业中跻身 *Fortune*（《财富》）世界 500 强和中国 100 强的企业，所以在高端装备制造业的地位不言而喻。第四，浙江大学有着强有力的师资团队，与中车有着长期的良好合作，所以一来比较方便获得所需要的资料，二来比较方便后续调查。结合上述原因和特征，本章选择中车作为本次研究的理想案例样本。

5.3.2　案例资料的来源、收集方法与研究程序

1. 田野调查

田野调查发端于现代人类学领域，是指该领域的工作者进入到某一个想要研究的地域，通过观察、访谈和参与这三种方式获得需要的原始资料的研究过程。显然，田野调查的主要特点就是“从实际出发”和“从具体入手”。因此，在田野调查的整个过程中，研究者可以在深入和个性化的庞大资料中获得灵感，并形成对于问题的真实把握，也因为田野调查具有的真实深入、完整科学的特点，这种方法在各个学科领域都得到了广泛的应用。同样地，本章为了获得真实有效、完整科学的数据和资料，也进行了田野调查，具体方式有：①参观中车总部，了解中车的日常工作；②参观中车旗下的子公司，如中车株洲电力机车研究所有限公司、中车青岛四方车辆研究所有限公司、中车南京浦镇实业管理有限公司、中车戚墅堰机车有限公司等；③利用半结构化访谈的方式，从中车总经理、员工，以及旗下子公司各层级不同员工的话语中得到信息。

2. 二手资料

中车的文献资料主要来自中国知网、万方等网站上学者的期刊与著作，中车集团的官网，以及各媒体如人民网、腾讯网、搜狐网等的新闻报道。通过对以上资料的收集、分析与整理，得到本章研究需要的数据与资料信息。

5.4　中车创新发展阶段

5.4.1　中车的简介

1986 年中国铁路机车车辆工业总公司成立，也就是中车的雏形；2000 年中车分立组建中国南车集团公司和中国北车集团公司，并在随后的时间里成立了中国南车股份有限公司和中国北车股份有限公司。2015 年中国南车股份有限公司和中

国北车股份有限公司合并注册成立了中车。总部设立在北京，同年，经过中国证券监督管理委员会核准后，中车在上交所和联交所上市。截至 2021 年，中车有 46 家全资及控股子公司，员工总人数达到 17 万。主要经营的业务范畴多种多样，包括：铁路机车车辆、动车组、城市轨道交通车辆、工程机械、各类机电设备、电子设备及零部件、电子电器及环保设备产品的研发、设计、制造、修理、销售、租赁与技术服务；信息咨询；实业投资与管理；资产管理；进出口业务。

中车的使命是连接世界，造福人类；愿景是成立以轨道交通装备为核心、全球领先、跨国经营的一流企业集团；中车的核心价值观是正心正道，善为善成。中车是这样说的，也是这样做的，在这样的使命、愿景和核心价值观的指引下，中车成为全球规模最大、品种最全、技术领先的轨道交通装备供应商，并跻身 *Fortune* 世界 500 强和中国企业 100 强。

5.4.2 中车具体发展历程

根据对中车资料的整理，按照参与主体、资源范围和自主创新类型所共同决定的创新能力的不同来划分中车的发展历程，如表 5.1 所示。

表 5.1 中车发展阶段和案例证据

划分依据	创新能力			
划分阶段	自主探索阶段	技术引进、消化、吸收阶段	基于消化吸收的再创新阶段	全面自主创新阶段
时间节点	1881～2003 年	2004～2007 年	2008～2012 年	2013 年至今
创新主体	中车、国内少数机构、组织等	中车、国外拥有先进技术的企业、国内相关企业	中车、国外拥有先进技术的企业、国内多数相关企业	中车、国外拥有先进技术的企业、国内多数相关企业
资源范围	技术	技术、少数人员、资金、信息等资源	技术、多数人员、资金、信息等资源	技术、多数人员、资金、信息等资源
自主创新类型	原始性创新	集成创新	二次创新	全面自主创新
案例证据	在车辆制造上，设计出“中华之星”等十几种高速列车的型号；在线路运营上，秦皇岛至沈阳高铁等投入运营	与外企阿尔斯通公司、西门子公司等合作，成功研制了中国高速铁路（China railway high-speed，CRH）系列高速列车	国产 CRH380 系列动车组下线，京沪高铁全线通车	“八纵八横”的高铁网络的建设；“复兴号”首发；国际化贸易有不错的增长的势头等

可以分为四个阶段：第一阶段是 1881 年到 2003 年的自主探索阶段；第二阶段是 2004 年到 2007 年的技术引进、消化、吸收阶段；第三阶段是 2008 年到 2012

年的基于消化吸收的再创新阶段；第四阶段是 2013 年之后的全面自主创新阶段。

1. 自主探索阶段：1881～2003 年

1881 年，中国第一台蒸汽机车“龙号机车”诞生，该机车的诞生拉响了中国铁路的第一声汽笛，也为中车后来的发展奠定了业务上的基础。而中车成为中国乃至世界轨道交通发展的重要名片，跟“龙号机车”也有着密不可分的关系。

随着中华人民共和国的成立，中车在铁道部厂务局、工厂总局、工业总局等建立后，终于以崭新的姿态登上了历史的舞台。从建立之初，中车就开始在国家各政策、制度的规定下进行自主探索。例如，1995 年铁道部下发了《关于扩大铁路局更新改造投资决策权的规定》。其中表明了政府会下放采购权，由此引入竞争机制，以便突出各地铁路局的市场主体地位，于是，中车开始积极自主研发，并在车辆制造及线路运营上取得了丰硕的成果。

在车辆制造上，1999 年，戚墅堰机车车辆厂、南京浦镇车辆厂和上海铁路局研发设计了时速 180 公里的“新曙光号 NZJ1”，直到 2010 年才停运；2003 年 7 月，“普天”号摆式内燃动车组在唐山机车车辆厂完成编组。以上是内燃动车组自主探索的成果，还有电力动车组的成果。例如，2001 年生产制造的“中原之星 DJF1”“先锋号 DJF2”等。

而在线路运营上，1994 年广深准高速铁路的建设是一次标志性的事件，不论是对于机车车辆、信号系统、线路工程，还是对于速度分级控制、安全评估试验等都有着奠基石的作用及意义。2003 年，秦皇岛—沈阳客运专线的运行，也在桥梁、轨道、路基、通信、电气化工程及自动化工程等技术方面有了突破性的进展。2004 年，国内铁路五次的提速，根本上改变了我国铁路的经营理念，深深地影响了与铁路相关的各个产业。

2. 技术引进、消化、吸收阶段：2004～2007 年

2004 年，铁道部为铁路第六次大提速实行时速 200 公里的动车组招标。值得注意的是，招标采购主体是国内机车车辆制造企业，而外方作为国内企业的合作伙伴，转让先进技术并提供相关支持。也就是说，需要保证中国本土企业在学习和技术引进中的主动权。当时参与竞标的国内企业是中国南车集团公司和中国北车集团公司旗下的公司，而外企有西门子公司、阿尔斯通公司等。最终形成了合资，如中车青岛四方机车车辆股份有限公司（以下简称四方机车公司）与日本大联合体①的合资、中车长春轨道客车股份有限公司（以下简称长客）与阿尔斯通公司的合资及四方机车公司与庞巴迪公司的合资等。合资之后签订了技术引进的合

① 由六家日本企业组成。

同，合同规定了技术转让的内容包括技术文件（含设计、生产制造及质量管理等）、员工的培训、国外专家来中国厂家指导等，最终由国外企业进行质量上的检验，确保中国生产的产品在工艺和技术上与国外处于同一水平、同一档次。不仅是在整车技术的引进上，在零部件技术的消化与吸收上，中车也表现得较为积极。20 世纪初的高铁动车组出现的质量问题 80%都与零部件有关，所以铁道部在技术招标合同中注明，每包 20 列车包括 1 列原装进口的原型车，2 列进口散件在国内组装，这样大量进口零部件的引进方式，能有效减少零部件对于最终产品质量的破坏。并且规定剩下的 17 列要不断地提高国产化的比率，这就能够强迫国产企业不断提高整车制造和零部件制造的技术能力，最后与中国汽车产业的“市场换技术”的后果截然不同（路风，2005）。

通过技术引进的手段和方式，中车避免了继续走弯路的技术创新过程，不必重复低水平的研发设计工作，有效提高了工艺和技术水平，以较低的成本和时间与世界接轨，并在国外先进技术的帮助下成功研制了 CRH 系列高速列车，包括 CRH1 型、CRH2 型、CRH3 型及 CRH5 型。

3. 基于消化吸收的再创新阶段：2008～2012 年

早期的技术引进、消化与吸收在很大程度上提高了企业的生产制造能力，保证了中国生产的产品能够与国外的产品达到同一水平和档次，但是引进的技术主要是生产制造类型的知识与工艺，并不是核心技术。所以中国需要根据国情，掌握真正的核心技术，才能够一直跟上甚至赶超国际先进水平。2008 年，科技部与铁道部出于支持京沪高铁建设的目的，签署了《中国高速列车自主创新联合行动计划合作协议》，科技部也从各个方面如理论支持、项目支撑及成果认定等支持了高铁技术的吸收与完善，并在此阶段上先后调动了国内 100 余家科研院所、高校、工程技术研究中心及国家级实验室等的积极性，由此展开了技术合作，最终设计出“和谐号”CRH380 系列动车组，适应京沪高铁对时速 350 公里的需求。CRH380 系列的成功研制，使得高铁的运营需求真正得到了满足，除此之外，中车由此掌握了高速动车组 9 项关键技术和 10 项主要配套技术，且创造了多项世界纪录。

复杂产品系统是由多个子系统组成的，各个子系统之间是相互联系的。中车在高铁上的进步，引发了与之相关的产业链的共同进步，如牵引供电、运营调度、通信信号等。2008 年，中国南车股份有限公司和中国北车股份有限公司相继进行业务上的扩张。例如，中国南车股份有限公司的主营业务不仅包括原有的轨道交通业务（机车、客车、动车组、城轨地铁车辆和货车），还包括通用机电业务、现代服务业务，战略新兴业务等，并且营业收入除了少数年份有较小幅度的减少，其他年份都是逐年上升。

4. 全面自主创新阶段：2013 年至今

中车在经过自主探索阶段，技术引进、消化、吸收阶段之后，还是没有掌握全部的关键核心技术。并且，2010 年之后，中国高铁“走出去”的进程加快，全球化扩张的目标要求高铁技术的不断优化，再加上“一带一路”倡议加快了中国企业全球化的进程，但显然一些关键核心技术的瓶颈严重地限制了中车的发展。

2013 年，中国铁路总公司[①]正式启动了由中国铁道科学研究院技术牵头的中国标准动车组研制项目。它提出，要“软件全面自主、硬件原则自主、具有自主知识产权、满足‘走出去’的要求”。2016 年，中国首个轨道交通装备行业国家级工业设计中心被批准组建。于是，在相关政策的支持下，各部门、各企业开始了积极的创新过程。2012 年，京广高速铁路全线开通，是世界上运营里程最长的高速铁路，也是中国“八纵八横”当中的重要“一纵”。截至 2018 年，中国标准动车组已经申请了 1000 多项发明专利，并且，在高速动车组的研究中也取得了不错的成绩。时速 350 公里级的中国标准动车组“复兴号”CR400 于 2016 年在郑徐高铁完成了世界上首次时速 420 公里的高速交会试验，这也标志着中国高铁总体技术水平和科研实验条件已经达到世界先进水平。2019 年，中国首列可变编组动车组在中车唐山机车车辆有限公司（以下简称唐车）完成实验，该动车组已经申请了将近 80 项专利，荣获中国优秀工业设计奖金奖、中国设计智造奖。

因为技术上取得了突破性的进展，中车的国际化贸易取得了骄人的成绩。2014 年，从与美国的马萨诸塞湾运输局签订第一份合同以来，陆续获得了美国费城和洛杉矶的订单。不仅如此，中车借助着“一带一路”倡议，相继获得了肯尼亚、泰国、印度、巴基斯坦等国的订单。中车开始在海外组建自己的制造中心，其中，于 2015 年在马来西亚建设的第一个海外制造基地已经成为东盟地区经贸合作的亮点和“一带一路”倡议示范基地，2015 年中车在美国建厂，2017 年中车在加拿大投资建厂。

不仅是市场的销售，中车还重视售后的服务文化。2012 年之后，中车城轨市场部售后就开始紧锣密鼓地进行培训与学习，严格执行规章制度，认真执行内部管理，一旦列车发生故障，快速响应，积极地保证车辆的运营。在维保项目中，也能做到提前服务、预见服务和优质服务，因此受到了一致好评。因为创新的实质是人才的创新，所以在全面自主创新阶段中车在员工的发展上，制订了可操作性强的方案。比如，对于干部的管理，为了增强干部队伍的活力、发展潜力，中

① 2019 年，经国务院批准同意，中国铁路总公司改制成立中国国家铁路集团有限公司。

车以领导力模型和人才标准体系为基础，深入推进竞争性的选拔，持续开展阶梯式的培养；对于普通员工，中车设计并畅通了员工的职业生涯发展通道，对技能员工实行“名师带徒制”，对工艺技术人员实行“双导师制”，对入职员工实行“学习向导”模式，对中层领导干部“教练制”等。

5.5　后发复杂产品制造企业创新能力如何提升

使复杂产品创新能力提升的机制有很多，不管是基于宏观层次还是基于微观层次，本章基于复杂产品的技术密集性、复杂性、耦合性等特点，以及该行业独有的特点，着重剖析动力牵引机制、合作创新机制、人才培养机制和知识治理机制。

5.5.1　动力牵引机制

动力在系统科学领域意味着“非平衡”，而非平衡的状态将会引发运动，直到达到相对平衡。那么复杂产品企业创新能力提升的动力机制就是，当复杂产品企业存在着某种不平衡的状态时，某些动力要素通过相互之间的关系和活动使其达到平衡状态。根据对中车集团具体发展历程的梳理，本章认为复杂产品企业创新能力提升的动力机制的要素包括市场需求的吸引、行业技术的带动和政府政策的引导，三者结合的新型举国体制共同推动中车在轨道交通业务上的创新，为今后的发展奠定了基础。

1. 市场需求的吸引

发达国家重视复杂产品产业有因可循，日本和韩国等国家中，复杂产品企业的总产值占 GDP 的 12%以上，且复杂产品创新难度大、技术要求高，一旦被生产出来，就能为国民的生活提供很多的便利。以高铁为例，高铁不仅为中国人民的出行带来了便利，提供了方便快速的生活体验，并且覆盖中国国土的铁路线路也满足了运输的需要。所以不难看出，对复杂产品进行创新与市场需求的吸引有着很大的关联。一方面，市场需求越大，越容易引起该企业所在的行业形成规模效应，从而降低边际成本；另一方面，市场需求如果具有个性化的特征，即需求多样化，较为挑剔，那么该企业就会通过创新来实现诸多需求。

中车进行自主探索的原因正是市场对于交通轨道业务的需求，随着中华人民共和国成立而逐步发展的中车，经历计划经济向市场经济转型的历史时刻后，迫切需要提高运输效率以满足人们便利出行的需求。而在技术引进、消化、吸收阶段，中车的创新也是为了满足市场对铁路提速的需求，为了让中国的复杂产品企业能够快速跟上世界水平，实现跨越式的进步。通过技术引进，中车在短时间内实现了从跟跑到并跑的过程，但是复杂产品系统具有技术密集的特点，很多核心技术国外先进企业并不会提供给中国企业，导致产业链上很多企业没有办法进步。比如，作为高铁技术“心脏”位置的“牵引技术”的卡壳就影响了不同企业不同系统的发展。所以中车开始了对各种核心技术的探索，而 CRH380、CR400 等就是核心技术突破的成果。而随着“一带一路”倡议的引导，中车的国际化业务也如火如荼地开展起来，截至 2018 年，中车的产品已经出口到 105 个国家和地区。此外，中国国土辽阔，地质环境复杂，复杂产品系统的知识并不一定能够适应中国辽阔的疆土，所以中车集团要不断地进行创新。

2. 行业技术的带动

中车在自主探索阶段虽然有一些成果，但是跟世界水平还有相当一段距离。早在 1964 年，日本的新干线就已正式投入运营，这也是世界上第一个建成的实用高速铁路；1981 年，法国的东南线开通，且 1990 年法国高速列车 TGV 创建了时速 515.3 公里的世界纪录①；德国西门子公司也在 1903 年就研发出了首列由接触网供电的电动车组。结合中车发展，中车在自主探索阶段后认识到自己与世界水平的差距，而在短时间内实现跨越的方法就是引进先进技术。2004 年招标之后，四方机车公司与日本大联合体的合资、长客公司与阿尔斯通公司的合资，以及四方机车公司与庞巴迪公司的合资等，都是为了引进先进的技术，引进的技术中包括整车技术也包括零部件的相关知识。因此，中车集团才能以较低的成本和较短的时间与世界接轨。而在基于消化吸收的再创新阶段，中车集团的发展一直处于复杂产品行业的领头地位，因而其行业技术的带动体现在国内相关机构与组织的支持上。例如，2008 年“京沪高铁”的建设，是国内 100 余家科研院所、高校、工程技术研究中心和国家级实验室共同合作的结果。

正是国外复杂产品行业先进技术和国内相关机构与组织的技术带动，中车才能在技术引进、消化、吸收阶段快速地跟上世界水平，也能在基于消化吸收的再创新阶段突破核心技术，实现从跟跑到并跑的跨越。

3. 政府政策的引导

中国走的是中国特色社会主义道路，党中央、政府秉持全心全意为人民服务的宗旨，在全国人民、市场环境有着对复杂产品的需求，而行业环境提供了超前

① 该纪录于 2018 年 4 月 3 日被法国高速电气机车在行驶试验中达到的时速 574.8 公里打破。

技术的前提下，党中央、政府一定会在政策上进行支持与引导。习近平总书记反复强调，“要完善关键核心技术攻关的新型举国体制”。所谓新型举国体制，是一项集中全国各方面人力、物力、财力，以国家发展和国家利益为根本旨归，以攻克某项重大项目或完成某项重要任务为主要目标，以实现突破性发展和跨越式进步为外在表现的独特体制，对全面建设社会主义现代化国家开好局、起好步具有重要意义[①]。复杂产品行业具有鲜明的“新型举国体制”的特征。不管是在自主探索阶段，还是在技术引进后，国家都在政策上对其发展给予支持，从而保证复杂产品企业在人力、物力和财力上都能得到很好的保障。

中车集团的发展离不开政府政策，离不开政府政策引导下各种资源的支持。早在 1995 年，铁道部就下发了《关于扩大铁路局更新改造投资决策权的规定》，该文件是为了扩大各地铁路局的市场主体地位，引入竞争的机制。2004 年，铁道部进行的招标目的是以铁路第六次大提速为契机，使国内企业最大限度地学习国外先进技术，从而激发其研发自主性，提升其与世界先进企业的谈判能力。2008 年版的国家《中长期铁路网规划》中，规定了中国的铁路运营里程要在 2020 年实现 12 万公里以上，电化率实现 60%以上，复线率在 50%左右[②]。在这样的情况下，中车得到了政策上的支持，由此各种资源得到了保障。例如，2008 年，铁道部与国家知识产权局签署了《铁路行业知识产权战略合作框架协议》，将客运系统集成与装备现代化知识产权保护放在优先位置上，为高铁的相关知识产权明确了管理的主体，提供了政策上的指南。同年，科技部与铁道部也进行了相应的合作，签署的《中国高速列车自主创新联合行动计划合作协议》，保证了科技部门在理论支持、项目支撑、成果认定等方面对铁道部的支持。在此基础上，国内 100 余家科研院所、高校、工程技术研究中心及国家级实验室等都为中车的发展贡献了自己的力量。

如图 5.1 所示，后发复杂产品制造企业创新能力的动力牵引机制由市场需求、行业技术及政府政策组成。其中，市场需求具有个性化和需求大的特点，个性化的需求需要引进国外先进技术，需求大的特征需要政府政策保障，而行业技术中需要国内相关行业支持的情况则需要政府进行资源的协调。最终，市场需求的吸引、行业技术的带动及政府政策的引导共同推动后发复杂产品制造企业的创新。

① 《发挥新型举国体制优势》，http://theory.people.com.cn/n1/2021/0426/c40531-32087928.html[2022-05-31]。

② 2020 年全国铁路营业里程达到 14.63 万公里，复线率 59.2%；电化率 72.7%；其中，高速铁路营业里程 3.8 万公里，占比 26%；高速铁路客运量比重达到 70.7%，客运周转量比重达到 58.6%，圆满完成了预期各项目标。

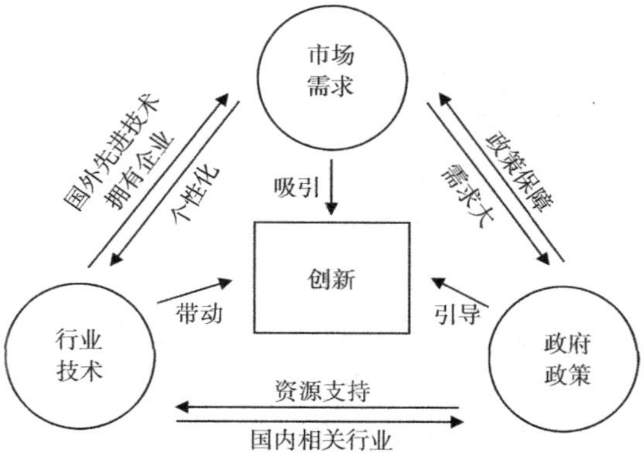

图 5.1　动力牵引机制

5.5.2　合作创新机制

中车的创新能力是在自主探索阶段，技术引进、消化、吸收阶段及基于消化吸收的再创新阶段和全面自主创新阶段中逐步提升的，在这个过程中，与外国企业的合作、与本国企业的合作机制带动企业自身研发体系的建设从而共同推动着创新的发展。

合作创新是一种既与开放式创新和用户创新区别又相互联系的创新模式，合作创新强调高校、科研院所、供应商和竞争对手等利益相关者在创新链的创意产生、研究开发和实验阶段发挥协同效应，且交易逻辑是经济性的（高良谋和马文甲，2014）。自开放式创新提出后，大有替代用户创新和合作创新模式的趋势，而事实上，在复杂产品系统创新中合作创新更有效，这是由其高知识技术密集度所决定的。然而，关于合作创新的微观机制在理论上尚不清晰。中车利用合作创新模式提升创新能力的经验，有利于整合形成内部微观机制。

1. 坚持自主品牌的博弈机制

博弈主要指的是在一定的条件下，一个人或团队在遵守一定规则的前提下从各自允许选择的行为或策略中进行选择并实施，从中取得相对应的结果和收益的过程。而坚持自主保证了中车集团的主动性，不仅避免了汽车行业中“丢了市场，还没学到技术”的惨痛后果，也使中车打响了中国自主品牌的名声。

中车与国外拥有先进技术的企业的合作就是一场博弈。因为“市场换技术”本身具有极大的争议，中国汽车产业在执行这个思路之后，大量的市场份额被外资占据，而自身的技术能力、创新能力却始终落于人后。但是复杂产品行业的引进技术为什么没有发展到“市场换技术”的传统结局呢？因为在这场博弈中，中车始终坚持自己的自主权，发展自主品牌。在2004年，铁道部为铁路第六次大提速实行时速200公里的动车组招标，值得注意的是，招标采购主体是国内机车车辆制造企业，而外方作为国内企业的合作伙伴，转让先进技术并提供相关支持，也就是说需要保证中国本土企业在学习和技术引进中的主动权，也明确提出了"引进先进技术、联合设计生产、打造中国品牌"的总体要求。对于汽车行业来说，引进外资后进行自主研发费时又费力，直接用散件进行组装来卖车能够获得立竿见影的利润，所以汽车行业的研发自主性就降低了，那么自主品牌的建立更是无从谈起。据了解，在引进技术之后，中车本打算与德国著名的西门子公司合作，由西门子公司提供高铁建造的技术，中车提供资金。然而，西门子公司竟提出了3.9亿欧元（折合当时的35亿元人民币）的技术转让费用，中车当然回绝了这一天文数字的要求。在这场博弈中，正是坚持打造自主品牌的精神使得中车避免了如中国汽车产业"市场换技术"一般的惨痛结局，也在之后的发展中打响了自主的品牌。

2. 构建关系型交易

关系型交易指的是企业、组织、机构等通过关系契约形成的商业交易，是企业相互之间的信任，而不是正式的治理机制形成的一种交易（Kong，2011）。关系型交易产生于市场发育不成熟、信息不对称的程度高的时候。因为当市场环境良好时，市场的相关机制能够自动对公司的行为进行约束、奖励，公司遵从市场规则能够获得信誉较好的交易伙伴，无须通过关系型的交易共享信息及降低交易成本（Klein et al.，1978；Johnson et al，2000；Claessens et al.，2003；夏立军和陈信元，2007）。企业与供应链上下游的企业建立关系型的交易，能够利用公开透明或者私下的途径进行信息的共享，有助于缓解各个企业之间的信息不对称问题（石小法等，2002；马祖军和武振业，2002；叶飞和李怡娜，2006）。并且这种关系能够创造高水平的关系租金，有利于交易成本的降低（Patatoukas，2012）。

对于中车来说，在创新的过程中，其所在的产业链上，原铁道部或原中国铁路总公司在产业链的顶端，合作商及供应商之间的连接关系就是关系型交易。在自主探索阶段，市场经济体制并不完善，中车的发展依靠的是各个机构的合作。"新曙光号NZJ1""普天号""神舟号"等都是各机构合作的成果。在技术引进、消化、吸收阶段，原铁道部为了推动动车组产品设计的创新及生产制造技术的完善，成立了动车组项目联合办公室，专门负责协调企业、科研机构等的资源、资金调动问题，以及其相互之间的互动与反馈。正是关系型交易的达成，才使得复杂产品各系统能够保持信息的实时更新，最终整个系统的创新能力得以提升。虽然现有研究表明，关系型交易较为适合市场体制不健全的时期，但是对于复杂产品企业来说，供应链关系型交易一直是为其提供技术支持、创新知识及丰富经验的源泉。在前期的自主探索和技术引进阶段，关系型交易的一个好处是帮助中车有效地进行信息的沟通，从而降低其交易成本，使其实现快速而顺利的创新。传统制造企业在技术引进后会面临参差不齐的发展态势，往往是某一企业突破了核心技术，而供应商只能勉强跟着市场的步伐，遵守市场的规则，从而进行市场化的交易。然而对于复杂产品行业来说，关系型交易的另一个好处是在产业链上实现核心技术突破的企业会对与其进行关系型交易的供应商与合作者形成压迫，从而倒逼其进行创新，迈出紧跟行业发展的步伐，从而提高整个复杂产品行业的创新能力的提升。比如，在引进技术之后，中车发展高铁动车组的质量问题并不是整车技术的缺乏造成的，80%的问题与零部件有关，于是原铁道部的招标合同要求 20 列车中的 17 列要不断提高国产化的比率，由此，零部件的国产化倒逼了全产业链技术能力的提升。

基于对中车关系型交易发展的研究，可以看出，在早期市场经济体制不完善的时期，关系型交易使得合作商、供应商与中车有着良好的长期交流，为中车的发展提供了技术、知识等相关的支持与帮助；而在技术引进之后的阶段，中车的技术已经实现了跨越式的突破，与其进行关系型交易的供应商并没有被淘汰或者被抛弃，而是在中车实现技术突破的引领下，跟进中车的步伐进行创新。

如图 5.2 所示，随着中车的不断发展，关系型交易有着不同的发展。在中车早先的发展阶段中，市场经济体制尚不健全，信息等不对称，所以关系型交易产

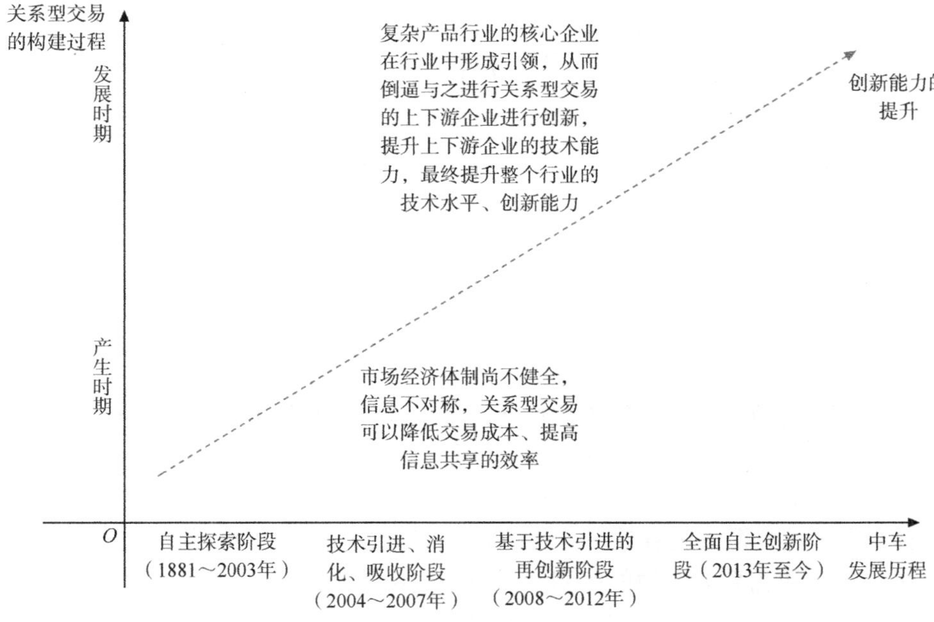

图 5.2　关系型交易的构建

生了。关系型交易的产生可以降低交易成本、提高信息共享的效率。随着市场机制越来越健全，关系型交易可以促使复杂产品行业的其他企业进行创新，因为该行业的核心企业会在行业中形成引领，从而倒逼与之进行关系型交易的企业进行创新，这样的方式也能够提升整个行业的技术水平和创新能力。

5.5.3 人才培养机制

随着知识经济时代的发展，人才对于企业创新的作用越来越重要，对于人才采取适合的培养机制使其发挥更高的积极性是必不可少的措施。中车对人才的培养是基于复杂产品技术密集性的特征、国有企业（以下简称国企）背景及企业发展阶段等进行的，主要包括领导与治理机制、组织学习与积累机制及人才激励机制，见图 5.3。

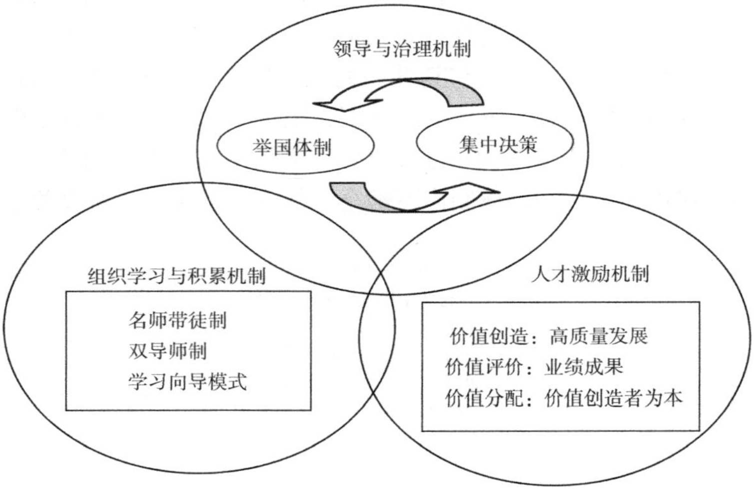

图 5.3 人才培养机制

1. 领导与治理机制

复杂产品行业具有技术密集的特征，需要大量高新技术人才的共同努力。中车是具有国企背景的股份制企业，控制的是关乎国家命脉的交通运输企业，所以采取集中统一领导的模式，能够在国家范围内集合最优秀的人才资源攻克技术难题，提高了人才资源的配置效率。也就是说，相比于海尔这样传统制造企业来说，中车的领导人更需要做资源的协调者而不是决策的制定者，所以也更需要严格的规章制度对这一过程进行管理，要既能保证领导人切实履行自己的责任，又能促使复杂产品制造企业的技术创新。

对于中车来说，领导只是进行资源的协调与分配，以保证技术上的创新能够顺利地进行。企业发展的治理机制更多的并不是依靠领导者的前瞻性决策，而是国家政策、内部制度。而海尔实行“人单合一”以后，虽然去掉了行政阶层，但还是有小微主、平台主、领域主的存在。并且，其组织结构不是传统的正三角结构，而是倒三角结构。他们的治理主要是“自管理”。

2. 组织学习与积累机制

中车信奉“育才造士，为国之本”，认为企业能够持续健康高质量发展最主要的是依靠创新型人才，所以要培养造就一大批高素质的专业化人才。中车以全面打造人才高地为目标和主线，围绕着“开放量能、人才育成、体系建设”三大目标，优化完善“课程体系、培训师体系、培训管理体系”三大体系，系统构建“中车大学”“企业基地”“外部资源”三大平台，着力加强经营管理人才、专业技术人才、高技能人才、国际化人才及党务人才队伍建设，从而为中车在世界上的发展提供强大的智力和人才支撑。2020 年，中车共策划举办公司级线上线下重点培训项目 71 期，累计培训 6000 余人次，重点组织实施了数字化人才、国际化人才、核心人才和总部部室培训项目。2020 年，27.5 万人次参加了所属企业举办的子公司级和分厂车间级培训，其中管理人员培训约 3.8 万人次，专业技术人员培训约 5.1 万人次，技能人员培训 18.6 万人次。以员工的培养来说，对技能员工实行“名师带徒制”，对工艺技术人员实行“双导师制”，对入职员工则实行“学习向导”模式等。

中车现在依然是以技术创新为核心，其他业务齐头并进的发展状况，以中车的主要业务为例，中车主要经营：铁路机车车辆、动车组、城市轨道交通车辆、工程机械、各类机电设备、电子设备及零部件、电子电器及环保设备产品的研发、设计、制造、修理、销售、租赁与技术服务；信息咨询；实业投资与管理；资产管理；进出口业务。可以看出，中车目前依然是在以轨道交通业务为核心业务进行拓展，所以对人员的技术水平有较高的要求。而海尔已经确定了生态品牌战略，核心业务是向第三方进行赋能，提供第三方企业不同场景的解决方案。所以企业发展阶段决定了组织学习的内容与培训的人员。

3. 人才激励机制

创新是驱动中车高质量发展、做大做强做优的根本力量，而创新驱动的实质是人才驱动。国有企业通过建立公平的薪酬与晋升激励制度可以规避员工的“逆向选择”（赵小华，2015），而科学的评价机制、职业通道的开放，可以通过引入市场化的人才配置机制为国企引入市场化的动力，从而激活国企人才价值创造的能力（彭剑锋，2014）。

中车对内部创新者的激励，从人员的价值分配方案中可以看出，它的方案是按照“人才唯先”的原则。创建了人力资本的价值实现平台，实施以高质量发展为核心的价值创造、以业绩成果为导向的价值评价、以价值创造者为本的价值分配。在薪酬总量的调控上坚持“效益决定工资”的原则。对于企业负责人来说，薪酬与经营的业绩相挂钩，这对公司的经营和管理目标的实现起到了引领和支撑作用；对于普通员工而言，建立以岗位绩效工资为主的基本工资制度，体现了收入分配的岗位价值导向和工作成果导向，有利于提升员工工作绩效和工作积极性。基于价值创造为导向的人才激励已经为中车创造了不菲的成果。以技术领域而言，截至 2018 年，中车已经拥有了一支以 14 名科学家、77 名首席技术专家、467 名资深技术专家、2248 名技术专家为核心的技术人才队伍，由这支技术人才队伍带队，中车获得专利授权总数 2497 项，其中，发明专利授权数量为 1145 项，海外专利授权数量为 60 项，而其专利获奖数量也创了历史新高，获得专利金奖 1 项，银奖 4 项，优秀奖 10 项。在创新人才战略引领下，中车的创新人才队伍建设取得了重大进步，研发人员数量和比重都在持续提升。2020 年公司研发人员数量达 35 273 人，占公司总人数的 21.48%（表 5.2）。而海尔的激励机制由企业付薪转为用户付薪，员工的收益虽然是由效益决定，但是发放薪金的主体已经改变了。

表 5.2　研发人员数量和比重

项目	2015 年	2016 年	2017 年	2018 年	2019 年	2020 年
公司研发人员数量/人	33 457	34 671	32 797	32 914	34 842	35 273
研发人员数量占公司总人数的比例/%	9.49	18.94	19.00	19.52	21.03	21.48

如表 5.3 所示，鉴于复杂产品本身技术密集性的特点，中车在领导与治理机制上呈现出领导人更趋向于政治家的现象，领导人没有对经营方向等的决策权，大多负责资源的协调与分配。而在治理方式上，中车也不同于海尔扁平化的组织模式，而是集中统一领导，依靠国家政策和规章制度的严格约束进行经营，从而提高资源配置、人员配置的效率，更好地促进复杂产品的创新。在组织与学习机制中，鉴于中车所处发展阶段，其培训大多是对企业内部人员技术上的培训，而非海尔建立生态品牌战略之后的进行外部赋能所需要的外部资源的联结。鉴于技术密集的特点，以技术为核心的发展阶段及中车的国企背景等特征，不同于海尔的“人单酬”原则和以用户为付薪主体的激励，中车实施以价值创造为导向的原则和企业为付薪主体的激励机制。

表 5.3　中车与海尔人才培养机制的差异与原因

人才培养机制		海尔	中车	原因
领导与治理机制	领导者权责	管理者，拥有决策权，负责资源的协调与分配	政治家，负责资源的协调与分配	复杂产品相对于家电而言具有技术密集的特征；国企相对于一般企业而言具有集中统一领导的特征
	治理方式	扁平化的组织；自管理	垂直化的组织，集中统一领导国家政策、规章制度的约束	
组织学习与积累机制	培训的目的	与生态品牌战略相联系，对外部进行赋能	对技术等进行熟悉，培养技能型人才	企业发展阶段的不同。海尔进行外部赋能，而中车处于以技术创新为核心业务同时拓展其他业务阶段
	培训的内容	多与外部资源进行联结	多是中车本部或者分公司级别的技能培训	
人才激励机制	原则	“人单酬”，按照单完成的质量来获取报酬	价值创造为导向	结合企业本身的性质、特点、所处行业的特点综合得出
	付薪主体	用户付薪	企业付薪	

5.5.4　知识治理机制

Grandori（2001）第一次提出了“知识治理”的概念，认为知识治理是对于一系列知识活动及过程的治理，这些知识活动包括企业内外部知识交换、转移与共享等。知识从知识源到知识宿的流程，分别为知识识别—知识共享和转移—知识融合—知识存储—知识传播（林惠娟和李朝明，2012），因为现有研究中大多将知识融合和知识存储理解为知识的管理，结合复杂产品独有的特点，本章认为对于复杂产品的知识管理是进行知识的重构，而知识流动包括知识共享和转移及知识传播（华连连和张悟移，2010），所以本章从知识搜索、知识流动及知识重构的视角来解释知识治理机制。

1. 知识搜索

知识搜索指的是组织对不同的外部知识源的知识进行搜寻、整合、获取及利用等活动（Nelson and Winter，2009），涉及向谁搜索（搜索对象）、搜索什么（搜索内容）和如何搜索（搜索过程）等问题，所以组织在进行知识搜索时需要确定适当的搜索范围、频率、强度，以及渠道和方式等（林惠娟和李朝明，2012）。

中车在自主探索阶段和技术引进、消化、吸收阶段，更多的是对技术、工艺手段等的搜索，搜索的对象就是复杂产品行业拥有先进技术的企业，主要是外国企业，如西门子公司、阿尔斯通公司、庞巴迪公司等，搜索的方式就是在确定中国本土企业主体地位的前提下，通过签订合同的方式，引进技术、工艺等。在基于消化吸收的再创新阶段及全面自主创新阶段，搜索的对象从国际企业转向了国内企业，而搜索内容也不仅仅包括先进的技术，更重要的是信息、资源等的共享。随着互联网时代的到来，人们的需求变得越来越多样化，中车也开始将目光从单一的产品技术转向相关产业及服务质量的提升。所以此时的搜索过程并不只是以签订合同的方式进行的约束性合作，而是双方互利共赢的合作模式。搜索的对象和内容呈现出大范围、多领域的特征。例如，中国南车股份有限公司的主营业务从原有的轨道交通拓展到通用机电业务、现代服务业务及战略性新兴业务，而其售后服务文化也一度受到好评。在建造京沪高铁时，科技部与铁道部签署了《中国高速列车自主创新联合行动计划合作协议》，科技部门也从各个方面如理论支持、项目支撑及成果认定等支持了高铁技术的吸收与完善，并在此阶段上先后调动了国内 100 余家科研院所、高校、工程技术研究中心及国家级实验室等。

2. 知识流动

知识流动主要表现为知识溢出、知识扩散、知识转移和知识共享（丁树全，2007）。总的来说，知识流动就是知识在参与创新活动的不同主体之间流动，这种流动包括溢出、扩散、转移和共享等形式。

中车在创新的早期阶段主要是对国外企业的先进技术、工艺等进行的搜索，所以知识的流动是从拥有先进技术工业手段的国外企业流向中车。引进技术之后，中车在短期内实现了跨越式的发展，达到了国际水平。此后，其进行的知识搜索不只是技术方面的知识，而主要是信息、资源等的共享，所以流动的方向是双向的。中车的技术流向其他复杂产品行业的某些企业，而复杂产品行业的相关信息、资源等流向中车。其中，复杂产品系统固有的复杂性、耦合性的特点使知识流动成为必然，复杂产品系统由很多子系统组成，而各个子系统中又包含许多模块，模块之间及子系统之间又具有耦合性。以高铁为例，关于高铁的技术天然具有跨学科和模块化的特征。就跨学科而言，高铁技术涉及计算机科学与技术、材料科学与工程、控制科学与工程等数十个一级学科；就模块化而言，高铁技术包括基础工程、牵引供电、车辆装备等子系统技术，以及更低的模块技术。所以仅凭中车本身，很难一次性对所有的核心技术及资源同时进行掌握，需要协调整个复杂产品行业的相关企业。而复杂产品行业内的交易具有关系型的特殊特征，这种关系型的交易也使得知识流动更加顺畅。只有知识进行流动，才能保证复杂产品系统的顺利创新，复杂产品行业的创新能力才能够得到整体的提升。

3. 知识重构

重构是指在计算机中，通过调整程序代码改善软件的质量、性能，使其程序的设计模式和架构更趋模块化和合理化。那么拓展到复杂产品系统中，就是说，复杂产品系统的知识需要经由知识搜索和知识流动得到的知识来改善其知识的结构，使其更适合中车的创新，更适合后发国家的环境。中车在创新能力的提升过程中，需要对知识进行重构，主要表现在复杂产品系统内各子系统、子系统内各模块的知识重构，以及对引进的知识进行的重构。

在进行知识搜索和知识流动之后，中车对知识的管理就是对知识的重构。首先，是对引进的知识的重构。在 2004 年开始了技术引进之后，引进的外国先进的制造生产工艺等为中车的技术创新奠定了基础。但是中国的环境与外国的环境有很大的不同，所以在工程环境、气候环境、地质环境等方面都需要进行适应性的工作。这时，就需要对引进的知识进行重构，需要对引进的技术进行一定程度的修改和完善，使之适应中国的环境。以高铁为例，焊接技术是高速动车组车体组成中最难操作但是也最重要的部分，唐车曾经派遣员工远赴德国学习西门子公司的焊接技术，受训人员回来之后不仅培养了数百名具有国际认证资质的高级铝焊工，而且在西门子公司焊接技术的基础上进行了知识的重构，继续进行大量实验，最终掌握了焊枪的最佳角度和速度，达到了零缺憾。唐车的接线合格率超过西门子公司，达到世界同业之最，也是进行知识重构的结果。其次，是对于复杂产品各子系统、子系统内部的各模块知识的重构。因为复杂产品系统具有耦合性的特征，所以就算是国内企业的相关技术也不能直接适用于中车内部的系统。虽然新型举国体制的政策使中车受益颇多，但其依然建立了自己的实验室、科研院所等，就是为了对引进的相关资源、信息等进行重构，使它们更加适合复杂产品系统。

如图 5.4 所示，知识治理是一个不断上升的过程，在这个过程中，包括知识搜索、知识流动及知识重构。后发复杂产品制造企业的知识搜索过程，包括对国内和国外企业的相关知识如技术、经验、人才等的搜索，知识流动包括国外拥有先进技术的企业向中车的流动，也包括子系统之间、各模块之间的流动。而知识重构则是对国外引进的知识和国内相关知识的重构，一方面是因为国外的技术不一定适合后发国家的地质环境、工程环境等，另一方面是因为复杂产品系统本身的复杂性及耦合性的特征，只有进行了知识的重构，相关的知识才能更适合后发国家、更适合复杂产品制造企业的创新。

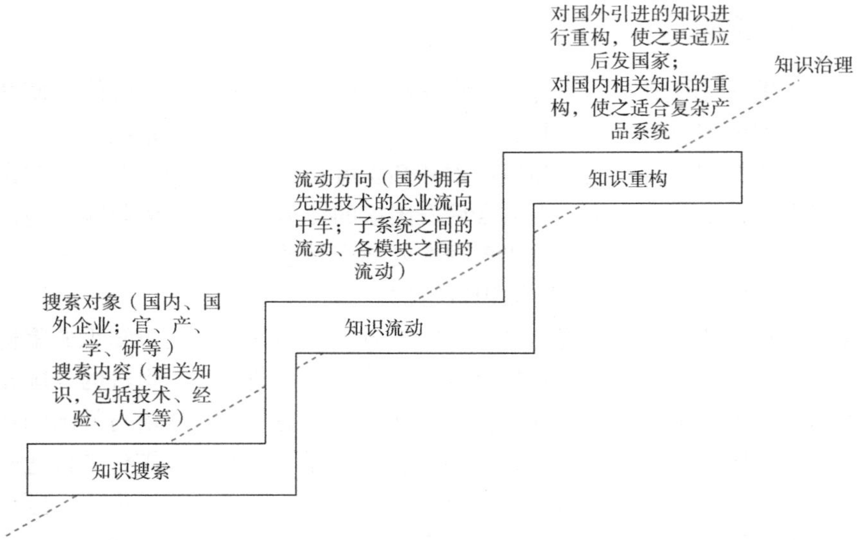

图 5.4 知识治理机制

5.6 结论与展望

5.6.1 研究结论

本章基于对中车的案例研究，从企业微观层次系统地探讨了后发复杂产品制造企业创新能力提升的机制。研究有如下发现。

（1）后发复杂产品制造企业创新能力提升的机制包括提供创新平台、推动创新进行的动力牵引机制，为复杂产品制造企业提供技术、人才、信息、资金等支撑的合作创新机制和人才培养机制，以及使知识进行不断的良性循环的知识治理机制，见图 5.5。

（2）动力牵引机制为后发复杂产品制造企业提供了创新动力。包括市场需求、行业技术、政府政策三个要素，三个要素结合新型举国体制共同为复杂产品制造企业的创新提供吸引、带动与牵引，最终使复杂产品制造企业坚持以轨道交通业务为核心业务，坚持持续创新。

（3）合作创新机制为后发复杂产品制造企业提供了创新资源。合作创新机制使后发复杂产品制造企业在坚持自主品牌的博弈机制中获得了外部创新资源；构建关系型交易是指对于国内复杂产品行业供应链上的相关企业的管理，关系型交易使其在前期降低了交易成本，满足了信息共享的条件，从而实现自身企业的快

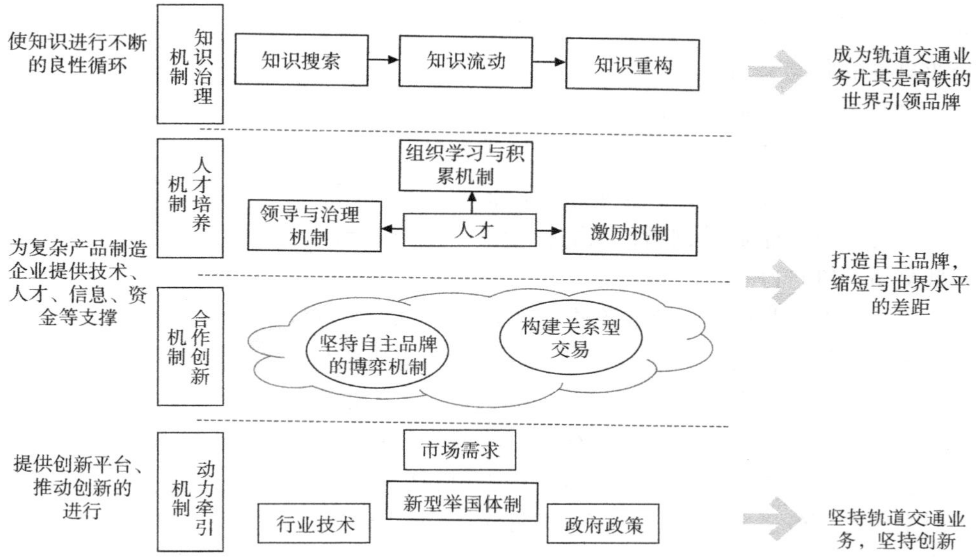

图 5.5　后发复杂产品制造企业创新能力提升机制

速发展，在后期又倒逼与其进行关系型交易的上下游企业进行创新发展，从而使整个行业的创新能力得到了提升。

（4）人才培养机制为后发复杂产品制造企业提供了创新型人才。后发复杂产品制造企业通过领导与治理机制、组织学习与积累机制、激励机制等提升人才创新的积极性。最终人才培养机制与合作创新机制形成合力，使后发复杂产品制造企业缩短其与世界水平的差距，从而在世界上打造自主品牌。

（5）知识治理机制为后发复杂产品制造企业提供了知识基础。知识治理机制由知识搜索、知识流动及知识重构有机构成。知识搜索完成了对国内外复杂产品系统中相关知识的搜索；知识流动实现了知识从外而内，再从内部系统到各子系统之间的知识转移，增加了后发复杂产品制造企业自身的知识；而知识的重构则能够使后发复杂产品制造企业基于市场需求进行自主创新。知识搜索、知识流动和知识重构构成了知识从外部到内部的不断循环，从而使后发复杂产品制造企业夯实了能够进行知识积累和知识创新的知识基础。

5.6.2　管理启示

后发复杂产品制造企业创新能力的提升，需要整体上发挥关键要素的功能及要素之间的协同效应。本章基于中车的案例研究，探讨出复杂产品行业特有的举国体制、关系型交易，以及复杂产品系统固有的技术密集、复杂性和耦合性的特征。在这样的特征下，后发复杂产品制造企业创新能力的提升需要国家、行业及企业自身的共同努力。

（1）对于国家来说，市场需求的吸引、行业技术的带动及政府政策的引导缺一不可，这为复杂产品制造企业提供了创新的方向。

（2）对于行业来说，关系型交易降低了交易费用，并且核心企业技术的突破可以倒逼上下游企业的创新，从而拉动整个复杂产品行业的发展，所以要坚持关系型交易，维护好行业环境。

（3）对于企业来说，最重要的是对自主品牌的坚持与保护。要进行自主研发，合作时也要保证自己的自主权，从而在在世界上打响中国自主品牌的前提下稳固自己的市场地位。对于人才的培养，要维护好现有的领导与治理机制、组织学习与积累机制、激励机制，还要积极探索更有利于中车后续发展的机制。对于知识的治理，要继续使知识治理机制进行内部过程的循环，使知识搜索、知识流动及知识重构等不断进行循环，从而保持知识的良好运行，使之更利于后发复杂产品制造企业的创新。

第 6 章　创新能力的导向：提升原始性创新能力①

为适应原始性创新、创新策源的要素供给和制度供给需求，深入实施创新驱动发展战略，《习近平致中国科学院建院 70 周年的贺信》中写道："当今世界，创新是引领发展的第一动力。希望中国科学院不忘初心、牢记使命，抢抓战略机遇，勇立改革潮头，勇攀科技高峰，加快打造原始创新策源地，加快突破关键核心技术，努力抢占科技制高点，为把我国建设成为世界科技强国作出新的更大的贡献。"②中美贸易摩擦以来，中国高新技术企业如华为、海康威视等纷纷受到美国及其盟友不同程度的制裁或打压，这对中国企业的全球价值链布局造成较大程度的割裂，加之中国高新技术企业在技术上尚未真正进入基础研究驱动的原始性创新阶段（吴晓波等，2018）。以传统制造、中华老字号、高新技术和复杂产品为代表的中国制造企业亟待形成并提升原始性创新能力，这对于提升中国制造的国际竞争力、拉动制造业价值链向中高端迈进、保障国家的经济安全具有至关重要的作用。

6.1　创新能力提升机制的基本经验

传统制造、中华老字号、高新技术和复杂产品是四类具有典型特征的中国制造企业，其创新能力提升机制既有共性，又有差异性。其中的共性，因为有较好的可扩展性、可复制性，可以为其他中国制造企业创新能力的提升提供借鉴。而其中的差异性，则需要依据具体企业的产品生命周期、技术与知识的密集程度、产业链生态特征、国际化程度、资源的分布特征等五个因素选择差异化的路径。

---

① 本章部分内容发表于 2020 年《广西财经学院学报》第 33 卷第 3 期《科技创新与经济高质量发展：作用机理与路径重构》（陈劲，刘海兵，杨磊）。

②《习近平致中国科学院建院 70 周年的贺信》，http://jhsjk.people.cn/article/31433759[2022-05-31]。

6.1.1 创新能力提升的一般性机制

纵观传统制造、中华老字号、高新技术和复杂产品四类典型特征的中国制造企业，其创新能力之所以不断提高，是因为坚持了战略导向、需求牵引、创新驱动、人才支撑和开放式创新的发展机制。

1. 战略导向

中国制造企业十分注重战略对企业可持续竞争优势构建的导向作用。当内外部环境发生变化时，中国制造企业能够及时地捕捉环境中的价值信号，进而能动地对战略做出适应性调整。战略的调整和转型进而引领企业产品、研发、流程、管理等要素实施变革，其目的是确保企业的战略目标达成。

以战略对创新模式的引领为例，海尔在名牌化战略阶段实施了单一创新，在多元化战略阶段、国际化战略阶段实施了组合创新，而在全球化战略阶段和网络化战略阶段则实施了全面创新；同样，作为高新技术的典型代表，华为在不同发展阶段及时调整着发展战略，并实施了与战略相适应的创新模式，先后经历了"低阶模仿性创新—高阶模仿性创新—基于合作研发的开放式创新—自主可控的开放式创新—创新引领"；中华老字号在"从无到有""由小变大""从一到多""由大变强"的战略发展中，相适应地实施了从单一创新到组合创新，再到传承创新的创新过程；复杂产品在自主探索—技术引进、消化、吸收—基于消化吸收的再创新—全面自主创新的战略发展中，相适应地实施了原始性创新、集成创新、二次创新和全面自主创新的创新模式。可以看出，战略对创新模式的选择具有导向作用，当然，战略对组织、文化、市场、管理等其他要素同样起着导向作用。

2. 需求牵引

以用户为中心，在深入理解用户有效需求的基础上，通过产品创新满足市场需求是需求牵引的内核。在需求牵引机制中，用户需求和产品创新相互促进，更加复杂、更有挑战性的用户需求会激发企业的创新动力，而更有市场竞争力的产品创新则会促使用户提出更有挑战性的产品需求。在与用户需求的互动中，企业对用户需求的理解越深，满足用户需求的能力越强，企业学习能力、动态能力越能持续成长。例如，海尔洗衣机的产品创新都是建立在用户痛点基础上的。再如，中车的产品创新，在技术引进、消化、吸收阶段，为了满足市场对铁路快速运输的需求，中车通过技术引进在短时间内实现了从跟跑到并跑的进步，而随着"一带一路"倡议的引导，中车的国际化业务也如火如荼地开展起来，正在研制满足不同地质环境需求的高速运输系统。又如，汾酒集团通过"行走的汾酒"及汾酒文化宣传活动，拉近与用户的距离，了解用户需求，并根据“90 后”消费特点研制了能够调制鸡尾酒的“百搭”版汾酒，以及小容量装汾酒，这些通过需求牵引的产品创新使汾酒集团营业收入在近几年保持快速增长。

3. 创新驱动

创新驱动是中国制造企业创新能力提升的根本。一方面，企业注重创新模式的演进，即根据企业发展的战略阶段，选择与战略相适应的创新模式。从产品创新和技术创新的视角看，总体上中国制造企业大致经历了从技术引进、消化、吸收到二次创新，再到原始性创新的发展历程。创新模式反映了企业对创新资源的组织和配置方式，创新模式的选择是创新驱动发展的首要载体，中国制造企业创新模式的演进反映了其创新能力提升的过程。另一方面，企业十分注重创新要素的投入。无论是从研发组织、研发项目管理、研发人员，还是研发经费上来说，保证充足的创新投入都是十分必要的。海尔分布式科技创新体系中的超前研发中心专门开展 3～5 年家电技术的研发，每年投入研发经费居于家电行业前列。华为则以《华为基本法》牢固树立创新为本的制度，规定每年投入不少于 10%的收入进行研发，2019 年中美贸易摩擦背景下华为在研发方面持续高投入，全年研发费用达 1317 亿元人民币，占全年销售收入 15.3%，2011～2020 年投入研发费用总计超过 6000 亿元人民币。得益于这样的研发投入，华为研发出 AI 芯片昇腾 910、麒麟 990 5G 芯片及兼容 ARM 的处理器鲲鹏 920，使华为有了 5G 通信领域的话语权。截至 2018 年，中车组建了一支以 14 名科学家、77 名首席技术专家、467 名资深技术专家、2248 名技术专家为核心的技术人才队伍，中车获得专利授权总数 2497 项。汾酒集团则十分重视酿酒工艺传承人的培养，且致力于一些新的酿酒技术的创新。

4. 人才支撑

创新型人才是创新的发起者和推动者，创新型人才的培养为企业创新能力的提升提供了基本支撑。人才培养和人才激励是人才体系的两个核心组件。首先，在人才培养方面，中国制造企业在低阶创新能力阶段往往通过引进外部技术，以组织学习方式培养创新型人才，而当进入高阶创新能力发展阶段时，主要依赖成熟知识管理体系下的内部培养和开放式获取。这种变化反映出随着企业创新能力的提升，人才培养的路径也要随之调整。其次，人才激励是激发人才创新动力的保障，没有好的激励机制，即使储备了人才也不会产生应有的创新能力。因此，从海尔、华为到汾酒集团和中车，“人人都是创客”、员工持股、“人才唯先”等无不体现着企业对创新型人才的重视，其目的在于最大限度地释放人才的积极性。

最后，还要注重借助开放式创新整合外部创新资源（也称“外脑”），海尔借助 HOPE 将组织外用户、工程师、高校科研院所研究者、情报分析员都纳入了创新合伙人计划，以创新社区的运营方式提高创新资源在创新活动中的活跃度，截至 2018 年海尔已有超过 10 万人的创新合伙人。华为也正在构建使能者平台，研发队伍不仅仅来源于内部，还来源于外部的各组织。

5. 开放式创新

开放式创新能够使企业整合跨组织边界的创新资源，使企业克服自身资源劣势，不仅提升了企业整合资源进行创新的能力，而且降低了研发成本，缩短了研发周期，提升了研发效率。不同创新情境、不同特征的企业在开放式创新实施上有不同的阶段性控制。由技术控制力和创新活跃度反映的创新情境是决定开放式创新模式选择的依据，开放式创新是一个依据企业面临环境和战略选择发生的连续、动态的创新资源吸引、整合、利用、释放和扩散过程，随着创新情境越来越有利，开放式创新依次经历内部依赖–内向型、主导参与–内向型、主导参与–双向型、社群共创–双向型四个阶段，与之对应的创新能力则沿着“技术创新能力—整合创新能力—动态创新能力—生态创新能力”的路径演化。四类典型特征企业均实施了开放式创新，不同的是具体路径因为情境不同而有差异。

6.1.2　创新能力提升的差异性机制

四类典型特征企业创新能力提升的机制还存在差异性，这种差异性也呈现了其创新的显著特征。传统制造企业强调管理创新，中华老字号企业强调传承创新，高新技术企业强调知识创新，复杂产品企业强调集成创新（图 6.1）。

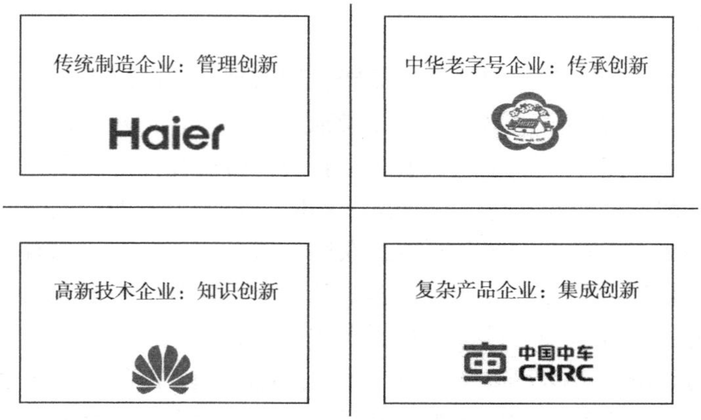

图 6.1　四类典型特征企业创新能力提升的差异性机制

1. 传统制造企业：管理创新

传统制造企业的典型特征是产品具有中长生命周期性，用户需求牵引、市场驱动的产品创新速度较快，行业的知识密集度一般。这类企业创新能力的提升以管理创新为基层，通过战略、组织、人力、市场、管理、文化等方面的协同创新增强其对环境变化的敏感度，并及时捕获价值信号，进而整合内外部资源，满足市场需求。相对于迭代速度较快的产品创新，技术变化具有中长周期性，技术创新往往没有产品创新的速度快，因此，未来传统制造企业还要关注技术创新能力的提升。

2. 中华老字号企业：传承创新

中华老字号企业的典型特征是跨越时间维度、传承产品的历史文化属性，历史文化传统是产品竞争力的核心，产品具有长甚至超长生命周期性。因此，这类特征的制造企业创新能力应更加强调传承创新，即在发展过程中要通过文化传统活化传承中华老字号企业蕴含的优势资源，这种优势资源是中华老字号产品区别于其他产品的异质性资源。文化传统活化的关键是要“翻越历史的藩篱”，寻找“沉睡的资源”的重建，并随着企业发展而逐步完善，文化传统是传统工艺、质量、品牌及文化等属性的有机统一体。

3. 高新技术企业：知识创新

高新技术企业的典型特征是技术迭代速度快，产品更新迅速、生命周期短，属技术密集型和知识密集型产业，高新技术企业创新能力提升的根本是知识创新。企业不同阶段的知识结构及学习模式形成一个螺旋递进的上升机制。知识创新是技术创新和产品创新的基础，随着高新技术企业创新能力的提升，其创新越来越由底层知识创新驱动。

4. 复杂产品：集成创新

复杂产品企业的典型特征是跨越产业链、技术系统特征明显、具有自然垄断特性。复杂产品企业创新能力提升的根本是集成创新。复杂产品企业作为复杂价值网络中的中心企业，强调系统地将外部创新资源有序整合，体现协同效益，发挥合力。因此，设计复杂产品的系统架构，并甄别选择与复杂产品系统匹配的资源，然后通过机制有序整合供给端、需求端、企业自身及政府政策等各方资源是复杂产品企业集成创新能力提升的关键。

6.2 创新能力导向设计的背景

尽管以传统制造企业、中华老字号企业、高新技术企业和复杂产品企业为代表的中国制造企业缩小了与世界先进制造之间的差距，甚至在某些领域已呈现赶超态势，但整体上中国制造的创新能力还不够强，因此，中国制造创新能力提升的导向应是形成与提升原始性创新能力。

6.2.1 原始性创新能力尚且不强

当前，我国经济进入转型发展的攻关期，创新能力中原始性创新能力被提到前所未有的高度。原始性创新是基于中国创新发展背景提出的概念。当前，原始性创新能力尚存在以下方面的不足。

1. 产业链安全性不高

数据显示，在中国工程院 2019 年展开的 26 类代表性制造业产业的产业链安全性评估结果显示，中国制造业产业链 60%可控，部分产业对国外依赖程度大，其中，6 类产业自主可控，占比 23%；10 类产业安全可控，占比 38.5%；2 类产业对外依赖度高，占比 0.77%；8 类产业对外依赖度极高，占比 30.8%[①]。相比美国等发达国家，中国产业链安全性不高。

2. 中国产业处于全球价值链中低端

中国产业处于全球价值链中低端且与世界领先产业差距显著。2019 年中国工程院对代表性制造业进行的国际对比性分析结果显示，中国的飞机、航空机载设备及系统、高档数控机床与基础制造装备、机器人、高技术船舶与海洋工程装备、节能汽车、高性能医疗器械、新材料、生物医药、食品等 10 类产业与世界差距大，而在集成电路及专用设备、操作系统与工业软件、智能制造、航空发动机、农业装备等 5 类产业，中国与世界的差距已经达到巨大的程度。

3. 产业链存在严重的“卡脖子”短板

有学者指出，中国在如高端芯片、核心软件、关键材料等领域产业基础能力弱，“卡脖子”的关键技术环节仍严重依赖进口，核心关键技术受制于人，存在“被

---

①《工程院：中国 8 类产业对外依赖度极高 部分关键技术受制于人》，https://tech.ifeng.com/c/7qp0oL5yeXI [2021-12-21]。

卡脖子”的隐患。

4. 高水平科技奖项、国际量级大科学家的缺失

数据显示，截至 2021 年 9 月中国只有 1 项诺贝尔自然科学奖项，国际量级大科学家数量与发达国家差距悬殊。综上所述，中国亟须通过科技创新提升国家整体原始性创新能力，引领经济高质量发展。

6.2.2　原始性创新能力不强产生的创新负效应

1. 高校科研成果与企业技术需求间存在断层

孙锦礼（2019）对 2014～2018 年河南省二十余所应用型大学的科研成果转化情况研究发现，大量科研成果缺乏市场适应性，无法满足企业的真实需要。此外，创新主体间的合作积极性不高，由于各主体的利益不同，往往难以保障其合作密切程度。正如糜志雄和张斌（2019）分析产学研协同现状时指出，企业、科研机构及高校不同主体之间在创新成果、创新理念及利益诉求方面存在较大的差异，导致创新主体间合作的积极性程度低。

2. 高校等科研机构的科研成果转化率低

2014 年，科技部开展的国家主体科技计划成果转化应用情况统计测算结果显示，在其收集到的 9302 个样本数据中，仅有 47.3%的课题成果得到了转化应用；2015 年，清华大学陈劲教授团队收集了全国 682 所高校关于科技成果转化率的专项问卷调查数据，经测算，“高校 2011～2015 年的科技成果转化率平均估值为 17.6%”；2016 年，国家知识产权局展开的专利利用率测算中，以截至 2014 年底 905 家高校和科研机构的全部有效专利数据为研究样本，测算出“高校专利许可率 2.1%、转让率 1.5%，科研单位专利许可率 5.9%、转让率 3.5%”；基于 PatSnap 数据库 2008～2017 年的出售专利数据，可以推算中国科技成果转化率约为 6%，而美国科技成果转化率高达 50%。

3. 中国产业链整体竞争力不强

目前，中国是世界上产业种类最齐全的国家，拥有世界上最完整的产业体系，产业整体规模大，但如飞机、舰船、汽车的发动机和芯片等方面的生产水平较低，是中国制造业在整体产业链中的薄弱环节。

6.3　原始性创新能力的内涵及相关研究

6.3.1　原始性创新能力的内涵

Goldenberg 等（1999）提出了原始性创新这一概念，认为原始性创新是一种更加简单、更加有效、比之前的各种方案都好，但很难预测、需要花大量的时间去发现的解决方案。中国科学院院士白春礼（1999）结合中国实际，首先提出了原始性创新这个概念，他提出需要重视和增强原始性创新能力，原始性创新能力是提升我国基础研究水平的关键。之后，时任科技部部长的徐冠华（2001）提出要推动原始性创新，培养创新型人才。从 2002 年科技部等部门联合出台《关于进一步增强原始性创新能力的意见》以来，原始性创新开始得到学术界的广泛关注并有了一些研究成果，以国内研究者为主。

然而，原始性创新这个概念目前还没有一致的定义。代表性的有：徐冠华（2001）认为原始性创新意味着在研究开发方面，特别是在基础研究和高新技术研究领域做出前人所没有的发现或发明，推出创新成果；叶鑫生（2001）认为原始性创新应具有两个基本性质，原始性和唯一性；周文能（2007）、原长弘等（2015）认为原始性创新是原始性的科学发现和原始性的技术创新，包括纯基础研究和应用基础研究两种原始性创新。

不同研究领域的研究人员虽对原始性创新的概念界定不尽一致，但有两点是一致的：其一，原始性创新首先体现在“新”方面，这些成果是以前不存在或没有预见到的（陈劲等，2006），这与根本性创新强调的能够带来破坏性洞见或颠覆性科学发现的基础性新颖知识（O’Connor，2008）在本质上是一致的；其二，原始性创新是基础研究领域的重大突破或高新技术领域的重大创新，这与根本性创新可能存在于新的商业模式、新的业务领域有区别。相比于根本性创新的说法，原始性创新的内涵更聚焦于基础研究领域或高新技术领域的应用研究。

6.3.2　原始性创新能力相关研究

原始性创新能力的影响因素是学术界持续关注的热点，概括起来主要有：第一，个体和团队层面的海外背景与职位荣誉，浓厚的科研兴趣，知识积累，坚持不懈的精神和团队合作，开放性、责任性和外倾性人格倾向有利于原始性创新；第二，制度层面的创新文化、合理的激励机制是原始性创新能力提升的因素；第三，组织层面的环境、战略柔性、企业政治行为和组织忘记影响原始性创新能力，如技术不确定性与企业原始性创新能力正相关，市场不确定性与企业原始性创新能力负相关，资源柔性对原始性创新产生了非线性（倒“U”形）影响，而能力柔性对原始性创新能力产生显著的正向促进作用，组织忘记正向影响原始性创新能力。

此外，研究者还关注原始性创新能力提升机制，代表性的有：舒成利和高山行（2010）认为创新主体的多样性是基本特征，新知识的生产是关键，对基础研究的反馈是持续创新的核心，知识扩散是连接纽带，主动开发新知识和知识的商业化之间的交互作用是内在要求；刘小花和高山行（2013）、杨燕和蔡新蕾（2016）分别从实践团体和利益相关者角度讨论了原始性创新的触发机制。

6.4　提升中国制造原始性创新能力的路径

6.4.1　推动创新范式演进

从工业时代聚焦理性与规范的古典管理到聚焦动机与需求的行为科学，再到聚焦知识与创新的后现代管理，时代转型与科学范式交叉推动了管理学范式的跃迁。当前，全新一轮科技革命正蓄势待发，即将迈进工业 4.0 时代，技术创新的双重性及创新对社会价值导向的嵌入问题再度引起思考，亟须推动新一代创新管理范式的产生，以适应新的科学范式与时代特性。欧洲研究委员会 2011 年 5 月提出责任式创新，并从政策制定者的角度出发，构建了责任式创新的治理框架。责任式创新拓展了创新的主体，提出创新应该使所有利益相关者受益，并归纳出责任式创新的集体性、响应性、前瞻性、自省性、过程交互性。梅亮等（2018）基于大量文献梳理，构建了以行为主体、活动、规范为主的责任式创新理论框架。陈劲等（2017）聚焦创新范式发展滞后，缺乏中国创新实践的范式反馈等理论缺口，提出整合式创新范式。整合式创新范式综合了全局性发展的战略创新观；全员、全要素、全时空协同创新的全面创新观；利用内外创新资源的开放创新观；企业、政府、知识生产机构、中介机构、用户协同的协同创新观。它强调了全局观、统筹观及和平观对于创新范式的重要性，完善了东方文化与中国情境的作用。

然而上述创新范式仍然侧重于具体的创新行为、创新环节，缺乏以组织目标、愿景等顶层设计视角挖掘企业创新范式的内涵。为了弥补这一缺口，陈劲等（2019）以行为主体、发生场域、研究视角三个维度，将创新的意义划分为市场识别的经济意义、社会识别的社会意义、国家识别的战略意义、创新者识别的未来意义四个层次，每个层次的创新包含之前层次的意义种类。在此基础上，进一步完善了“有意义的创新”这一概念的缘起、内涵辨析与启示。

与此同时，刘海兵等（2020a）提出“创新引领”的概念，就创新是战略手段还是企业目标的问题，厘清了创新驱动之于创新引领的区别，基于海尔洗衣机产业线的案例，从价值导向、对创新的态度、效应、驱动力四个维度界定了创新引领的概念（表 6.1），并探索性地提炼出创新引领过程的 ISAC 模型，即创新意愿、创新战略、创新行为和核心能力四部分，初步构建出创新引领的概念框架，丰富了基于顶层设计分析创新范式的逻辑视角。

表 6.1　创新引领的内涵

核心变量	创新引领		创新驱动
	案例证据	主范畴	核心特征
价值导向	从 1995 年的小神童洗衣机到 2018 年的双直驱洗衣机，其研发设计源于市场需求，均是以解决市场痛点、满足用户需求为价值导向	用户需求	企业价值最大化
对创新的态度	“如今用户的需求提高了，多种材质的衣服出现，但是干洗又不能保证干净，这就需要第三次‘清洗革命’。我们根据各种材质烘干的温度、湿度以及风向做了很多的研究，对洗衣机进行创新，从设计和工艺上做了很多的改变，由此制造了空气洗洗衣机。还有不用洗衣粉的洗衣机，就是为了减少污染问题。双直驱洗衣机解决费时费电问题等”	履行社会责任的核心手段	实现战略的其中一种手段
效应	20 世纪 80 年代，张瑞敏就感言：“外国人只会给我们卖残次品，我们为什么就不能造出来？”其中深深地映射着企业家的国家情怀。2018 年 7 月，由海尔主导的《智慧家庭体系框架和总体要求》《衣联网通用要求和互操作规范》两项国际标准正式通过电气电子工程师学会评审并成功立项，开始引领行业趋势	重在对行业和社会的贡献	重在自身行业内竞争优势
驱动力	“在海尔，自己就是主人，什么都要自己动手。大到研究团队，小到产品创新，在‘人单合一’管理模式下，我们会自发地紧跟用户需求，洞察行业趋势，不断推动产品创新。创新，不断创新，就是我们的文化”	是一种文化	通过制度和机制驱动

从“责任式创新”“整合式创新”到“有意义的创新”“创新引领”，创新范式的迭代是创新情境不断演进、中国等新兴经济体创新能力不断提升等因素综合作用的产物。以创新的目标、驱动力、利益群体、理念四个维度剖析创新范式演进的深层逻辑可以发现，创新的目标经历了由社会目标向公共目标演进；驱动力经历了由责任驱动向使命驱动演进；利益群体经历了由利益相关者向全人类演进；创新理念经历了由西方科学向东西方管理理念融合的转变。不难得出，创新范式的演变随着科学创新范式的特征变化而变化，当前科学创新的范式呈现高度不确定性和难以预测性，与之相对应的企业创新范式也呈现出对应特征。因此，结合中国目前原始性创新能力较低的创新现状来看，以创新引领作为整体创新生态体系的顶层设计，以所有利益相关者为协同创新主体，以协同、开放、全面、战略

性创新为主要创新逻辑，以挖掘创新的战略价值及未来价值为主要途径，以责任、意义为主导依据的创新决策向以创新为企业行为旨归演进的深层逻辑，推动创新范式的演进。

6.4.2　构建“竞合有序”的创新生态系统

创新生态系统是指以企业、高校和科研机构、用户等创新群落为核心，以风险投资、中介机构等组织机构为支撑，创新环境与创新主体之间通过物质流、能量流、信息流的联结传导，形成的共生竞合、动态演化的类生态系统。具有与自然生态系统相类似的运行机理，主要包括共生演化理论、复杂系统理论、协同论等。“竞合有序”是指创新生态系统的内部运行机制，即系统中的每个创新主体，不再是独立进行创新，而是依托于创新生态系统内部合理有序的创新连接机制，横跨多个产业进行创新。它们既相互制约又彼此依存，形成对接与互补的良性互动机制，推动创新生态系统实现动态平衡。

竞合有序的创新生态系统的构建途径主要经历以下三个路径：首先，引入种类丰富的创新主体，形成系统中的创新群落，最为普遍的创新主体构成是相关产业和支撑机构（高校、科研机构、技术创新服务机构等）。创新生态系统中创新种群的多样性越大，系统的自我调节能力和抵抗外在环境变化的能力也越强。其次，合理把控生态位的纵向长度、生态位整体结构及各级生态位上的创新种群数量，寻找实现系统平衡的最佳比例，保持适当竞争的系统活力。最后，确保创新系统中的信息流、知识流、要素循环等功能正常，通过不断的动态演化和反馈调节，形成以适度竞争、价值共创、互利共生为主要“种间关系”的创新生态系统。对创新生态系统构建路径的研究有利于从系统观、全局观的视角，高效协调系统内的创新资源与创新要素，保证创新体系的持续竞争力。

随着人工智能、大数据、物联网、生物科技等新兴技术的快速发展，创新生态系统中的创新群落结构更加复杂，整个创新生态系统的动态平衡能力更强。因此，构建“竞合有序”的创新生态系统，是当前多主体创新模式下实现高质量发展的必然选择。“竞合有序”的内在运行机制，对于调控创新群落间的互动关系、协同创新主体与环境的适应性匹配、形成有强健生命力的创新生态系统具有重要意义。

6.4.3　实施自主可控的开放式创新

20 世纪末，国外企业中出现了一种淡化组织边界的创新模式，与之前封闭式创新的模式大相径庭。Chesbrough（2003）在对高新技术企业的创新研究中，将这一创新模式归纳为“开放式创新”，是指企业同时利用内外部创新资源和商业化资源的一种创新模式。由此，诸如宝洁公司的“联发创新”等开放式创新实践引起理论界的关注。之后，开放式创新以其打破组织边界、整合外部资源、降低创新成本、提高企业创新绩效等众多优点得到学术界和实践者的认可和推崇。开放式创新拓展了企业间信息交流的渠道，技术创新迭代加快，科技创新带来的规模报酬递增效率显著。

但是，开放式创新同样存在消极影响。对于技术基础薄弱的企业而言，开放式创新模式可能会削弱其创新能力，使得企业难以长久维持创新绩效；对于技术基础强大的企业，若其开放程度超过自身情境需要，同样会造成核心能力丧失等恶劣后果，损害企业发展质量。因此，应该实施自主可控的开放式创新模式，以避免因开放度不当带来的负面效应。自主可控是指开放式创新的实施者具有较强的自主研发能力和技术控制力，能够抵抗开放式创新带来的负面效应。

自主可控的开放式创新的形成路径有以下四种：①控制引入的外部资源的种类和数量。企业在开放过程中，应根据自身面临的特定市场情境和技术情境、能力属性等特征，确定吸收外部创新资源的类型和频率。②创新链开放节点的把控。企业研发创新活动的主要环节是创意产生、研究开发、实验、生产和商业化等，企业开放的任何阶段，其技术引进的范围和深度都要收缩在非核心技术层面，同时技术向外输出的方式和程度也要严格把控，防止内部创新资源过度分散。③自主研发能力的持续增长和核心技术的控制能力。在开放式创新过程中，企业仍应做好基础研究的投入和开发，对影响企业未来发展的核心共性技术要有绝对的控制力，这样才能保证企业的长久竞争优势及行业地位。同时，企业应该专注基础研发与外部创新资源相结合的创新模式，掌握行业核心技术，提升自身对核心技术的掌控程度。④企业在开放过程中为防止信息泄露，必须设置一系列保障措施，如进行技术拆解、技术伪装等，防止核心项目信息的泄露。通过以上路径，基于较强的自主研发能力和核心竞争力，调控适当的开放度，融合开放式创新带来的资源优势和创新效率，可以达到科技创新的高效率和高效益，推动全国企业高质量发展。

6.4.4 形成与政府科技政策互动的协同机制

20 世纪 70 年代，赫尔曼·哈肯在耗散理论的相关基础上提出了协同理论，即系统内部各子系统之间相互作用，维持系统内部无序到有序的耗散平衡。我国国家科技创新体系是以政府为主导、企业为主体、高校及科研院所为依托、技术创新服务机构为支撑的四角相倚的创新体系。其中，政府扮演着“主导者”的角色，配置全国范围创新资源，把控科技创新方向；企业作为创新主体，直接决定研发创新活动的效率和效益；高校及科研院所主要从事基础研究，是知识创造、传播的重要渠道；技术创新服务机构通过技术评估、转移等功能，在知识与科技创新成果转化及应用中起着重要的桥梁作用。体系内部各主体间的协同，是科技创新体系健康和活力程度的关键影响因素。

为了实现科技创新推动下的高质量发展，解决中国制造原始性创新能力不足的问题，科技创新体系的协同机制应该具有以下特征。

（1）系统内各主体分工明确，各司其职。科技创新任务从政府部门出发到企业及研发机构协同研发，到技术创新服务机构的技术应用和商业化，是一个不断循环的过程。只有各主体明确自身角色，才能保证整个过程的高效执行。

（2）要素资源配置的高效率，体系内创新资源的流动程度决定了科技创新的效率，各主体应灵活创新其资源应用模式（如建立在线员工制度），保证资源的充分流动和价值最大化。

（3）各主体之间存在利益连接，形成价值共创的利益共同体。如陈劲等（2019）提出的使命驱动的第四代组织管理模式——共益企业，这类企业能够在实现自身利益的同时，保证其他利益相关者的切身利益，实现体系内的和谐共存。

（4）完善的技术转移服务。技术转移机构作为科研机构与企业的重要支撑，能切实解决科研成果的转移转化问题，提高技术应用率，激发创新热情，维持科技创新体系的良性发展，见图 6.2。

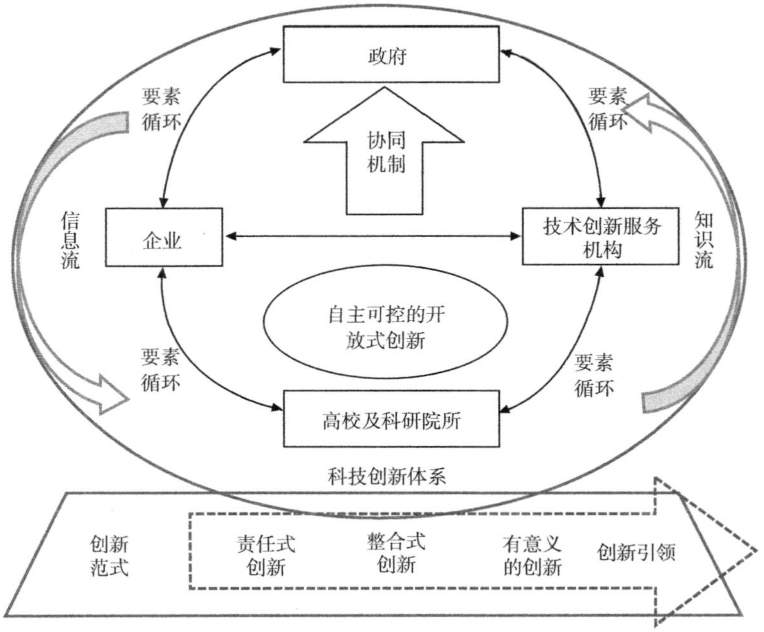

图 6.2　科技创新引领经济高质量发展的路径重构框架

对技术创新体系内各主体互动的协同机制进行研究，有利于系统内资源的高效配置、科技政策的贯彻落实、创新投入产出效率及成果转化率的提升，从而实现科技创新系统整体效率和效益的提升，维持系统平衡。协同机制对整体体系的特征具有重要意义，只有形成良好的互动协同机制，中国制造的原始性创新能力才能提升。

参 考 文 献

安贺新，李喆. 2013. 中华老字号顾客体验管理问题研究[J]. 管理世界，（2）：182-183.

白春礼. 1999. 原始性创新基础研究之魂[J]. 中国基础科学，（1）：8-9.

陈芳芳. 2011. 高新技术企业价值评估探析[J]. 财会通讯，（5）：81-82.

陈劲，桂彬旺，陈钰芬. 2006. 基于模块化开发的复杂产品系统创新案例研究[J]. 科研管理，（6）：1-8.

陈劲，景劲松，童亮. 2005. 复杂产品系统创新项目风险因素实证研究[J]. 研究与发展管理，（6）：62-69，95.

陈劲，曲冠楠，王璐瑶. 2019 . 有意义的创新：源起、内涵辨析与启示[J]. 科学学研究，（11）：2054-2063.

陈劲，尹西明，梅亮. 2017. 整合式创新：基于东方智慧的新兴创新范式[J]. 技术经济，（12）：1-10，29.

陈劲，郑刚. 2013. 创新管理[M]. 北京：北京大学出版社.

陈力田. 2012. 企业技术创新能力演进规律研究——基于适应性演化和协同视角[D]. 杭州：浙江大学.

陈力田，程凯林. 2009. 案例：对信雅达创新能力提升机制的研究[J]. 管理工程学报，23（S1）：101-113.

陈力田，赵晓庆，魏致善. 2012. 企业创新能力的内涵及其演变：一个系统化的文献综述[J]. 科技进步与对策，29（14）：154-160.

陈晔武. 2009. 模块化结构的复杂产品集群创新模式研究[J]. 中国科技论坛，（5）：59-62.

陈贞才，任家华. 2005. 企业理论新视点：中小企业及其网络研究[J]. 西南民族大学学报（人文社科版），（11）：197-200.

陈仲伯. 2003. 高新技术企业持续技术创新体系研究[D]. 长沙：中南大学.

邓小翔，丘缅. 2016. 顾客导向视角下的组织学习与企业自主技术创新能力——华为公司的案例分析[J]. 科技管理研究，36（3）：188-193，199.

丁树全. 2007. 制造企业外部知识源搜索策略影响因素研究[D]. 杭州：浙江大学.

高良谋，马文甲. 2014. 开放式创新：内涵、框架与中国情境[J]. 管理世界，（6）：157-169.

顾国祥，李元旭. 1993. 中国国有企业技术创新的能力分析[J]. 财经研究，（8）：17-22.

郭斌，蔡宁. 1998. 从“科学范式”到“创新范式”：对范式范畴演进的评述[J]. 自然辩证法研究，（3）：9-13，63.

郭会斌. 2016. 温和改善的实现：从资源警觉到资源环境建构——基于四家“中华老字号”的经验研究[J]. 管理世界，（6）：133-147，188.

郭磊，周燕芳，蔡虹. 2016. 基于机会窗口的后发国家产业追赶研究——中国智能手机产业的案例[J]. 管理学报，（3）：359-365.
何星亮，杜娟. 2014. 文化人类学田野调查的特点、原则与类型[J]. 云南民族大学学报（哲学社会科学版），31（4）：18-25.
洪勇，苏敬勤. 2008. 我国复杂产品系统自主创新研究[J]. 公共管理学报，（1）：76-83，124.
华连连，张悟移. 2010. 知识流动及相关概念辨析[J]. 情报杂志，29（10）：112-117.
江诗松，龚丽敏，魏江. 2011a. 转型经济背景下后发企业的能力追赶：一个共演模型——以吉利集团为例[J]. 管理世界，（4）：122-137.
江诗松，龚丽敏，魏江. 2011b. 转型经济中后发企业的创新能力追赶路径：国有企业和民营企业的双城故事[J]. 管理世界，（12）：96-115，188.
江泽民. 1999. 在全国技术创新大会上的讲话（摘要）[J]. 中国科技论坛，（6）：1.
李 T W. 2014. 组织与管理研究的定性方法[M]. 吕力，译. 北京：北京大学出版社.
李金华. 2019. 中国高新技术企业、产业集群、企业孵化器的发展及政策思考[J]. 经济与管理研究，40（7）：32-45.
李金生，来顺玲. 2014. 高技术企业组织学习模式与技术创新能力研究——基于企业生命周期的视角[J]. 科技管理研究，（19）：96-101.
李晓莉，于渤. 2018. 技术创新战略与技术创新能力的交互对后发企业技术跨越的影响[J].技术经济，37（4）：1-11.
李玥，郭航，张雨婷. 2018. 知识整合视角下高端装备制造企业技术创新能力提升路径研究[J]. 科学管理研究，36（1）：34-37.
林惠娟，李朝明. 2012. 企业协同知识创新流程研究[J]. 科技管理研究，32（3）：131-134.
林善波. 2011. 动态比较优势与复杂产品系统的技术追赶——以我国高铁技术为例[J].科技进步与对策，28（14）：10-14.
林向义，张庆普，韩晓琳. 2007. 基于知识管理的大庆油田自主创新能力提升研究[J]. 中国科技论坛，（6）：31-35.
林学军，官玉霞. 2019. 以全球创新链提升中国制造业全球价值链分工地位研究[J]. 当代经济管理，（11）：25-32.
刘海兵. 2018. 创新背景下的管理：影响、内涵与职责[J]. 广西财经学院学报，（3）：33-40.
刘海兵. 2019. 创新情境、开放式创新与创新能力动态演化[J]. 科学学研究，（9）：1680-1693.
刘海兵，冯文静，张文礼. 2019. 中华老字号文化传统、创新与能力动态分析[J]. 科学学研究，（1）：140-153.
刘海兵，阚玉月，许庆瑞. 2021. 后发复杂产品系统核心技术突破机制——基于中国中车的纵向案例研究（1986—2019年）[J]. 中国科技论坛，（8）：48-58.
刘海兵，许庆瑞. 2018. 后发企业战略演进、创新范式与能力演化[J]. 科学学研究，36（8）：1442-1454.
刘海兵，许庆瑞. 2019. 资源活化：中华老字号创新能力提升的路径——基于山西杏花村汾酒集团的探索性案例研究（1948—2018）[J]. 广西财经学院学报，（3）：87-105.

刘海兵，许庆瑞. 2020. 引领性创新：一种创新管理新范式——基于海尔集团洗衣机产业线的案例研究（2013—2020年）[J].中国科技论坛，（9）：39-48.

刘海兵，许庆瑞，吕佩师. 2020a. 从驱动到引领："创新引领"的概念和过程——基于海尔集团的纵向案例研究（1984—2019） [J]. 广西财经学院学报，（1）：127-142.

刘海兵，杨磊，许庆瑞. 2020b. 后发企业技术创新能力路径如何演化?——基于华为公司1987—2018年的纵向案例研究[J]. 科学学研究，（6）：1096-1107.

刘兰剑，司春林. 2010. 嵌入性-跨组织学习-技术创新之关系研究[J]. 技术与创新管理，31（1）：9-12，26.

刘小花，高山行. 2013. 原始性创新触发机制研究——基于实践团体及其嵌入网络的视角[J]. 科学学研究，31（3）：430-436.

刘秀兰，付勇. 2005. 市场驱动："老字号"凤凰涅槃的必然选择[J]. 商业经济与管理，（1）：27-31，47.

刘亚秋. 2010. 从集体记忆到个体记忆 对社会记忆研究的一个反思[J]. 社会，30（5）：217-242.

刘延松，张宏涛. 2009. 复杂产品系统创新能力的构成与管理策略[J]. 科学学与科学技术管理，30（10）：90-94.

刘玉柱. 2010. 中国高新技术企业绩效综合评价与管理研究[D]. 大庆：东北石油大学.

路风. 2005. 我国大型飞机发展战略的思考[J]. 中国软科学，（4）：10-16.

罗炜，唐元虎. 2000. 国内外合作创新研究述评[J]. 科学管理研究，（4）：14-19.

罗仲伟，任国良，焦豪，等. 2014. 动态能力、技术范式转变与创新战略——基于腾讯微信"整合"与"迭代"微创新的纵向案例分析[J]. 管理世界，（8）：152-168.

吕冲冲，杨建君，张峰. 2019. 不同理论视角下组织间合作创新的对比分析[J]. 西安交通大学学报（社会科学版），39（2）：51-58.

吕一博，赵漪博. 2014. 后发复杂产品系统制造企业吸收能力的影响因素——利用扎根理论的探索性研究[J]. 科学学与科学技术管理，35（5）：137-146.

马浩. 2018. 战略管理学说史[M]. 北京：北京大学出版社.

马文甲. 2014. 开放式创新中的动态能力演化路径研究——以沈阳机床为例[J]. 科学学与科学技术管理，（7）：69-78.

马祖军，武振业. 2002. 供应链联盟及成因分析[J]. 软科学，（4）：17-21.

毛基业，张霞. 2008. 案例研究方法的规范性及现状评估——中国企业管理案例论坛（2007）综述[J]. 管理世界，（4）：115-121.

梅亮. 2009. 杭州鸿雁电器有限公司创新能力提升机制调研报告[J]. 管理工程学报，23（S1）：114-119.

梅亮，陈劲，李福嘉. 2018. 责任式创新："内涵-理论-方法"的整合框架[J]. 科学学研究，（3）：521-530.

糜志雄，张斌. 2019. 产学研协同创新的现状、问题与对策[J]. 宏观经济管理，（10）：46-51，58.

欧光军，杨青，雷霖. 2018. 国家高新区产业集群创新生态能力评价研究[J]. 科研管理，（8）：

63-71.
彭剑锋. 2014. 互联网时代的人力资源管理新思维[J]. 中国人力资源开发，（12）：41-48.
钱丽，王文平，肖仁桥. 2019. 产权差异视角下我国区域高技术企业创新效率研究[J]. 管理工程学报，（2）：99-109.
邱志强. 2004. 经济全球化下的中华“老字号”企业的营销战略研究[J]. 北京大学学报（哲学社会科学版），（S1）：54-61.
曲顺兰. 2014. 高新技术企业自主创新能力再造策略研究[M]. 北京：经济科学出版社.
全毅. 2019. 新时期中国对外开放面临的严峻挑战及其战略选择[J]. 和平与发展，（6）：1-18，130，136.
冉龙，陈劲，董富全. 2013. 企业网络能力、创新结构与复杂产品系统创新关系研究[J]. 科研管理，34（8）：1-8.
盛伟忠，陈劲. 2015. 制造业中小企业创新能力测度指标研究[J]. 管理工程学报，29（4）：49-55.
石小法，张丽清，杨东援. 2002. 信息对供应链的影响研究[J]. 系统工程，（3）：37-40.
舒成利，高山行. 2010. 原始性创新：效率、分布性主体间的交互机制[J]. 科学学研究，28（3）：436-443.
舒丽慧，陈工，陈政融. 2020. 后发企业原始性创新能力形成的创新范式——基于华为公司的案例研究[J]. 广西财经学院学报，33（3）：43-54.
宋砚秋，李玉龙，李桂君，等. 2014. 复杂产品系统项目的治理结构——基于利益相关者理论的研究[J]. 技术经济，33（6）：90-100.
苏敬勤，刘静. 2013. 复杂产品系统中动态能力与创新绩效关系研究[J]. 科研管理，34（10）：75-83.
苏敬勤，张琳琳. 2015. 情境视角下的中国管理研究——路径与分析框架[J]. 科学学研究，33（6）：824-832，858.
苏勇，李作良，马文杰. 2014. 新兴经济国家后发企业战略转型：演化路径、驱动因素——基于HTC的案例研究[J]. 研究与发展管理，26（2）：77-86.
粟进，宋正刚. 2014. 科技型中小企业技术创新的关键驱动因素研究——基于京津4家企业的一项探索性分析[J]. 科学学与科学技术管理，（5）：156-163.
孙锦礼. 2019. 河南应用型大学科研成果转化问题研究[J]. 智库时代，（5）：136，164.
孙永磊，宋晶，陈劲. 2019. 组织调节定向、网络位置与创新搜寻[J]. 科研管理，40（12）：192-201.
陶骏，李善文. 2012. “中华老字号”品牌复兴：品牌延伸及反馈[J]. 经济管理，（2）：97-106.
田松梅. 2012. 基于价值链视角的因果模糊性识别和竞争优势构建[J]. 长春理工大学学报（社会科学版），（8）：115-117.
王茂祥，李东. 2014. 创新型企业评价方法改进与创新能力提升路径探究[J]. 科技进步与对策，31（15）：128-132.
王鹏，李健，张亮. 2011. 中部地区自主创新能力评价及提升路径分析[J]. 中国工业经济，（5）：37-46.
王瑞芳. 2005. 我国高新技术产业发展的现状分析与对策研究[D]. 天津：天津大学.

王一鸣，王君. 2005. 关于提高企业自主创新能力的几个问题[J]. 中国软科学，（7）：10-14，32.

王毅，陈劲，许庆瑞. 2000. 企业核心能力：理论溯源与逻辑结构剖析[J]. 管理科学学报，3（3）：24-32，43.

卫武，赵鹤，肖德云. 2019. 组织学习与企业预测能力——基于组织注意力视角[J]. 科研管理，40（2）：144-153.

魏江，王铜安. 2007. 装备制造业与复杂产品系统（CoPS）的关系研究[J]. 科学学研究，（S2）：299-304.

魏江，许庆瑞. 1996. 企业技术能力与技术创新能力之关系研究[J]. 科研管理，17（1）：22-26.

吴画斌，刘海兵. 2019. 传统制造业创新型人才培养的路径及机制——基于海尔集团1984—2019年纵向案例研究[J]. 广西财经学院学报，32（4）：123-136.

吴士健，张翼彤，周忠宝. 2018. 创新生态系统视阈下高技术企业创新效率测度与耦合协调分析[J]. 广东财经大学学报，（3）：65-77.

吴先华，郭际，胡汉辉，等. 2010. 知识吸收能力影响内生型产业集群创新的实证——以苏州市乌鹊桥电脑产业集群为例[J]. 科学学研究，28（6）：815，941-951.

吴晓波. 1995. 二次创新的周期与企业组织学习模式[J]. 管理世界，（3）：168-172.

吴晓波，陈宗年，曹体杰. 2005. 技术跨越的环境分析与模式选择——以中国视频监控行业为例[J]. 研究与发展管理，17（1）：66-72.

吴晓波，付亚男，吴东，等. 2019. 后发企业如何从追赶到超越?——基于机会窗口视角的双案例纵向对比分析[J]. 管理世界，（2）：151-167，200.

吴晓波，刘雪锋，许冠南. 2006a. 技术范式转换期的企业动态能力匹配研究——以三星公司为例[J]. 重庆大学学报，（4）：40-45.

吴晓波，穆尔曼 J P，黄灿，等. 2018. 华为管理变革[M]. 北京：中信出版集团.

吴晓波，聂品. 2008. 技术系统演化与相应的知识演化理论综述[J]. 科研管理，29（2）：103-114.

吴晓波，聂品，等. 2006b. 技术范式转变期的企业知识管理研究[R]. 国家自然科学基金课题总报告.

吴晓东. 2014. 地区性“中华老字号”企业发展的品牌战略——以辽宁省为例[J]. 商业文化，（30）：57-64.

习近平. 2016. 为建设世界科技强国而奋斗——在全国科技创新大会、两院院士大会、中国科协第九次全国代表大会上的讲话[M]. 北京：人民出版社.

习近平. 2017-10-18. 决胜全面建成小康社会 夺取新时代中国特色社会主义伟大胜利——在中国共产党第十九次全国代表大会上的报告[N]. 人民日报，1版.

习近平. 2018-07-14. 习近平主持召开中央财经委员会第二次会议强调 提高关键核心技术创新能力 为我国发展提供有力科技保障 李克强王沪宁韩正出席[N]. 人民日报，12版.

席鹭军. 2007. 国外高新技术产业化政策及对我国发展高新技术产业的启示[J]. 求实，（12）：89-92.

夏立军，陈信元. 2007. 市场化进程、国企改革策略与公司治理结构的内生决定[J].经济研究，

（7）：82-95，136.

谢克海. 2019. 谁上谁下：清晰区分企业人才的“361体系”——基于实践层面的人力资源战略管理决策[J]. 管理世界，（4）：160-170，188.

徐冠华. 2001. 推动原始性创新培养创新型人才[J]. 中国基础科学，（2）：5-11.

徐雨森，逯垚迪，徐娜娜. 2014. 快变市场环境下基于机会窗口的创新追赶研究——HTC公司案例分析[J]. 科学学研究，32（6）：927-936.

许庆瑞. 1986. 研究与发展管理[M]. 北京：高等教育出版社.

许庆瑞. 2007. 全面创新管理：理论与实践[M]. 北京：科学出版社.

许庆瑞，郭斌，王毅. 2000. 中国企业技术创新——基于核心能力的组合创新[J]. 管理工程学报，14（z1）：1-9.

许庆瑞，刘景江，赵晓庆. 2002. 技术创新的组合及其与组织、文化的集成[J].科研管理，23（6）：38-44.

许庆瑞，吴志岩，陈力田. 2013. 转型经济中企业自主创新能力演化路径及驱动因素分析——海尔集团1984—2013年的纵向案例研究[J]. 管理世界，（4）：121-134，188.

许庆瑞，谢章澍，郑刚. 2004. 全面创新管理的制度分析[J]. 科研管理，（3）：6-12.

许庆瑞，张军. 2017. 企业自主创新能力演化规律与提升机制[M]. 北京：科学出版社.

许庆瑞，郑刚，喻子达，等. 2003. 全面创新管理（TIM）：企业创新管理的新趋势——基于海尔集团的案例研究[J]. 科研管理，（5）：1-7.

杨浩昌，李廉水. 2018. 高技术企业知识与产品创新协同的测度及启示[J]. 科学学研究，（10）：1889-1895.

杨燕，蔡新蕾. 2016. 原始性创新的触发机制研究——基于动机性信息处理理论和利益相关者视角[J]. 科研管理，37（9）：1-10.

姚洁盛，庄永耀. 2012. 我国复杂产品系统自主创新能力动态演化机制研究[J]. 科技进步与对策，29（17）：20-24.

姚明明，吴晓波，石涌江，等. 2014. 技术追赶视角下商业模式设计与技术创新战略的匹配——一个多案例研究[J]. 管理世界，（10）：149-162，188.

叶飞，李怡娜. 2006. 供应链伙伴关系、信息共享与企业运营绩效关系[J]. 工业工程与管理，（6）：89-95.

叶鑫生. 2001. 源头创新小议[J]. 中国科学基金，（2）：51-52.

喻金田，皮特，黑尔特，等. 2007. 后发企业技术追赶微观机理分析[J]. 研究与发展管理，19（3）：37-42，55.

原长弘，章芬，高金燕. 2015. 产学研战略联盟与企业原始创新能力[J]. 研究与发展管理，27（6）：29-39.

韵江，刘立. 2006. 创新变迁与能力演化：企业自主创新战略——以中国路明集团为案例[J]. 管理世界，（12）：115-130.

曾华锋. 2017-12-13. 坚持以创新引领发展，加快建设创新型国家[N]. 光明日报，5版.

张保胜. 2012. 技术距离、知识溢出与区域经济收敛：一个分析框架[J]. 科技进步与对策，29

（20）：32-35.
张峰，刘侠. 2014. 外部知识搜寻对创新绩效的作用机理研究[J]. 管理科学，（1）：31-42.
张军. 2009. 运用TIM提高中小企业创新能力的战略途径[J]. 管理工程学报，23（S1）：64-70.
张路蓬，薛澜，周源，等. 2018. 战略性新兴产业创新网络的演化机理分析——基于中国2000—2015年新能源汽车产业的实证[J]. 科学学研究，36（6）：1027-1035.
张燕. 2017. 供应链中企业合作创新研究的现状及展望[J]. 产业与科技论坛，16（17）：130-132.
张永，张浩. 2012. 中国老字号企业连锁经营模式研究——以全聚德为例[J]. 管理学报，（12）：1752-1760，1825.
赵小华. 2015. 基于信息经济学理论的国有企业激励机制和人力资源管理改革研究[J]. 改革与开放，（1）：120-121，128.
赵忠伟. 2011. 高新技术企业持续竞争优势研究[D]. 哈尔滨：哈尔滨工程大学.
周华，韩伯棠. 2009. 基于技术距离的知识溢出模型应用研究[J]. 科学学与科学技术管理，（7）：111-116.
周文能. 2007. 关于原始性创新与国家竞争力的思考[J]. 科学学与科学技术管理，（11）：53-60.
周永庆，陈劲，景劲松. 2004. 复杂产品系统的创新过程研究——以HL公司大型电站集散控制系统为例[J]. 经济管理，（14）：4-10.
朱瑞博，刘志阳，刘芸. 2011. 架构创新、生态位优化与后发企业的跨越式赶超——基于比亚迪、联发科、华为、振华重工创新实践的理论探索[J]. 管理世界，（7）：69-97，188.
竺杏月，李旭红. 2011. 高新技术企业自主创新能力的评价和提升研究——基于江苏省2004—2008年数据[J]. 科技管理研究，（23）：60-64，104.
Adams R，Bessant J，Phelps R. 2006. Innovation management measurement：a review[J]. International Journal of Management Reviews，8（1）：21-47.
Aitamurto T，Lewis S C. 2013. Open innovation in digital journalism：examining the impact of open APIs at four news organizations[J]. New Media& Society，15（2）：314-331.
Bahemia H，Squire B. 2010. A contingent perspective of open innovation in new product development projects[J]. International Journal of Innovation Management，14（4）：603-627.
Baker T. 2007. Resources in play：bricolage in the toy store（y）[J]. Journal of Business Venturing，22（5）：694-711.
Baker T，Aldrich H E. 2000. Bricolage and resource-seeking：improvisational response to dependence in entrepreneurial firms[EB/OL]. http://citeseerx.ist.psu.edu/viewdoc/download?doi=10.1.1.584.9900&rep=rep1&type=pdf[2021-11-11].
Baker T，Nelson R E. 2005. Creating something from nothing：resource construction through entrepreneurial bricolage[J]. Administrative Science Quarterly，50（3）：329-366.
Balachandra R，Friar J H. 1997. Factors for success in R&D projects and new product innovation：a contextual framework[J]. IEEE Transactions on Engineering Management，44（3）：276-287.
Barney J. 1991. Firm resources and sustained competitive advantage[J]. Journal of Management，17（1）：99-120.

Bell M，Pavitt K. 1993. Technological accumulation and industrial growth：contrasts between developed and developing countries[J]. Industrial and Corporate Change，（2）：157-210.

Benner M J，Tushman M. 2002. Process management and technological innovation：a longitudinal study of the photography and paint industries[J]. Administrative Science Quarterly，47（4）：676-706.

Björkdahl J，Börjesson S. 2011. Organizational climate and capabilities for innovation：a study of nine forest-based Nordic manufacturing firms[J]. Scandinavian Journal of Forest Research，26（5）：488-500.

Blundell R，Griffith R，Reenen J V. 1995. Dynamic count data models of technological innovation[J]. The Economic Journal，105（429）：333-344.

Brandenburger A M，Nalebuff B J. 1995. The right game：use game theory to shape strategy[J]. Harvard Business Review，73（4）：57-71.

Brandenburger A M，Nalebuff B J. 1996. Co-opetition[M]. New York：Doubleday.

Brinkman R L. 1999. The dynamics of corporate culture：conception and theory[J]. International Journal of Social Economics，（5）：674-694.

Burgelman R A，Sayles L R. 1986. Inside Corporate Innovation：Strategy，Structure，and Managerial Skills[M]. New York：Simon and Schuster.

Chesbrough H. 2003. Open Innovation：The New Imperative for Creating and Profiting from Technology[M]. Boston：Harvard Business School Press.

Chesbrough H，Crowther A K. 2006. Beyond high tech：early adopters of open innovation in other industries[J]. R&D Management，36（3）：229-236.

Chesbrough H，Schwartz K. 2007. Innovating business models with co-development partnerships[J]. Research-Technology Management，（1）：55-59.

Chiang Y H，Hung K P. 2010. Exploring open search strategies and perceived innovation performance from the perspective of inter-organizational knowledge flows[J]. R&D Management，40（3）：292-299.

Christensen C M. 1997. The Innovator's Dilemma：When New Technologies Cause Great Firms to Fail[M]. Boston：Harvard Business School Press.

Christensen J F，Olesen M H，Kjær J S. 2005. The industrial dynamics of open innovation - evidence from the transformation of consumer electronics[J]. Research Policy，34（10）：1533-1549.

Christensen M，Raynor M E. 2003. Why hard-nosed executives should care about management theory[J]. Harvard Business Review，（9）：66-74，132.

Claessens S，Djankov S，Klapper L. 2003. Resolution of corporate distress in East Asia[J]. Journal of Empirical Finance，10（1/2）：199-216.

Clark K B，Fujimoto T. 1991. Product Development Performance：Strategy，Organization and Management in the World Auto Industry[M]. Boston：Harvard Buiness School Press.

Clark K B，Hayes R H，Lorenz C. 1985. The Uneasy Alliance：Managing the Productivity-

Technology Dilemma[M]. Boston：Harvard Business School Press.

Cohen W M，Levinthal D A. 1990. Absorptive capacity：a new perspective on learning and innovation[J]. Administrative Science Quarterly，35（1）：128-152.

Cool K，Schendel D. 1988. Performance differences among strategic group members[J]. Strategic Management Journal，9（3）：207-223.

Crossan M M，Apaydin M. 2010. A multi-dimensional framework of organizational innovation：a systematic review of the literature[J]. Journal of Management Studies，47（6）：1154-1191.

Dahlander L，Gann D M. 2010. How open is innovation?[J]. Research Policy，39（6）：699-709.

Danks S，Rao J，Allen J M. 2017. Measuring culture of innovation：a validation study of the innovation quotient instrument （Part 2）[J]. Performance Improvement Quarterly，（1）：29-53.

Davies A，Brady T. 1998. Policies for a complex product system[J]. Futures，30（4）：293-304.

Davies A，Brady T. 2000. Organisational capabilities and learning in complex product systems：towards repeatable solutions[J]. Research Policy，29（7/8）：931-953.

de Araújo Burcharth A L，Knudsen M P，Søndergaard H A. 2014. Neither invented nor shared here：the impact and management of attitudes for the adoption of open innovation practices[J]. Technovation，34（3）：149-161.

Dixit A. 1980. The role of investment in entry deterrence[J]. The Economic Journal，90（357）：95-106.

Dodgson M，Gann D，Salter A. 2006. The role of technology in the shift towards open innovation：the case of Procter & Gamble[J]. R&D Management，36（3）：333-346.

Dosi G. 1982. Technological paradigms and technological trajectories：a suggested interpretation of the determinants and directions of technical change[J]. Research Policy，11：147-162.

Drnevich P L，Kriauciunas A P. 2011. Clarifying the conditions and limits of the contributions of ordinary and dynamic capabilities to relative firm performance[J]. Strategic Management Journal，32（3）：254-279.

Eisenhardt K M. 1989. Building theories from case study research[J]. Academy of Management Review，14（4）：532-550.

Eisenhardt K M，Graebner M E. 2007. Theory building from cases：opportunities and challenges[J]. Academy of Management Journal，50（1）：25-32.

Eisenhardt K M，Martin J A. 2000. Dynamic capabilities：what are they?[J]. Strategic Management Journal，21（10/11）：1105-1121.

Elkins T，Keller R T. 2003. Leadership in research and development organizations：a literature review and conceptual framework[J]. The Leadership Quarterly，14（4/5）：587-606.

Felin T，Zenger T R. 2014. Closed or open innovation? Problem solving and the governance choice [J]. Research Policy，43（5）：914-925.

Freeman J，Boeker W. 1984. The ecological analysis of business strategy[J]. California Management Review，26（3）：73-86.

Gann D M，Salter A J. 2000. Innovation in project-based，service-enhanced firms：the construction of complex products and systems[J]. Research Policy，29（7/8）：955-972.

Garud R，Karnøe P. 2003. Bricolage versus breakthrough：distributed and embedded agency in technology entrepreneurship[J]. Research Policy，32（2）：277-300.

Gassmann O. 2006. Opening up the innovation process：towards an agenda[J]. R&D Management，36（3）：223-228.

George G，McGahan A M，Prabhu J. 2012. Innovation for inclusive growth：towards a theoretical framework and a research agenda[J]. Journal of Management Studies，49（4）：661-683.

Ghemawat P. 1991. Commitment：The Dynamics of Strategy[M]. New York：The Free Press.

Gilbert R J，Newberry M G. 1982. Preemptive patenting and the persistence of monopoly[J]. The American Economic Review，72：514-526.

Glaser B G，Strauss A L. 1967. The Discovery of Grounded Theory：Strategies for Qualitative Research[M]. Chicago：Aldine Publishing Co.

Goffee R，Jones G. 1998. The Character of the Corporation：How Your Company's Culture Can Make or Break Your Business[M]. New York：Harper Business.

Goldenberg J，Mazursky D，Solomon S. 1999. Templates of original innovation：projecting original incremental innovations from intrinsic information[J]. Technological Forecasting and Social Change，61（1）：1-12.

Grandori A. 2001. Neither hierarchy nor identity：knowledge-governance mechanisms and the theory of the firm[J]. Journal of Management and Governance，5（3/4）：381-399.

Hambrick D C，Mason P A. 1984. Upper echelons：the organization as a reflection of its top managers[J]. Academy of Management Review，9（2）：193-206.

Han K，Oh W，Im K S，et al. 2012. Value cocreation and wealth spillover in open innovation alliances[J]. MIS Quarterly，36（1）：291-315.

Hansen G S，Wernerfelt B. 1989. Determinants of firm performance：the relative importance of economic and organizational factors[J]. Strategic Management Journal，10（5）：399-411.

Hansen K L，Rush H. 1998. Hotspots in complex product systems：emerging issues in innovation management[J]. Technovation，18（8/9）：555-590.

Hargadon A B. 2003. How Breakthroughs Happen：The Surprising Truth about How companies Innovate[M]. Boston：Harvard Business School Press.

Hayes R H，Clark K B. 1984. Exploring the Sources of Productivity Differences at the Factory Level [M]. Boston：Harvard Business School Press.

Henderson R M，Clark K B. 1990. Architectural innovation：the reconfiguration of existing product technologies and the failure of established firms[J]. Administrative Science Quarterly，35：9-30.

Henderson R M，Cockburn I. 1994. Measuring competence? Exploring firm effects in pharmaceutical research[J]. Strategic Management Journal，15（S1）：63-84.

Hitt M A，Ireland R D，Sirmon D G，et al. 2011. Strategic entrepreneurship：creating value for individuals, organizations, and society[J]. The Academy of Management Perspectives, (2): 57-75.

Hobday M. 1995. East Asian latecomer firms: learning the technology of electronics[J]. World Development, 23: 1171-1193.

Hobday M. 1998. Product complexity, innovation and industrial organisation[J]. Research Policy, 26 (6): 689-710.

Hobday M. 2005. Firm-level innovation models: perspectives on research in developed and developing countries[J].Technology Analysis & Strategic Management, 17: 121-146.

Hobday M, Rush H. 1999. Technology management in complex product systems (CoPS) -ten questions answered[J]. International Journal of Technology Management, 17 (6): 618-638.

Iansiti M, Clark K B. 1994. Integration and dynamic capability: evidence from product development in automobiles and mainframe computers[J]. Industrial and Corporate Change, 3 (3): 557-605.

Irani Z, Sharp J M, Kagioglou M. 1997. Improving business performance through developing a corporate culture[J]. The TQM Magazine, 9 (3): 206-216.

Itami H, Roehl T W. 1987. Mobilizing Invisible Assets[M]. Cambridge: Harvard University Press.

Jacobsen R. 1988. The persistence of abnormal returns[J]. Strategic Management Journal, 9 (5): 415-430.

Johnson S, Kaufmann D, McMillan J, et al. 2000. Why do firms hide? Bribes and unofficial activity after communism[J]. Journal of Public Economics, 76 (3): 495-520.

Kafouros M I, Forsans N. 2012. The role of open innovation in emerging economies: do companies profit from the scientific knowledge of others?[J]. Journal of World Business, 47: 362-370.

Kash D E, Rycoft R W. 2000. Patterns of innovating complex technologies: a framework for adaptive network strategies[J]. Research Policy, 29 (7/8): 819-831.

Keller K L. 1999. Managing brands for the long run: brand reinforcement and brand revitalization strategies[J]. California Management Review, 41 (3): 102-124.

Kelly M. 2009. Not just for profit[J]. Reflections, 10: 9-19.

Keupp M M, Gassmann O. 2009. Determinants and archetype users of open innovation[J]. R&D Management, 39 (4): 331-341.

Kim L. 1980. Stages of development of industrial technology in a developing country: a model[J]. Research Policy, 9: 254-277.

Klein B, Crawford R G, Alchian A A. 1978. Vertical integration, appropriable rents, and the competitive contracting process[J]. The Journal of Law and Economics, 21 (2): 297-326.

Kodama M. 2017. Developing strategic innovation in large corporations—the dynamic capability view of the firm[J]. Knowledge and Process Management, 24: 221-246.

Kong X. 2011. Why are social network transactions important? Evidence based on the concentration of key suppliers and customers in China[J]. China Journal of Accounting Research, 4 (3): 121-133.

Kreps D M，Wilson R. 1982a. Sequential equilibria[J]. Econometrica，50：863-894.

Kreps D M，Wilson R. 1982b. Reputation and imperfect information[J]. Journal of Economic Theory，27：253-279.

Lane P J，Lubatkin M. 1998. Relative absorptive capacity and interorganizational learning[J]. Strategic Management Journal，19（5）：461-477.

Lau D C，Murnighan J K. 1998. Demographic diversity and faultlines：the compositional dynamics of organizational groups[J]. Academy of Management Review，23（2）：325-340.

Laursen K，Salter A. 2004. Searching high and low：what types of firms use universities as a source of innovation?[J]. Research Policy，33（8）：1201-1215.

Laursen K，Salter A. 2006. Open for innovation：the role of openness in explaining innovation performance among U.K. manufacturing firms[J]. Strategic Management Journal，27（2）：131-150.

Lawson B，Samson D. 2001. Developing innovation capability in organizations：a dynamic capabilities approach[J]. International Journal of Innovation Management，5（3）：377-400.

Learned E P，Andrews K R，Christensen C R，et al. 1969. Business Policy：Text and Cases[M]. Burr Ridge：Irwin.

Lee K，Lim C. 2001. Technological regimes，catching-up and leapfrogging：findings from the Korean industries[J]. Research Policy，30（3）：459-483.

Leifer R，McDermott C M，O'Connor G C，Peters L S，et al. 2000. Radical Innovation：How Mature Companies Can Outsmart Upstarts[M]. Boston：Harvard Business School Press.

Leonard-Barton D. 1992. Core capabilities and core rigidities：a paradox in managing new product development[J]. Strategic Management Journal，13：111-125.

Leonard-Barton D. 1995. Wellsprings of Knowledge[M]. Boston：Harvard Business School Press.

Levinthal D A，March J G. 1993. The myopia of learning[J]. Strategic Management Journal，14：95-112.

Levinthal D A，March J G. 1981. A model of adaptive organizational search[J]. Journal of Economic Behavior and Organization，2：307-333.

Levinthal D A，Myatt J. 1994. Co-evolution of capabilities and industry：the evolution of mutual fund processing[J]. Strategic Management Journal，15：45-62.

Levi-Strauss C. 1965. The Savage Mind[M]. Chicago：University of Chicago Press.

Lichtenthaler U. 2010. Technology exploitation in the context of open innovation：finding the right 'job' for your technology[J]. Technovation，30（7/8）：429-435.

Lichtenthaler U. 2011. Open innovation：past research，current debates，and future directions[J]. Academy of Management Perspectives，25（1）：75-93.

Lichtenthaler U，Lichtenthaler E. 2009. A capability-based framework for open innovation：complementing absorptive capacity[J]. Journal of Management Studies，46（8）：1315-1338.

Lorenzoni G，Lipparini A. 1999. The leveraging of interfirm relationships as a distinctive organizational capability：a longitudinal study[J]. Strategic Management Journal，20（4）：317-338.

Luo J L. 2013. Absorptive capacity and R&D strategy in mixed duopoly with labor-managed and profit-maximizing firms[J]. Economic Modelling，31：433-439.

Malinowski B. 2015. A Scientific Theory of Culture and Other Essays[M]. Raleigh：UNC Press Books.

Mason E S. 1949. The current status of the monopoly problem in the United States[J]. Harvard Law Review，62：1265-1285.

Mason E S. 1959. The Corporation in Modern Society[M]. Cambridge：Harvard University Press.

Mathews J A. 2002. Competitive advantages of the latecomer firm：a resource-based account of industrial catch up strategies[J]. Asia Pacific Journal of Management，19：467-488.

Menguc B，Auh S，Yannopoulos P. 2014. Customer and supplier involvement in design：the moderating role of incremental and radical innovation capability[J]. Journal of Product Innovation Management，31（2）：313-328.

Miles R E，Snow C C，Meyer A D，et al. 1978. Organizational strategy，structure，and process[J]. Academy of Management Review，3（3）：546-562.

Milgrom P，Roberts J. 1982a. Limit pricing and entry under incomplete information：an equilibrium analysis[J]. Econometrica，50：443-459.

Milgrom P，Roberts J. 1982b. Predation，reputation and entry deterrence[J]. Journal of Economic Theory，27：280-312.

Miller R，Hobday M，Leroux-Demers T，et al. 1995. Innovation in complex systems industries：the case of flight simulation[J]. Industrial and Corporate Change，4（2）：363-400.

Mina A，Bascavusoglu-Moreau E，Hughes A. 2014. Open service innovation and the firm's search for external knowledge[J]. Research Policy，43：853-866.

Mueller P. 2006. Exploring the knowledge filter：how entrepreneurship and university-industry relationships drive economic growth[J]. Research Policy，35（10）：1499-1508.

Myers S，Marquis D G. 1969. Successful industrial innovations: a study of factors underlying innovation in selected firms[EB/OL]. https://xs.dailyheadlines.cc/books?hl=zh-CN&lr=&id=umKyAAAAIAAJ&oi=fnd&pg=PR3&dq=Successful+industrial+innovation&ots=73f9NSwLUk&sig= xn0JtRMiJ7tZogeQ6U5xRDJRVZ4[2022-07-01].

Nelson R R. 1991. Why do firms differ，and how does it matter?[J]. Strategic Management Journal，12：61-74.

Nelson R R，Winter S G. 2009. An Evolutionary Theory of Economic Change[M]. Cambridge：Harvard University Press.

O'Connor G C. 2008. Major innovation as a dynamic capability：a systems approach[J]. Journal of Product Innovation Management，25（4）：313-330.

Owen R，Macnaghten P，Stilgoe J. 2012. Responsible research and innovation：from science in society to science for society， with society[J]. Science and Public Policy， （6）：751-760.

Pan S L，Tan B. 2011. Demystifying case research：a structured-pragmatic-situational（SPS）approach to conducting case studies[J]. Information and Organization，21（3）：161-176.

Pascale R T， Athos A G. 1981. The art of Japanese management[J]. Business Horizons，24（6）：83-85.

Patatoukas P N. 2012. Customer-base concentration：implications for firm performance and capital markets[J]. The Accounting Review，87（2）：363-392.

Patel P， Pavitt K. 1997. The technological competencies of the world's largest firms：complex and path-dependent， but not much variety[J]. Research Policy，26：141-156.

Peteraf M A. 1993. The cornerstones of competitive advantage：a resource-based view[J]. Strategic Management Journal，14：179-191.

Pettigrew A M. 1990. Longitudinal field research on change：theory and practice[J]. Organization Science，1：267-292.

Porter M E. 1990. The Competitive Advantage of Nations：With a New Introduction[M]. New York：The Free Press.

Porter M E. 1997. Competitive strategy[J]. Measuring Business Excellence，1：12-17.

Prahalad C K，Hamel G. 1990. The core competence of the corporation[J]. Harvard Business Review，868（3）：275-292.

Prencipe A. 1997. Technological competencies and product's evolutionary dynamics：a case study from the aero-engine industry[J]. Research Policy，25：1261-1276.

Radjou N， Prabhu J， Ahuja S. 2012. Jugaad Innovation：Think Frugal，Be Flexible，Generate Breakthrough Growth[M]. San Francisco：Jossey-Bass.

Rass M，Dumbach M，Danzinger F，et al. 2013. Open innovation and firm performance：the mediating role of social capital[J]. Creativity and Innovation Management，22（2）：177-194.

Rumelt R P. 1991. How much does industry matter?[J]. Strategic Management Journal，12（3）：167-185.

Runyan R， Droge C， Swinney J. 2008. Entrepreneurial orientation versus small business orientation：what are their relationships to firm performance?[J]. Journal of Small Business Management，（4）：567-588.

Sadri G， Lees B. 2001. Developing corporate culture as a competitive advantage[J]. Journal of Management Development，20（10）：853-859.

Schepers P，Berg P T. 2007. Social factors of work-environment creativity[J]. Journal of Business and Psychology，21（3）：407-428.

Schmalensee R. 1983. Advertising and entry deterrence：an exploratory model[J]. Journal of Political Economy，91（4）：636-653.

Schumpeter J A. 1934. The Theory of Economic Development[M]. Cambridge：Harvard University Press.

Schumpeter J A. 1942. Capitalism，Socialism and Democracy[M]. New York：Harper&Row.

Selznick P. 1957. Leadership in Administration：A Sociological Interpretation[M]. Chicago：University of Chicago Press.

Shapiro C. 1989. The theory of business strategy[J]. The RAND Journal of Economics，20（1）：125-137.

Shazi R，Gillespie N，Steen J. 2015. Trust as a predictor of innovation network ties in project teams [J]. International Journal of Project Management，33：81-91.

Siggelkow N. 2007. Persuasion with case studies[J]. Academy of Management Journal，50（1）：20-24.

Singer M. 1968. International Encyclopedia of the Social Sciences[M]. New York：Macmillan-Free Press.

Sirmon D G，Hitt M A，Ireland R D，et al. 2011. Resource orchestration to create competitive advantage：breadth，depth，and life cycle effects[J]. Journal of Management，37（5）：1390-1412.

Spithoven A，Clarysse B，Knockaert M. 2011. Building absorptive capacity to organize inbound open innovation in traditional industries[J]. Technovation，31（1）：10-21.

Stalk G，Evans P，Shulman L E. 1992. Competing on capabilities：the new rules of corporate strategy [J]. Harvard Business Review，70（2）：57-69.

Stoker G. 1999. The New Management of British Local Governance[M]. London：UK Macmillan Education.

Su Y S，Tsang E W K，Peng M W. 2009. How do internal capability and external partnerships affect Innovativeness[J]. Asia Pacific Journal of Management，26（2）：309-331.

Suddaby R. 2006. From the editors：what grounded theory is not[J]. Academy of Management Journal，49（4）：633-642.

Teece D J. 1975. The Multinational Corporation and the Resource Cost of International Technology Transfer[M]. Philadelphia：University of Pennsylvania .

Teece D J. 1980. Economies of scope and the scope of the enterprise[J]. Journal of Economic Behavior and Organization，1：223-247.

Teece D J. 1982. Towards an economic theory of the multiproduct firm[J]. Journal of Economic Behavior and Organization，3：39-63.

Teece D J. 1984. Economic analysis and strategic management[J]. California Management Review，26（3）：87-110.

Teece D J. 1986a. Transactions cost economics and the multinational enterprise：an assessment[J]. Journal of Economic Behavior and Organization，7：21-45.

Teece D J. 1986b. Profiting from technological innovation：implications for integration， collaboration，licensing and public policy[J]. Research Policy，15（6）：285-305.

Teece D J. 1992. Competition，cooperation，and innovation：organizational arrangements for regimes of rapid technological progress[J]. Journal of Economic Behavior and Organization，18（1）：1-25.

Teece D J. 1998. Capturing value from knowledge assets：the new economy，markets for know-how，and intangible assets[J]. California Management Review，40（3）：55-79.

Teece D J. 2007. Explicating dynamic capabilities：the nature and microfoundations of（sustainable）enterprise performance[J]. Strategic Management Journal，28（13）：1319-1350.

Teece D J，Pisano G，Shuen A. 1997. Dynamic capabilities and strategic management[J]. Strategic Management Journal，18（7）：509-533.

Teece D J，Rumelt R，Dosi G，et al. 1994. Understanding corporate coherence：Theory and evidence [J]. Journal of Economic Behavior and Organization，23：1-30.

Todorova G，Durisin B. 2007. Absorptive capacity：valuing a reconceptualization[J]. Academy of Management Review，32（3）：774-786.

Tsai W. 2001. Knowledge transfer in intraorganizational networks：effects of network position and absorptive capacity on business unit innovation and performance[J]. Academy of Management Journal，44（5）：996-1004.

Uzzi B. 1997. Social structure and competition in interfirm networks：the paradox of embeddedness [J]. Administrative Science Quarterly，42：35-67.

van de Ven A H，Poole M S. 1990. Methods for studying innovation development in the minnesota innovation research program[J]. Organization Science，（3）：313-335.

Vanhaverbeke W，van de Vrande V，Chesbrough H. 2008. Understanding the advantages of open innovation practices in corporate venturing in terms of real options[J]. Creativity and Innovation Management，17（4）：251-258.

von Hippel E. 2010. Comment on “is open innovation a field of study or a communication barrier to theory development?”[J]. Technovation，30（11/12）：555.

von Schomberg R. 2013. A vision of responsible research and innovation[EB/OL]. https://philarchive.org/archive/VONAVO[2021-11-11].

Weick K E. 1979. The Social Psychology of Organizing[M]. New York：McGraw-Hill.

Weick K E. 1995. Sensemaking in Organizations[M]. Thousand Oaks：SAGE Publications.

Wernerfelt B. 1984. A resource-based view of the firm[J]. Strategic Management Journal，（2）：171-180.

West J，Gallagher S. 2006. Challenges of open innovation：the paradox of firm investment in open source software[J]. R&D Management，36（3）：319-331.

Womack J P，Jones D T，Roos D. 1990. The Machine That Changed the World[M]. New York：

Rawson Associates.

Yin R K. 2009. Case Study Research：Design and Methods[M]. SAGE Publications，Inc.

Zahra S A，George G. 2002. Absorptive capacity：a review，reconceptualization，and extension[J]. Academy of Management Review，27（2）：185-203.

Zahra S A，Hayton J C. 2008. The effect of international venturing on firm performance：the moderating influence of absorptive capacity[J]. Journal of Business Venturing，23（2）：195-220.

Zander U，Kogut B. 1995. Knowledge and the speed of the transfer and imitation of organizational capabilities：an empirical test[J]. Organization Science，6（1）：76-92.

Zott C. 2003. Dynamic capabilities and the emergence of intraindustry differential firm performance：insights from a simulation study[J]. Strategic Management Journal，24（2）：97-125.